袁涤非

湖南大学新闻与传播学院教授、硕士研究生导师。作为国家级普通话水平测试员，多次受国家语委普通话与文字应用培训测试中心委派，赴香港、澳门主持普通话水平等级测试工作。湖南省语言文字评估专家组成员，湖南省普通话水平测试员培训班主讲教师。主讲的“现代礼仪”先后被评为首批教育部国家级“精品视频公开课”和首批“国家精品在线开放课程”（慕课），并入选“学习强国”。荣获“中国大学MOOC 2016年度杰出贡献奖”。编著有《女性现代礼仪》《商务礼仪实用教程》《教师礼仪》等礼仪类教材，主编《中国礼仪文化丛书》（共11本）。

近年来，在国家有关部委、湖南省有关单位、银行、酒店以及清华大学深圳研究院、浙江大学、电子科技大学、东北大学等高校进行过上千场现代礼仪、政务礼仪、商务礼仪、服务礼仪、教师礼仪、女性礼仪、职场礼仪、接待礼仪、新闻工作者礼仪、语言表达艺术、演讲与口才、领导讲话艺术、新闻发言人媒体沟通策略、沟通技巧、职业道德与职场礼仪、情绪管理与情商修炼、家风家教等专题讲座，产生了广泛影响，赢得了一致好评。

中国大学 MOOC

现代礼仪

（第二版）

袁涤非 编著

田文波 徐一迅
梁芳芳 梁毛毛
参编

XIANDAI LIYI

中国教育出版传媒集团
高等教育出版社·北京

内容简介

本书是中国大学视频公开课和中国大学 MOOC（慕课）“现代礼仪”的配套教材。

本书包括礼仪概说、形象礼仪、生活礼仪、言谈礼仪、职场礼仪、社交礼仪、餐饮礼仪、涉外礼仪等丰富内容。全书语言表述深入浅出、形象生动、具体翔实，集理论性、实践性、知识性、操作性、趣味性于一体，旨在启迪智慧、陶冶情操、培养情趣，提高鉴赏、展现修养美的能力，培养有修养、有品位、有风度、有气质，懂得爱己爱人的现代人。

本修订版配有著名礼仪专家、湖南大学教授袁涤非（即本书作者）的视频讲解，学生既可扫描文中二维码随时观看相关讲解，亦可扫描封底二维码系统学习《现代礼仪视频教程》。

本书是一本提升自身素养和社会交往能力的教科书，既可作为高校公选课“现代礼仪”教材，也可供相关礼仪、公关等从业人员学习和培训使用。

图书在版编目（C I P）数据

现代礼仪 / 袁涤非编著. --2 版. -- 北京 : 高等教育出版社, 2020.8（2024.11重印）
ISBN 978-7-04-053449-8

Ⅰ. ①现… Ⅱ. ①袁… Ⅲ. ①礼仪－高等学校－教材 Ⅳ. ①K892.26

中国版本图书馆CIP数据核字(2020)第017799号

策划编辑 武 黎　　责任编辑 黄子祺　　封面设计 姜 磊　　版式设计 杜微言
责任校对 刁丽丽　　责任印制 刁 毅

出版发行 高等教育出版社
社 址 北京市西城区德外大街4号
邮政编码 100120
印 刷 天津嘉恒印务有限公司
开 本 787mm×1092mm 1/16
印 张 13.75
字 数 310 千字
插 页 1
购书热线 010-58581118
咨询电话 400-810-0598
网 址 http://www.hep.edu.cn
http://www.hep.com.cn
网上订购 http://www.hepmall.com.cn
http://www.hepmall.com
http://www.hepmall.cn
版 次 2014 年 12 月第 1 版
2020 年 8 月第 2 版
印 次 2024 年11月第 9 次印刷
定 价 35.00 元

物 料 号 53449-00

目录

第一章 绪论

第一节 礼仪概说

礼仪是人类文明发展的产物，它随着社会的进步、历史的发展逐渐形成。

第二节 认知当代大学生

大学里群英荟萃，高手如云，在这看似自由，却对自控能力有着极高要求的地方，谁能真正成人成材，或者说怎样充实完满地度过大学生活呢？

第三节 修养与礼仪

修养之于人是博爱和忍心，是充满自信的干练，是情感的丰盈和独立，是不苛刻的审度万物，更是懂得在得失之间持慧心的平衡。

情景再现

生活中，我们常常会遇到很多尴尬的场景让人感慨：太不文明了！太没有素质了！太没有修养了！例如到名胜古迹去旅游却留下“某某到此一游”的字迹；使用公共卫生间不及时冲水；开车行驶在路上，全然不顾他人，实线变道，乱挤乱插，往车窗外抛撒垃圾；一大家子好不容易团聚了，很多年轻人却不是与家人畅叙亲情，而是成了“低头族”——低头发微信，低头玩游戏；很多大学生在临近毕业去求职应聘时穿着背心短裤和拖鞋，面试也迟到……

名言警句

非礼勿视，非礼勿听，非礼勿言，非礼勿动。

——孔子

老吾老以及人之老，幼吾幼以及人之幼。

——孟子

人无礼则不生，事无礼则不成，国家无礼则不宁。

——荀子

国尚礼则兴，家尚礼则大，身尚礼则身正，心尚礼则心泰。

——颜元

礼仪是人类文明发展的产物，它随着社会的进步、历史的发展而逐渐形成。孔子曾说，礼是“修身齐家治国平天下”的基础，他认为人“不学礼，无以立”。荀子在《修身篇》中“人无礼则不生，事无礼则不成，国家无礼则不宁”的阐述更是说明了礼仪的重要性。礼仪是人际交往的标尺、和睦相处的准则、营造和谐的法宝、维系感情的线绳，是一个人思想觉悟、道德修养、精神面貌和文化教养的综合反映，更是一个国家和民族在社会风貌、道德水准、文明程度、文化特色、公民素质等方面的重要标志。

第一节 礼仪概说

一、礼仪的内涵与定义

在古代，礼仪指的是为敬神而举行的各种仪式。如《诗·小雅·楚茨》中“献醻交错，礼仪卒度”，讲的是古代在酒宴中主宾敬酒交互错杂，礼仪合乎法度。《周礼·春官·肆师》中“凡国之大事，治其礼仪，以佐宗伯”，意思是凡是涉及国家的事务，都应合乎礼仪，用礼仪来辅助宗伯。这一时期对礼仪的基本定义是“致福曰礼，成义曰仪”，由此可知，礼仪是为维护统治阶级而制定的基本制度和行为规范。

在现代，通常所说的礼仪是一种待人接物的行为规范，是一种交往的艺术表现，它是人们受历史传统、风俗习惯、宗教信仰、时代潮流等因素影响而在长期的社会交往中形成的。礼仪既为人们所认同，又为人们所共同遵守，是在建立和谐关系的基础上，各种符合客观要求的行为准则和规范的总和。具体表现在礼貌、礼节、仪表、仪式等方面。

礼貌，是指人们在彼此交往过程中表示出的尊敬、重视和友好的态度。它以尊重他人、不侵害他人利益为前提，是表达人与人之间和谐相处的意念和态度，如尊老爱幼、热情好客、乐于助人等。

礼节，是指人们在日常交际活动中，相互表示尊重、祝愿、问候、致意、慰问等待人接物方面的形式，如拜会、握手、吊唁等。

仪表，是指人的外表、穿着，它主要指外在形象，引申为人的精神状态，如容貌、服饰、举止、表情、姿态、风度等。

仪式，是指在一定场合举行的具有专门程序和形式的社会活动，如升旗仪式、奠基仪式、毕业典礼等。

所以，我们可以理解为：“礼”是内在的，是人们对自己和他人尊重、尊敬的态度；而“仪”

是外在的，是人们通过一定的动作、形式等表现出来的“礼”。礼仪是人们在社会交往活动中，为了相互尊重，在仪容、仪表、仪态、仪式、言谈举止等方面约定俗成的、共同认可的行为规范。

二、礼仪的起源与发展

（一）礼仪的起源

中国素有“礼仪之邦”的美誉，礼仪文化博大精深，源远流长。自原始时期，礼仪之根就已经开始萌芽，主要起源于以下几个方面。

一是出于对神灵的敬畏。那时的人类同变幻莫测的大自然相比显得十分稚弱，无法解释千变万化的自然现象和突如其来的自然灾害，于是便认为是鬼神、祖先在主宰这一切。人们开始用一些精致、豪华的食具作为礼器进行祭祀，以表示他们对神灵、祖先的敬畏，祈求保佑，这种祭祀活动是礼仪的萌芽。因此，就有了“礼立于敬而源于祭”的说法。

二是对家庭成员言行的规范。做父母的要抚养、关爱幼小的尚不能独立生活的子女；子女长大成人之后，则要赡养年老的父母；兄弟姐妹之间也要互相关爱。早在尧舜时期，五礼已形成，即父义、母慈、兄友、弟恭、子孝，即：做父亲的要仁义，做母亲的要慈爱，哥哥对弟弟要友爱，弟弟对哥哥要恭敬，子孙对长辈要孝顺。它对家庭成员之间的关系做出了明确的规定。这时，礼仪把家庭成员的言行举止规范化了。

三是人们交往沟通的需要。在社会活动中，人类渐渐形成了最初级、最原始的礼仪。在狩猎、耕种和部落之间的争斗中，同群体中的人通过用眼神、点头、拉手来示意互相之间如何配合。日常生活中，人们不自觉地用击掌、拥抱、拍手来表达欢快的感情，用手舞足蹈来表示狩猎获得食物的喜悦，人们之间这种相互的呼应、关照，逐步形成了一种习俗，这便是最初待人接物的礼节，现在的握手礼就始于原始社会。

四是维系等级差别的需要。随着社会的发展，人们在生产和生活中的分工越来越细，产生了发号施令的领导者和服从安排的被领导者。为了维护领导者的地位，体现领导者和被领导者的等级差别，出现了尊卑有序的现象。如左尊右卑，在重大场合上，习惯以主人或东道主的左方位为尊位，其右侧为卑位。

（二）礼仪的发展

中国拥有五千年的文明史，是非常注重礼仪的国度。每当中国进入一次大变革、大发展的历史时期，礼仪这一时代的产物也随着时代的变迁不断演变、充实、更新。漫长的礼仪发展史可以大致分为礼仪的孕育时期、礼仪的形成时期、礼仪的变革时期、礼仪的鼎盛时期、礼仪的衰落时期、现代礼仪时期。

1. 礼仪的孕育时期

礼仪起源于距今百万年前的原始社会时期，随着人类逐渐进化而不断丰富、演变。在原始社会中、后期就孕育出了早期礼仪的“胚胎”。比如，距今约 1 万~3 万年前的北京山顶洞人，他们已经会使用穿孔的兽齿、石珠作为装饰品，穿戴在脖子和手上。他们还会向逝去的族人周围撒放赤铁矿粉，以表示对族人去世的哀悼，这也可以说是中国历史上最早出现的宗教葬礼。

2. 礼仪的形成时期

公元前 21 世纪至公元前 771 年，中国由金石并用时代进入了青铜时代。金属器皿的使用，把农业、畜牧业、手工业生产带入一个全新的时期。随着生产水平大幅度提高，社会财富除消费外开始有了剩余，因而产生了阶级，原始社会彻底瓦解。

在这个时期，由于中国刚从原始社会进入早期的奴隶社会，尊神活动仍被延续，并有日渐升温的趋势。在原始社会，由于缺乏科学知识，人们对于许多自然现象还不能理解，因此他们敬畏和祭祀“天神”“河神”等。从某种意义上说，早期的礼仪是指原始社会人类生活中祭祀祖先和众神的若干准则，也是原始社会宗教信仰的产物。

直至周朝，礼仪开始有所建树。周武王、辅佐周成王的周公对周代礼制的确立都起到了重要作用。他们规范了礼乐，将人们的行为举止、道德情操等全部纳入了当时的礼仪规范中，形成了一个尊卑有序的社会礼仪制度。《周礼》是中国流传至今的第一部礼仪专著，整理了整个周朝的官职表，用于讲述周朝的典章制度。由此可见，许多基本的礼仪规范在商末周初便已基本形成，所以，这一时期可以认为是礼仪的形成时期。

3. 礼仪的变革时期

春秋战国时期，以孔子、孟子为代表的儒家系统地阐述了礼仪的起源、本质和功能。儒家文化一直主导着我国封建社会，影响达两千多年之久。儒家思想宣扬“礼教”，提出以“修身”“真诚”为本，认为在各种伦理关系中对人诚实无妄才是“礼”的最高境界。孔子非常重视礼教，将“礼”作为治国、安邦、平天下的基础，他倡导人们用“礼”来作为约束和规范人的行为的准则，他认为：“不学礼，无以立”，“君子义以为质，礼以行之，孙（逊）以出之，信以成之。君子哉！”即君子要以义作为根本，用礼加以推行，语言表达要谦和，待人处世的态度要诚信，这才称得上是君子。孟子提出“五伦”，即君臣、父子、兄弟、夫妇、朋友。倡导父子之间有骨肉之亲，君臣之间有礼义之道，夫妻之间挚爱而又内外有别，老少之间有尊卑之序，朋友之间有诚信之德，这是处理人与人之间关系的道理和行为准则。除儒家之外，还有其他一些主张，如道家崇尚自然无为，主张废除一切礼仪；法家推崇强权政治，主张以法代礼；墨家主张平等、博爱、利他，以义代礼。各家的主张不同，百家争鸣，相互吸收和融合，使礼仪的内涵产生了较大的变革。所以，这一时期可以说是礼仪的大融合、大变革时期。

4. 礼仪的鼎盛时期

公元前 221 年，中国历史上第一个中央集权制的封建王朝——秦朝建立。秦始皇在全国推行“书同文”“车同轨”“行同伦”，这也是延续两千余年的封建体制的基础。

西汉初期，思想家董仲舒把封建专制制度的理论更加系统化，提出了“唯天子受命于天，天下受命于天子”。他把儒家礼仪概括成了“三纲五常”，即“君为臣纲，父为子纲，夫为妻纲”和“仁、义、礼、智、信”，他还提出了“罢黜百家，独尊儒术”，让儒家礼仪成为定制。

汉代，一部包罗万象，堪称集上古礼仪之大成的《礼记》问世，它把奴隶社会和封建社会的礼仪汇集成册，成为封建社会礼仪的最经典的著作。其中，有讲述古代风俗的《曲礼》，有谈论饮食和居住文化的《礼运》，有记录家庭礼仪的《内则》，有记载服饰礼仪的《玉藻》，有论述师生礼仪的《学记》，还有教授人们道德修养的《大学》。

唐宋时期，《礼记》已由“记”上升到了“经”，出现了以儒家思想为基础，融合道学、佛学思想的理学，朱熹便是其中主要的代表人物，他指出：“仁莫大于父子，义莫大于君臣，是谓三纲五常之本。人伦天理之至，无所逃于天地间。”对于家庭礼仪的研究也是成果颇丰，在大量的家庭礼仪著作中，以《朱子家礼》和《司马氏书仪》最为著名，前者相传为朱熹所著，后者为司马光撰写。

总之，这个时期的礼仪研究硕果累累，礼仪形式的发展也日趋完善，忠、孝、节、义等礼节也日趋繁多，无论是内容还是形式，礼仪都进入了鼎盛时期。

5. 礼仪的衰落时期

满族入关建立清朝后，开始逐渐接受汉族的礼制，并使其复杂化，让礼仪变得更加死板、烦琐。例如，清代的品官相见时，当品级低者向品级高者行拜礼时，一般是一跪三叩，甚者三跪九叩。在清代后期，贪污腐败盛行，官员腐化堕落，封建社会由盛转衰。随着西方殖民势力的入侵和西学东渐的兴起，西方礼仪开始传入中国，而西方礼仪与中国推崇的礼仪思想有很大的差异，推崇自由、平等、解放。所以，这一时期，中国的传统礼仪规范无论是内容还是形式都受到强烈冲击，出现了“大杂烩”式的礼仪思想，封建礼教开始土崩瓦解。

6. 现代礼仪时期

清末，鸦片战争把中国长期封闭的大门打开了，国人开始了解西方的政治、经济、文化。大批的爱国人士为寻找富民强国的道路，在把西方的文化、科技引入国门的同时，也把西方礼仪介绍进来。辛亥革命之后，封建王朝覆灭，中国人为摆脱封建礼教的束缚而不断地进行着变革，直到新中国成立，中国进入了一个崭新的时期，逐步形成了现代礼仪系统。

改革开放以来，随着中国与世界各国的交往日趋频繁，在我国传统礼仪的基础上融入了西方的礼仪文化，形成了具有中国特色的新型社会关系和人际关系，那就是：平等相处、团结友爱、互帮互助、礼尚往来。礼仪从内容到形式都在不断变革，构成了社会主义礼仪的基本框架，礼仪进入了全新的发展时期。随着 2005 年中央电视台一系列“迎奥运，讲文明，树新风”的公益广告热播，各行各业的礼仪规范纷纷出台，如政务礼仪、商务礼仪、服务礼仪、教师礼仪、职场礼仪、儿童礼仪、国际礼仪等，人们学习礼仪知识的热情日益高涨。随着科技的发展、社会的进步、国际交往的增多，礼仪必将得到进一步完善和发展。

三、礼仪的实质与原则

（一）礼仪的实质

孟子说：“尊敬之心，礼也。”礼仪的实质就是一个字——“敬”，敬人敬己。“敬”，有两层含义，一是“尊敬”，尊敬长辈，尊敬领导，尊敬同事，尊敬朋友，尊敬所有的人。二是“敬畏”，敬畏制度，上课上班就不会迟到；敬畏生命，就不会做危及他人生命的事；敬畏法律，就不会去触碰法律这根“红线”。人如果有尊敬之心，有敬畏之意，就一定会有礼有节。

纵观礼仪的起源与发展，我们知道，礼仪是人们在长期的社会实践和相互交往中逐渐形成的，包括约定俗成的习惯和传统。在古代，广义的礼仪，既表现为一般的行为规范，又涵盖政治、法律制度，如中国古代传统的“礼制”。近代以后，礼仪范畴开始逐渐缩小，像政治体制、法律典章、伦理道德等内容基本从中分离。在现代，礼仪一般不再作为制度，而是人类社会为维系正常生活而遵循的最简单、最起码的交往规范。它是人们在长期交往过程中逐渐形成的，以风俗、习惯等形式固定下来，表达人际友好、尊重并赋予事物以价值的礼节和仪式。礼仪，实际上是由一系列的、具体的、表现礼貌的礼节所构成的，是一个表示礼貌的完整的系统。它不是法律所规定的，而是约定俗成的。它既是行为规范，也是人文素养，更是生活艺术。所以，礼仪的实质可以概括为一个字：敬。人的一切文明礼貌的言行举止都源自内心的敬意。

（二）礼仪的原则

歌德曾经说过：“一个人的礼仪，就是一面照出他肖像的镜子。”礼仪也有规范和衡量的标准和尺度，礼仪水平的高低，客观反映个人或群体的整体素养和境界。讲礼仪应遵循以下四条原则。

1. 尊重原则

礼仪的核心就是尊重，既尊重他人，也尊重自己。这要求人们在社交活动中，与交往对象要相互尊敬、相互谦让、和睦相处。人际交往中，不管年龄大小、职务高低，都应当受到尊重。对待他人要有敬重的态度，不可失敬于人，不可伤害他人的尊严，更不可侮辱他人的人格。特别是对待自己的下属和晚辈，即使他们做错了事，虽可严厉批评，但切不可表现出任何的不屑和鄙视，否则你也不可能得到他们对你的尊重。生活中我们常说：尊重上级，是一个人的天职；尊重下属，是一个人的美德；尊重所有的人，是一个人的教养。所以人与人之间相互尊重，是人际关系中讲究礼仪的基本出发点。如果遇到对方有意伤害个人尊严时，要坚决维护自己的尊严。

2. 遵守原则

礼仪是社会生活的行为准则，它反映了人们的共同意识，世界上各民族、各阶层、各党派、各个国家都应当自觉维护、共同遵守礼仪。尤其在公共场所，更要遵守礼仪规范，否则将受到公众的批评和指责。如在马路上，要遵守行人走人行道、骑自行车走自行车道、遇红灯要止步、见绿灯才通行等规则。在日常交往过程中，要遵时守约，诚恳待人。

3. 适度原则

俗话说“礼多人不怪”，但在实际运用礼仪时，礼多了人也怪。热情过度，礼节繁多，会显得太过迂腐，反而让人反感、厌恶。因此，人际交往中既要合乎规范又要得体适度。例如，招待宾客时，周到地为客人端茶添水，请人就座，这都在情理之中，但如果宾客第一次来访，用餐之后起身告辞，主人却硬要留人夜宿，反而会显得太过热情，让人为难，甚至还会引起对方的反感。

4. 自律原则

个人是礼仪行为的实施者，每个人应当“从我做起”，而不能只苛求别人。“礼仪”从来都是用来完善自己的，而不是用来要求别人的。一个人只有对自己要求越来越严格，对别人越来越宽容，朋友才会越来越多，人生之路才会越走越宽。因此，要加强自身修养，完善个人的人格。在学习、应用礼仪中，最重要的是要自我要求、自我约束、自我检点、从我做起。古人常将“慎独”二字挂在书房，作为一种修身养性的方法，也就是时时提醒自己独处的时候也要“谨小慎微”。其实，不断地自律就会逐渐形成习惯，所谓“习惯成自然”就是这个道理。养成了良好的习惯，自我约束的感觉就消除了，自律也就成了自觉。

四、礼仪的特征与作用

（一）礼仪的特征

同一个历史时期，不同国家、民族会有不同的礼仪规范；不同的历史时期，礼仪更会打上时代的烙印。礼仪的内容虽存在地域、时代的差异，但其基本特征却是一致的，主要具有以下四个方面。

1. 继承性

礼仪，是一种文化修养，是人类在长期共同生活和交往中，为维持正常生活秩序而逐渐演变或约定俗成的。在这个过程中，传统礼仪中的那些烦琐、保守、与社会发展不适应的内容被不断摒弃，只有那些体现了人类精神文明和社会进步的精髓才得以世代传承。比如生活中人们常说的“礼尚往来”，“来而不往非礼也”，说话要谦恭、和气、文雅，仪态要大方、恭敬、从容，仪表要端庄、得体、简洁，对待他人要明爱亲、敬长、尊师、亲友之道，等等。古往今来，这些优良的传统在古代适用，在当今社会同样也适用，并且已经成为人们生活中的一种习惯和规范。

2. 差异性

礼仪，作为一种人们共同遵守的行为规范，在实际应用中还要受到时间、环境以及不同因素的制约，具有很大的灵活性。任何国家、民族、地区都有其礼仪的特色，这是按照地域和群体来划分的，是礼仪的一个十分重要的特点。一方面它表现了某个地域中或某类群体共同的礼仪习俗；另一方面又说明地域与地域之间，群体与群体之间的礼仪习俗有不同之处。各自不同的文化背景和历史原因等多方面因素造成了这种不同，也由此产生了多姿多彩的礼仪文化。比如西方人在见面礼仪中讲究拥抱，甚至亲吻面颊，提倡“女士优先”，但东方人大多都是将握手作为见面的礼节。有的地方把抚摸小孩的头当作亲切的表示，而有的地方却认为这是极无礼的动作。有的民族在庆典活动时喜欢跳舞，有的民族喜欢唱歌，有的民族喜欢泼水。所以到一个新的地方，最好先了解一下当地的礼仪习俗，以做到入乡随俗。

同一种礼仪对不同年龄、不同性别、不同阶层的人也有不同的呈现方式。同样是打招呼，男性之间与女性之间问候的方式会不同，老朋友之间与新朋友之间问候的方式也不同。再比如，同样的话语，站在不同的角度表述也会不同，对年轻人来说可能没有什么，可是对于中老年人来说，就可能会造成伤害；对同性来说很正常，对异性来说可能就失礼了。正因为礼仪存在如此大的差异性，所以要求人们在不同的时间、场合要运用相应的礼仪来展现自己的风采，而不是生搬硬套，千篇一律，把礼仪变成一种僵死的教条，那样反而会失礼了。

3. 针对性

人际交往讲究公平公正，一视同仁，但更讲究对等的原则，所谓“投之以桃，报之以李”“礼尚往来”。所以，礼仪礼节具有很强的针对性。如公务接待时，应当派出与对方身份、职位相当的人员进行接待，迎送人员数量要适宜，不可过多或过少，基本上与对方对口、对等。一个学校的校长出访另一所学校，被访学校也应由校长出面接待，至少要安排会见。在欢迎外国领导人时，礼炮鸣 21 响还是 19 响，要根据被欢迎人的职位而定。

4. 规范性

礼仪，是人们在交际场合中待人接物所必须遵守的行为规范。“必须遵守”，就是不能依据个人的意愿随意改变，它已经成为人们彼此交往的“通用语言”，成为衡量他人和判断自己是否自律、敬人的一杆标尺。如果人们能自觉地遵照并维护这一准则，那便是符合礼仪要求；如果总是自行主张，一意孤行，或是一味按照自己的好恶做事，就会给他人造成许多困扰。如别人握手时伸出右手，你偏伸左手；在宴席上，别人都在小口品酒，你却大口喝；开会时别人都把手机调到了静音或震动，你的手机铃声却不时响起……这样偏离常规的做法，轻则造成沟通的障碍，使别人不清楚你要表达的意思，重则令人觉得你对他人不敬。所以礼仪一旦约定，必须遵守，具有规范性。

（二）礼仪的作用

礼仪是人类精神文明和物质文明所孕育的精髓成果，内容丰富，应用广泛，无论是对社会的和谐进步，还是对经济的发展，都有极大的促进作用，具体体现在以下几个方面。

1. 教育作用

礼仪以一种道德习俗的方式对社会中的每一个成员发挥维护社会正常秩序的教育作用。人们通过礼仪的学习和应用，建立和谐的人际关系，从而在交往中严于律己，宽以待人，互尊互敬，互谦互让，讲文明，懂礼貌，和睦相处，形成良好的社会风尚。比如陶行知校长用四块糖果教育学生要守时，要勇于承认自己的错误，要懂得尊重他人的故事就是在用礼仪教育人，规范人，塑造人。

2. 美化作用

礼仪之美在于它帮助人们美化自身，美化生活。个人形象，包括仪容、仪表、仪态、谈吐、教养等，在礼仪方面都有各自详尽的规范，因此学习和运用礼仪，有益于人们更好地、更规范地设计和维护自身形象，充分展示个人的良好教养与优雅风度。比如面带微笑、有礼貌地跟人打招呼，不小心碰撞到他人说声“对不起”，大庭广众之下轻言细语，这些都能展现自己美的形象。构成社会的人变美了，这个社会也就变美了。

3. 协调作用

礼仪作为人们在社会生活中逐渐形成的行为规范和准则，它约束着人们的态度和动机，规范着人们的行为方式，维护着社会的正常秩序，协调着人与人之间的关系，在社会交往中发挥着巨大的作用。比如，上学出门前向父母打个招呼道别，见到同学热情问声好，这些看似细小的礼节礼貌，会像一条美丽的纽带，把自己同对方紧密地联系起来，营造良好的人际交往氛围，让生活环境更加宁静、和谐。

4. 沟通作用

自觉地遵循礼仪规范，能使交往双方的感情得到良好的沟通，在向对方表示尊重、敬意的过程中，获得对方的理解和尊重。如在社交场合司空见惯的握手礼，古时的人们，为了表示友好，就会扔掉手上的工具，摊开手掌，双方击掌，示意手中没有任何武器，后来逐渐演变成双方握住右手，打招呼，相互寒暄致意的礼节。这样的无声语言，起到了互致友好的沟通情感的作用。

党的第十四届中央委员会第六次全体会议审议通过的《中共中央关于加强社会主义精神文明建设若干重要问题的决议》中提出："在把物质文明建设搞得更好的同时，切实把精神文明建设提到更加突出的地位，认真解决当前一系列紧迫问题，进一步开创新形势下精神文明建设的新局面，已经成为全党和全国各族人民极其关注的大事。"这就要求社会主义思想道德建设要以为人民服务为中心，以集体主义为原则，倡导文明礼貌、助人为乐、爱护公物、保护环境、遵纪守法的社会公德。礼仪修养既属于道德规范体系中的社会公德，是社会主义精神文明的内容，也符合千百年来优良传统的习惯，是适应最大多数人需要的道德伦理规范。因此，礼仪是和谐社会的基本要求，是人们希望有安定和平生活环境，有正常社会秩序的共同要求，更是和谐社会中全体居民为维系社会的正常生活而共同遵循的最基本的公共生活准则，是不可或缺的行为规范。

第二节　认知当代大学生

寒窗十年苦，迎来金榜题名时，学子们一路过五关斩六将，终于"拼杀"到大学这座象牙塔前，他们双手合十，许下了美丽的愿望：我要在大学里体验理想中的生活，没有高考的压力，没有做不完的习题册，没有父母的唠叨，我要像鸟儿一样自由自在，无忧无虑。

然而理想与现实总是有差距的。大学里群英荟萃，高手如云，在这看似自由，却对自控能力有着极高要求的地方，谁能真正成人成材，或者说怎样充实完满地度过大学生活呢？最重要的，是尽快接受并适应变化中的一切，适应大学老师的授课方式，适应学习方式和生活方式的变化，接受并正确对待自身生理与心理的变化，从而不断完善健全自己的人格。

一、当代大学生的生理特征

中国大学生年龄段集中在 17~23 岁，这一阶段经过了青年初期的发展，生理发育逐渐缓慢下来。一般认为 18~25 岁生理发育会越来越慢，甚至趋于停止。我国的大学生正好处在由第二次快速生长期进入生长稳定期的阶段，其生理特征主要表现在以下三个方面。

（一）内分泌机制不断完善

内分泌腺的发育等变化直接影响着人体的生长、发育、成熟。内分泌腺主要包括脑垂体、胰岛、甲状腺、甲状旁腺、胸腺、肾上腺和性腺等。内分泌腺系统通过分泌特殊的化学物质激素，使青春期人体机能和形体发生巨大变化。脑垂体是产生激素的内分泌组织，机体的生长和发育受到脑垂体分泌的十多种不同激素的影响。青春期，脑垂体分泌的激素不断增多，最终会与成年人的相接近。甲状腺素促进甲状腺生长，有利于身体发育以及维持人体充足的能量。肌肉生长和身体的发育成熟，要靠肾上腺皮质分泌的肾上腺皮质激素来实现，而性的成熟是由于性腺分泌的性激素。

人体发育正是由于这些激素的催化，才加速了生理上的成长。而进入大学的青年学子们，由于学习负担比中学轻，思想压力也比中学小，参加社会活动和体育锻炼的机会增多，身心愉悦。所以，尽管生理发育已趋于平缓，但心脏还会再次增长，心肌壁变得更厚，心功能极大提升，内分泌机制不断完善。

（二）大脑机能逐步增强

据统计，人在 20~35 岁，大脑重量会达到最大值，约 1420 克左右。所以，大脑在重量上的突破与脑功能的完善是大学期间大脑发展的主要体现。这时，大脑发育主要是指脑神经纤维变粗、增长。分支髓鞘化，脑神经细胞分化机能达到成人水平，第二信号系统的作用显著提高。俗话说，脑袋就像机器一样，越用会越灵活，事实也是如此。那些社会实践活动多的大学生，其记忆力、理解力、思维能力往往要比不参加社会实践活动的大学生高。这是由于社会实践活动促进了脑的内部结构和机能的不断分化和迅速发展，所以才越来越灵活。因此大学生们应积极参加社会实践，这样不仅有利于提前接触社会，了解社会，也能充分调动和增强大脑的各种功能，从而使大脑机能进一步增强。

（三）性机能趋于成熟

人的性成熟是由于性腺分泌的性激素，而大学生在这一阶段身体内激素和肾上腺素分泌会不断增加，使得性机能更加成熟。男性性腺叫睾丸，分泌雄性激素并产生精子；女性性腺是卵巢，分泌雌性激素并产生卵子。性成熟会引起生理上的一些变化，男女均会出现第二性征。第二性征是指与生殖系统无直接关系，但可以用来分辨一个物种性别的特征。男性第二性征表现为生须，喉结突出，骨骼粗大，声音低沉等；女性第二性征表现为乳腺发达，骨盆宽大，皮下脂肪丰富，声音尖细等。进入大学的年轻学子应该说性机能已基本成熟，已完成了从少男少女向成年人的过渡。所以，大学生对性的渴望与追求很强烈，一般表现为对异性 的爱慕与追求，谈恋爱的现象也就很普遍了。

二、当代大学生的心理特征

随着生理功能的成熟，大学生的心理功能也得到发展，他们的心理迅速走向成熟而又尚未完全成熟，所以呈现出大学生普遍有的一般心理特征和不同大学阶段所呈现的特殊心理特征。

（一）当代大学生普遍的心理特征

生理变化是心理变化的物质基础，大学生生理变化处于生长期进入稳定期的阶段，而此时他们的心理发展是由少年心理向成年心理过渡，这就是所谓的“过渡性心理”或“前夜性心理”阶段。这一阶段最突出的心理特点是“发展中的矛盾性”。由于知识储备不足，社会实践经验极少，再加上大学生处于生理、心理“转型”的高峰期，生活中、学习中难免会遇到各种矛盾与冲突，心理上则出现很“纠结”的情况，主要表现在以下三个方面。

1. 心理水平的二重性

由于受生理逐步成熟的影响，大学生心理成熟的步伐也大大加快。正在迅速地走向成熟，但是又未真正完全成熟，这就是心理水平二重性的表现。刚刚进入大学的学子们，暂时摆脱了父母的管束，有了独立处理事情的机会，对许多事情也有了自己独到的见解，所以常常以成人自居。但其实他们只是“准成人”，例如当遇到重大的社会问题或政治事件时，受知识与阅历的局限，他们往往只知其一不知其二，似懂非懂，迷茫却又自以为是，这种“幼稚的深刻性”就充分体现了大学生心理水平的二重性。

2. 心理倾向的二重性

心理倾向二重性是指大学生心理倾向既有积极的方面又有消极的方面。大学生好比早上八九点钟的太阳，朝气蓬勃，热爱生活，积极进取，这是大学生心理倾向的主导方面。但是，社会的竞争如此激烈，学校的人才又多如繁星，那些心理还没有完全成熟的大学生难免会产生消极的情绪，纠结、郁闷、抱怨甚至厌世。长期抱着消极的情绪，对大学生的成长十分不利，如果不能正确对待，可能会出现自卑的心理，甚至出现极端行为。所以，要充分了解大学生的积极心理倾向与消极心理倾向的具体表现，老师、家长给予积极引导，学生要学会自我调整，找到积极乐观，向上进取的人生航标灯。

（1）大学生积极心理倾向的主要表现：

其一，热爱生活，富有理想。没有了升学的压力，背起行囊，踏上充满无限可能的大学之旅，怀揣理想，创造属于自己的五彩斑斓的世界，年轻大学生们的天性得到了极大释放。他们的认知能力、自理能力日渐提高，他们的独立性、自主性日益增强。他们开始热心探讨社会发展、个人前途，渴望完善自己，提高自己，追求真理。他们满腔热情，有积极向上的强烈愿望。他们可以自由支配课余时间，可以寻找真诚的友谊和纯洁的爱情。从发展心理学的角度而言，这一时期正是对大学生进行正确的思想教育的最好时期。

其二，朝气蓬勃，思维活跃。这一时期的大学生拥有青春的面庞，无限的活力与体力，他们朝气蓬勃，奋发向上，能量迸发。他们在正能量的激发下，能产生不怕困难、勇往直前和持续拼搏的积极性。大学阶段学习方式逐渐由“学会”转变成“会学”，学习的广度与深度都得到扩展，抽象思维的能力得到了突飞猛进的发展。同时得到提高的还有思维的辩证性、发散性，再加上想象力这一调味剂，大学生思维的活跃性和创造性得到了淋漓尽致的呈现。

其三，情绪强烈但有所控制。大学生爱憎分明，年轻气盛，喜悦、激动、哀伤、愤怒等情绪常常写在脸上，但随着知识的增加，人生阅历、社会经验的丰富，理解能力、自我控制能力比中学时期明显增强，此时的他们更懂得自爱、自律、自强、自立。他们在碰到情绪即将爆发的时候，往往会想想后果，权衡利弊或换位思考，从而克制自己的情绪。所以，大学阶段是年轻人控制情绪的能力由弱到明显变强的阶段。

其四，自我意识有了新发展。自我意识是认识的特殊形式，是个体对自我以及与周围人的关系的认识。由于对外界认识的不断提高和社会实践活动经验的逐步积累，大学生的自我意识也有了较大的提升。父母培养孩子，是想为他们创造美好的未来；学校教育学生，是为了向社会输送人才；国家为学生提供物质保障，是期盼他们可以顺利步入社会，早日为社会贡献一己之力。这些深切的期盼，都深植于大学生的心里，他们的认识达到了新的高度，不再只为自己而活，已意识到自己肩负着国家强盛、社会发展、人类进步的责任与使命。

其五，善于人际交往。大学里的同学来自天南地北、五湖四海，加之进入大学后更少受到家长的直接管束，可以自由支配的时间增多，这些都为他们的人际交往提供了良好的条件。他们明白大学里除了专业学习之外，还应多培养自己的社交能力。他们开始尝试包容不同生活习惯的室友，寻找志同道合的朋友，渴望与异性交往，对爱情也有了意识与需求，并且开始尝试恋爱。在这些心理需求的驱动下，大学生的人际交往能力越来越强，为顺利步入社会打下基础。

（2）大学生消极心理倾向的主要表现：

其一，易轻信与盲从。大学生们怀揣梦想，向往未来，迫切想要“出人头地”，难免会过分追新求异，在这种“急功近利”的心态下，对从未听闻过的理论或观点会做出不理智的判断，当自己无法准确判断时，又容易轻信与盲从，所以也容易被不怀好意的不法分子利用。

其二，遭失败易灰心。有理想、爱幻想也是大学生的一大特征。喜欢憧憬未来说明这个人是积极乐观的人，但凡事过犹不及，如果脱离实际与实践，一直沉湎于幻想中，失败是难免的。而当下的大学生大多都是独生子女，在父母长辈的呵护下过去的生活一帆风顺，因而心理承受能力不强，面对失败往往不知所措，产生对现实不满的情绪，以致怨天尤人，灰心丧气，意志消沉。

其三，有计划难坚持。大学生充满活力，好奇心强，兴趣广泛，明白大学期间要学习的东西很多，踌躇满志，恨不得“一口吃成一个大胖子”，于是，有的同学同一时间报了许多培训班，例如计算机考级班、英语四六级班、雅思班、舞蹈培训班、乐器培训班，等等。有的还会同时报多个社团，忙于参加各种社团活动。有上进心是好事，但是没有依据自己的时间与兴趣爱好进行取舍，结果顾此失彼，身心俱疲，虎头蛇尾，最后不了了之。更有甚者耽误了课业，完不成学分。

其四，容易意气用事。常有新闻报道有关大学生意气用事、失去理智、酿成悲剧的事情：与男友分手后跳楼自杀、往宿舍饮水机投毒毒死室友、杀死要与自己分手的女友，等等，这些事情听着让人痛心疾首，匪夷所思。所以，大学生们不应做情感的俘虏，更不应意气用事，一定要学会理智与自制，以免酿成恶果，铸成不可挽回的大错，悔恨终生。

其五，眼高手低。大学生，尤其是名牌大学的学生们，被称为天之骄子，人中龙凤，令人羡慕不已。优秀的人可能经得起大家的称赞，能正确地认识自己，仍愿从小事做起，脚踏实地，虚心学习。但也有的人却听到赞美就飘飘然，小事不愿做，大事又做不来，眼高手低，成了“语言的巨人，行动的矮子”最后什么都做不成。

3. 心理素质结构的二重性

心理素质结构的二重性指心理素质结构的矛盾性和冲突性。这种矛盾性和冲突性使大学生产生了各种复杂的心理现象，也为大学生心理走向成熟提供了动力支持。心理素质结构矛盾的主要表现如下。

（1）理想与现实的矛盾。在升入大学以前，学子们心中的大学神秘而美好，充满激情与浪漫。当真正开始大学生活后，当看似神秘的面纱被掀开后，他们才发现大学内也有苦涩与辛酸，远没有想象中那么美好。丰富又多面的大学生活，难免会使新生产生困惑，五味杂陈的心情也油然而生。当明白现实与理想的差距时，大学生难免会迷失坐标，心中可能会无数次地问自己：曾经的奋斗到底是为了什么？大学时光到底应该怎么过？所以，大学生，尤其是大一新生，一定要及时调整心态，勇敢地面对现实，早日适应新环境、新生活，积极主动地消除失落感，规避对现实不满的情绪。

（2）情感与理智的矛盾。由于大学生的生理与心理发展逐渐成熟，他们的感情也随之发展，但呈现出极不稳定的特点。对于一些事情，他们往往有着自己的想法和理解，在处理一些实际问题时，他们也明白怎样做才是对的，但有时他们的理智不能完全控制住自己的情感，反而被情感左右，内心纠结，难以取舍，非常痛苦。就像现在沉迷网络中的一些学生，其实很清楚沉溺网络的弊端，但手机在手，又没人管束时，就将一切都抛之脑后，完全失去了理智与自控。

（3）高求知欲与低识别力的矛盾。大学生求知欲强，猎奇心重，并且渴望尝试新的事物。然而他们的吸收能力大于分辨能力，面对纷繁复杂的世界和海量的信息，他们又不知如何取舍，或即使知道如何取舍，又挡不住诱惑，结果看起来整天忙忙碌碌，却总觉得收获甚微。例如在网络、手机等异常普遍与发达的今天，海量的信息丰富了他们的生活，也让他们对世界有了更立体的认识，但其中色情、暴力等负面信息难免会吸引他们的眼球，使得其中一些意志力较差的同学沉溺其中而不能自拔。

（4）独立性与依赖性的矛盾。进入大学后，大学生渴望独立，追求独立，立志独立，他们希望自己能处理学习、生活、经济、情感等方方面面的事情。可是他们毕竟缺少生活经验，再加上当代大学生绝大多数是独生子女，从小备受呵护，依赖性重，遇到问题难免束手无策，只能寻找依靠，这就产生了渴望独立却又习惯依赖的矛盾。

（5）渴望交往与自我封闭的矛盾。大学是交友的天地，大学生渴望真诚的友谊，渴望交到能说知心话、诉说衷肠的朋友。尤其是身为独生子女的大学生，更希望有情同手足的、形影不离的好朋友，因而他们有强烈的交友愿望。但是大学生自尊心强，不愿意轻易向别人吐露心声，对他人存在一种戒备心理，这就是自我封闭性。越缺乏人际交往的大学生封闭心理就越严重，他们又越渴望获得理解和真情。这种情况下，应当纠正过度的戒备心理，敞开心扉，吐露心声，以真心换实意，否则长期下去，严重的会使得情绪压抑甚至精神崩溃。

（6）强烈的性意识与道德规范的矛盾。性意识的觉醒导致大学生产生对异性的爱慕，加之大学的校园里男女生比较集中，有谈情说爱的条件，所以恋爱现象比较普遍。然而，这一时期的大学生往往容易冲动、敏感，缺乏正确的恋爱观，在两性关系上如不谨慎，容易超越道德范围，甚至酿成恶果。一旦出现不良后果，他们又会不停地自责后悔，觉得浪费了时间，对不起父母，对不起关心自己培养自己的师长。所以，学校、家长以及学生个人应正视这个问题，一起积极应对这些矛盾和苦恼，不能将正常的恋爱关系看作是洪水猛兽，不能谈性色变。但也不可以随性放纵，草率胡来。要明白遇到问题不可怕，可怕的是我们不敢面对问题，不知道如何去解决问题。

（二）当代大学生不同大学阶段的心理特征

大学生心理是一个多层次、多系列的复杂结构。单纯了解大学生的一般心理特征是远远不够的，还应对大学生在大学不同阶段的心理特征有所了解。

大学生在校期间的学习生活基本上可以分为三个阶段，即大学适应阶段、稳定发展阶段以及就业准备阶段。在这三个阶段中，随着年龄的增长，生理发展趋向成熟，大学生的心理发展也呈现阶段性的变化。

1. 大学适应阶段

对于刚入学的大一新生来说，一切都是新鲜的，幽雅恬静的校园，风度翩翩的教授，琳琅满目的图书馆藏书，来自五湖四海、天南地北的同学。随之而来的也有一些与中学生活完全不同的转变，大学老师的授课方式由讲解转变成引导，学生学习的方式由“学会”转变成“会学”，交际的范围扩大了许多。这一切的一切都需要花时间去适应，适应能力强的同学短时间就能适应，而适应能力较弱的同学可能需要很长时间，甚至一直难以适应。一般来说，适应期在一个学期以内属于正常现象，如果一个学期之后还是不能够很好地适应大学生活，说明心理健康可能存在问题，这时，需要尽快得到引导和调整，否则，可能会荒废四年。

在这样的适应过程中，还应慢慢找准自己今后的就业方向，为接下来的学习时间制订计划。有人可能会说这时是否为时过早，殊不知很多今后的去向是需要从大一就开始储备打基础的。如果毕业时想保研，你得大一开始就认真应考，成绩必须年级排名靠前，英语还得过四、六级；如想毕业后出国深造，也得在保持专业成绩优良的同时考“托福”或“雅思”；如果想考公务员，就得在大学期间多参加社会活动，争取担任学生干部，锻炼和培养自己的能力。而这一切，在大四再规划就来不及了。

2. 稳定发展阶段

这是已经适应了大学生活的时期，也是大学生全面发展和深化的时期。这个阶段的大学生应该完全适应了大学生活并且开始学会珍惜和享受这段时光，这样的状态基本会持续到毕业前夕。

这一时期大学生的心理平衡初步建立起来，世界观、人生观和价值观趋于稳定和定型。绝大部分学生变得积极乐观，思想活跃，兴趣广泛，奋力拼搏，已经找到了自己奋斗的目标，过得快乐而充实。但也有一小部分同学变得不思进取，浑浑噩噩，消磨时光，意志消沉，迟到翘课，沉溺网络，完全失去了高考时的“斗志”。两极分化比较明显。

3. 就业准备阶段

这一阶段是大学生活的最后阶段，也是从学生生活向职业生活过渡的阶段，一般在大四尤其是最后一个学期。大学生经过入学适应阶段与稳定发展阶段的积累和洗礼后，其价值观和世界观基本形成，知识储备量大幅增长，学业基本定型，大多都有了明确的就业方向，心理与成人接近。这一时期大学生可能会遇到毕业论文、毕业设计、毕业实习等带来的压力，怎样处理与恋人之间的关系以及选择什么样的工作等一系列的问题。这一时期的大学生心理负担较重，理想与现实的矛盾也日益突出。这个阶段不仅是对大学生各方面素质进行综合考验的阶段，同时也是进一步促进大学生心理成熟的阶段。

所以，在对大学生进行心理辅导和礼仪教育时，应根据不同阶段大学生的心理特征选择内容，制订方案，做到有的放矢，才会事半功倍，真正使学生们度过愉快而又充实的大学时光。

三、当代大学生的时代特征

大学是实施高等教育的地方，我国著名教育家蔡元培认为：“大学者，研究高深学问者也。”曾经任清华大学校长的梅贻琦说：“大学者，非有大楼之谓也，有大师之谓也。”而大学生，就是在高等学校读书的学生。从 2018 年开始，入学的大一新生大部分出生于 2000 年以后，这就说明高校的教育对象已经是 00 后大学生，也就是“千禧宝宝”了。

90 后、00 后这一概念缘何而来？这就要追溯到 80 后的来源了。80 后这一概念最早是由青年作家恭小宾于 2003 年提出，指文坛 20 世纪 80 年代出生的年轻写手。后来，这一概念被放大，80 后成为对 1980 年至 1989 年出生的一代人的代际表达符号，后被各个领域广泛借用，继而出现了 90 后、00 后等概念。不同年代的人会有那个年代的普遍特征和生活习性。

（一）90 后、00 后大学生特征分析

1. 思想：早熟老练而又叛逆

90 后、00 后大学生思想开放且独立，常常把“我的事情我来做”当作座右铭，这是他们独立自信而成熟的标志。他们比 80 后更早熟，发育得更早，知道得更多。每个人对社会事物、社会现象都有自己的看法和想法，但是在他们早熟的身体和思维背后，又透出幼稚、冲动与叛逆。当谈到对于父母关系、师生现象、社会风气看法时，他们有着与实际年龄不符的老练。但这种老练是他们自认为的，往往会沉浸于此，不能正确对待，以至于不撞南墙不回头，一意孤行。

2. 性格：自主自信而又依赖性强

如果说 20 多年前的 80 后大学生可以用群体雕塑来形容，那么 90 后、00 后大学生就是一座座独立的个人雕塑。他们追求独立、自由，崇尚自主，自信满满，然而他们又处于从幼稚到成熟的转折点，还没有走出他们的心理断乳期，加上大多是独生子女，从小就被家中长辈百般呵护，以致独立性较差。他们渴望新奇的知识，又讨厌繁重的书本；他们希望一切自主，可经济又不独立，不会理财。所以，最终遇事还得依赖父母家人。

这个时期的部分大学生还遇到了一个特殊的问题，长到 14、15 岁时，遇上了国家为应对人口老龄化的局面而全面实施的“二孩政策”。于是，很多孩子过去在家是“独一无二”，接下来要当哥哥姐姐了。有的学生会坦然面对，欣然接受，但也有的学生无法接受，甚至以各种极端的行为来对抗父母生二孩的决定。这也可以说是“千禧宝宝”很特殊的一段际遇。

3. 语言：追捧网络流行语

90 后、00 后大学生追求个性，喜欢追捧、传播属于他们的特殊文字用语，其中尤其包括网络流行语的使用。“C 位出道”“比心”“佛系”“吃瓜群众”“互相 diss”“疯狂打 call”等词语及用语受到了 90 后、00 后大学生的喜爱与追捧，频频出现在口头。

4. 生活：追求非主流的时尚

90 后、00 后大学生对个性化生活的追求更加狂热。由于家庭条件较 80 后一代更加优越，更早地接触成人世界，更早地关注时尚与潮流，所以，他们追求特立独行的生活方式，喜欢奇装异服，欣赏中分、大背头的发型。苹果手机、单反相机、平板电脑是他们的生活必备。晚睡晚起、上网旅行、泡吧嗨歌也是他们的生活主旋律。

5. 交际：广泛且虚拟

90 后、00 后大学生大多是独生子女，即便有弟弟妹妹，年龄也相差较大，再加上上大学之前，他们的交际时间与范围都有限，所以上大学后他们渴望交朋友。而科技的发达，网络的普及又为他们广交朋友提供了便捷。还没来学校报到，他们就通过网络了解到了同学的信息并且互相认识，组建了多个微信群。电脑、手机、iPad 等科技工具的辅助让 90 后、00 后大学生的交际变得十分广泛，但正是这种网络的交往，又使他们往往在没有见到交往对象时就已聊得火热，投入情感，以致让交友因虚拟而充满了不确定性。

6. 规划：务实明确但也迷茫

大学入学率的提升，使得大学生就业形势不容乐观，对此，90 后、00 后大学生心知肚明，多数 90 后、00 后大学生认可大学生就业形势“严峻”和“比较严峻”。他们从实际出发，早早打算，明白眼高手低是当代大学生就业难的最大障碍，并相信只要自己努力奋斗，就会有获得成功的可能。他们对自己的职业也有一定的规划，白领、公务员、出国发展、自主创业都是他们的理想选择。但是，现实与理想总是有差距的，大学生未来的职业受市场经济大环境的影响，功利性比较强，这样也很容易使他们迷茫，不知路在何方。

塑造 90 后、00 后大学生特征的原因有很多，例如现实压力的持续增大，矛盾冲突增多，价值判断迷失错位等。90 后、00 后大学生在成长过程中可能会存在一些问题，我们应该正视这种情况，认真对待，做到理性认识，对症下药，克服困难，勇往直前。

（二）90 后、00 后大学生的时代烙印

现代社会正处于一个媒介大融合的时代，一个竞争更加激烈的时代，在这种环境下，90 后、00 后大学生的特征也有其时代性。

1. 改革成果的完全受益者

改革开放 40 多年来，我国的政治、经济、文化都发生了前所未有的变化，取得了举世瞩目的成就。每个家庭的经济收入水平都明显提高了。虽然“80 后”与“90 后”均出生在改革开放以后，但 90 后、00 后的生活条件更优越。计划生育的影响使得 90 后、00 后大部分都是独生子女，父母亲可以给予他们更优越的物质生活，几乎是有求必应。

但是，优越的生活条件并不意味着 90 后、00 后大学生身体素质更有优势，视力不良、超重或者肥胖的青少年比例明显增加，耐力、力量、速度等体能指标持续下降，甚至出现“跑步猝死”的怪现象，十分令人担忧。

2. 互联网的原住民

90 后、00 后大学生出现的年代正好是网络飞速发展的时代。如今媒介大融合，报纸、广播及电视数字化、电子化，使得信息传播更及时、更迅速，人们可以随时随地接受信息。90 后、00 后大学生追求个性时尚、接受新事物的能力很强。他们中的大部分生活条件较好，新设备更新换代较快，这些使他们随时随地可以轻而易举地网上聊天、购物、玩游戏等。

根据中国互联网络信息中心（CNNIC）在 2019 年 8 月发布的第 44 次《中国互联网发展状况统计报告》中指出：截至 2019 年 6 月，中国网民规模达 8.54 亿，我国 10~29 岁年龄段网民的比例为 41.5%。90 后、00 后的当代大学生所占比例之高显而易见。

3. 和谐社会建设的亲历者

实现社会和谐，共建美好家园，是我们孜孜不倦追求的社会理想，构建和谐社会，顺应当前的客观要求，促进我国经济的飞速发展，体现了全民的利益与愿望。

在共建和谐社会的道路上，90 后、00 后大学生们也贡献了自己的力量，他们是这一过程的经历者与参与者。他们思想上富于变化，喜欢尝试新事物，热心于公益事业，积极参与社会实践，尝试创业。他们不仅追求展现自我，也展现热心、自信和责任感。但在他们成长的过程

中，没有经历过社会的动荡和大的社会事件、自然灾害，还无法让我们感受到他们面对压力、挫折、灾难时的心理反应和应对能力。所以面对90后、00后大学生，必须加强心理疏导和挫折教育，使他们具备扎实专业功底的同时具有坚强的毅力和面对一切困难愈挫愈勇的斗志。

可以说当今时代的变化影响了90后、00后大学生，赋予了他们有别于其他年代大学生的时代特征。虽然他们也存在着一些共性的困难与问题，但是应该看到，90后、00后大学生体现出的积极的时代特征，相信他们能够成为新一代的建设者和接班人。

第三节 修养与礼仪

时间可以改变一个人的容颜，却抹不掉经过岁月积淀所焕发出来的淡定和从容，而这份淡定和从容就是一个人历尽沧桑岁月的洗礼而成就的修养和内涵，正如秋天弥漫的稻香、地窖陈酿的美酒一样，是由内而外散发的芬芳。修养之于人是博爱和忍心，是充满自信的干练，是情感的丰盈与独立，是不苛刻的审度万物，更是懂得在得失之间慧心的平衡。

修养是文化、智慧、善良和知识所表现出来的一种美德，是崇高人生的一种内在力量，也是一个人综合能力与素质的体现。修养美到底包含哪些内容呢？我们应该从哪些方面来提升自身的修养呢？

一、修养的内涵

（一）思想修养

一个人可以没有华丽的外表，但不可以没有自己的思想和智慧。深厚的思想修养体现在以下三个方面。

1. 高尚的道德情操

（1）诚实守信是道德修养的核心。浙江省温州市海亮集团有限公司董事长、党委书记冯亚丽，始终恪守商业道德，坚持诚信经营，诚信立业，诚信待人，创建了“以人为本，诚信双赢”为内核的企业文化体系。

她对客户讲诚信，重合同，守信用。2007年，海亮集团工作人员发现，有一笔到期账款应支付给一位姓赵的供货商，但赵老板已返回山西老家，始终联系不上。冯亚丽得知情况后，派人到工商部门查找赵老板注册登记时的个人信息，然后与山西当地户籍部门联系，辗转找到了他，并支付他13万元账款。赵老板感激地说，根本没想到冯亚丽会费这么大周折找到我，还主动把钱送过来。

她对员工讲诚信，重良知，践诺言。2008年年底，金融危机来袭，冯亚丽承诺，海亮集团不降薪、不裁员。她说："企业与员工是休戚相关的命运共同体，越是金融海啸，越不能把员工当包袱一甩了之。'海亮'要对9200名员工负责，要对社会负责，要对道德良知负责。"特殊境况下，冯亚丽带领海亮人攻坚克难，同舟共济化解危机，不仅给全体员工吃了一颗定心丸，更在民营企业中树起了一个守信践诺的榜样。

她对社会讲诚信，守公德，行公益。海亮集团成立30年来，已经为办校兴教、扶弱助残、帮困助学、抗震救灾等捐资累计上亿元，创建了数个公益基金。

如今，海亮集团所属几十家子公司都悬挂着诚信承诺牌，形成了独具特色的"海亮"诚信文化体系。冯亚丽先后荣获全国五一劳动奖章、首届全国诚实守信道德模范提名奖，被评为全国十大优秀民营女企业家，成为民营企业家中诚实守信的优秀代表。

（2）谦恭虚心是道德修养的标尺。俗话说："满招损，谦受益。"人不能没有自信心，但自信并不等同骄傲。骄傲是前进路上最大障碍，总是会怂恿人对镜自赏，洋洋得意，自我感觉超过现实，这种感觉就像是无知、傲慢、偏激的同义词，与积极进取，朴实谦恭完全背道而驰。因此，我们要善于正视自己的优缺点，无论人家如何夸赞你，自己的心里都要保持谦虚，因为金无足赤，人无完人，人们之所以会赞誉你，多半是希望你能从中汲取经验，多方面进行自我反省和教育，努力使自己做得更好。

著名节目主持人杨澜是美丽优雅、智慧知性、谦虚好学的典范。从北京外国语大学英语学院英语系毕业后，她成为中央电视台《正大综艺》节目主持人。1994年，她放弃主持红极一时的《正大综艺》，远赴美国哥伦比亚大学国际和公共事务学院主修国际传媒，获得国际事务学硕士学位。这段时间的求学充电，为她后来创办"阳光卫视"，制作并主持国内首个高端访谈电视栏目《杨澜访谈录》打下了坚实的基础。2010年2月25日，因"奋发有为，在传媒领域和国际文化交流中追求卓越"，杨澜被全国妇联授予"全国三八红旗手标兵"荣誉称号。4月22日，被任命为联合国儿童基金会中国大使，由此，杨澜成为联合国儿童基金会（UNICEF）驻中国办事处所任命的第一位大使。她不仅开创了成功的事业，而且成为公益慈善的形象大使。

（3）刚强正直是道德修养的根本。刚强正直的品性总是被睿智者和成功者所推崇，表现为坚持不懈、一心一意地追逐自己的目标，不断努力，体现坚韧不拔的精神和毅力。英国前首相丘吉尔曾说过："我们决不屈从，无论事物的大小巨细，永远不要屈从，唯有屈从于对荣誉和良知的信念。"他也是这样做的。

正直刚强的人内心都是抗震的，有一种超然物外的平静，即使受到挫折或者不公平的待遇，他们也同样不会放弃生活，放弃热情。

2008年11月当选为中国残联主席的张海迪，5岁时因患脊髓血管瘤高位截瘫，15岁跟着父母到农村生活。在农村，她处处为别人着想，为人民做事。她发现小学没有音乐教师，就主动到学校教唱歌。她发现村里缺医少药，就决心学习医疗常识和技术，用零花钱买医学书、体温表、听诊器和常用药物。短短几年，她居然成了当地年轻的“名医”，为群众无偿治疗达1万多人次。高位截瘫的她在病床上用镜子反射看书，以惊人的毅力学会了4国语言，并成功翻译了16本海外著作。1991年张海迪在做完癌症手术后，继续以不屈的精神与命运抗争，她开始学习哲学专业研究生课程，经过不懈的努力，她写出了论文《文化哲学视野里的残疾人问题》，并于1993年被吉林大学授予硕士学位。张海迪以自身的勇气证实着生命的力量，正像她所说的“像所有矢志不渝的人一样，我把艰苦的探询本身当作真正的幸福”。她以自己的言行，回答了亿万青年非常关心的人生观、价值观问题，被誉为“80年代新雷锋”“当代保尔”。2014年10月6日，在波兰首都华沙，张海迪又以其社会影响力和个人魅力高票当选康复国际主席。

（4）善良温厚是道德修养的源泉。善良的品格可以让彼此以最简单、自然的方式进入人际交往的领域，为人格魅力增添一抹亮丽的色彩。

勿以善小而不为，善良是具体的行动。也许难以做到日行一善，但可以做到尽力而为。上要孝敬父母，下要保护弱小，真诚地对待自己的朋友，即使对待动物也同样要有爱心。当他人遇到困难或者不愉快的事情时，要尽可能给予力所能及的帮助和关怀。真正的朋友不是锦上添花，而是雪中送炭。

曾经担任联合国扫雷大使的英国已故王妃戴安娜，生前在参加扫雷行动时，多次把因踩中地雷而成残疾的孩子拥入怀中。她还经常向老年人慈善基金组织捐款，多次探望孤苦无依的老人。尤其令人感动的是，她把艾滋病患者紧紧抱在胸前，眼睛里闪烁着泪水，她的善良和爱心就像是永不凋落的玫瑰绽放在每个人心里。所以，她的意外去世才会让全世界人民都为之惋惜。

2. 积极的进取精神

人类历史的车轮滚滚向前，社会瞬息万变，处处充满竞争，稍有松懈就会被时代淘汰，这就需要我们时刻保持一颗积极进取的心。积极进取不仅是一种人生态度，更是一种做事方式。它能及时修正每个人对自我的认识，正确对待周边环境，从而在人生道路上走得更自信。

动物界有这样一件有意思的事情：在美丽的非洲大草原上，生活着羚羊和猎豹。羚羊每天一早醒来，就在思考如何跑得更快一些，才能不被猎豹吃掉；同样，猎豹每天一早醒来，也在思考如何能比羚羊跑得更快一些，才不会饿死。羚羊和猎豹的故事告诉我们，工作、生活就是这样，不论你是羚羊还是猎豹，每当太阳升起的时候，就要毫不迟疑地迎着朝阳向前奔跑！

大学生要时刻给自己设定目标，或一个时期的目标，或一个阶段的目标，或一个年度的目标。一个人只有把目标设定得越直接、具体，凭借着不断进取的努力和毅力，才会收获成功。

3. 乐观的人生态度

众多成功者不一定都拥有像爱因斯坦那样超高的智商，大多也没有特殊的机遇和优越的条件，可他们都是历经坎坷，命运多舛，在不幸的境遇和屡次尝试失败中始终保持着乐观向上的心态，奋起前行的人。

美国著名的教育家、演讲家戴尔·卡耐基的办公室里和家里的镜子上都悬挂着一块牌子，上面写着：你有信仰你就年轻，疑惑就年老；有自信就年轻，畏惧就年老；有希望就年轻，绝望就年老；岁月只可使你皮肤起皱，而失去热忱就丢掉了灵魂。这几句话正是对热忱、对乐观的最好诠释。一个乐观的人，会认为自己无论做什么工作，都是一份神圣的天职，并怀着浓厚的兴趣。乐观的人生态度能够鼓舞和激励一个人对所着手的工作采取积极主动的行动。不仅如此，它还可以感染身边的每个人，让他人被这种特质吸引。

所以，人一定要自信，只要你自信了，那么身体的每一个细胞都会随着自信的力量而舒展。在这个到处充满着激烈竞争的社会，自怨自艾、自暴自弃的人已经失去市场，必须勇敢地面对现实，接受挑战，做一名乐观开朗、积极进取的新时代大学生。

（二）文化修养

人类社会已经步入了知识大融合的时代，知识已越来越重要，它是一种资本，是时代的第一生产力，学习和积累知识是取得成功的基础，是人一生最有价值的财富。俗话说：知识改变命运。古往今来，凡是立于事业巅峰的人，都必定有渊博的知识为他们搭设成功的阶梯，能成为名人、伟人的人，多是知识底蕴深厚、学问渊博的人。作为当代大学生，要加强自身文化修养，坚持学习，以人为师，才能让自己更充实、更睿智。

1. 渊博的人文知识

人文知识，即文、史、哲、艺术等方面的科学知识，它能提高人的修养，提升人的气质，锻造人的品格。大学生提高人文素质关键在于加强以下三个方面的学习。

（1）了解源远流长的民族精神，坚定文化自信。中国五千年的历史文化浩如烟海，中国人用自己的勤劳和智慧，缔造了强汉盛唐、康乾盛世等辉煌的过去，引领世界风骚数百年。有“先天下之忧而忧，后天下之乐而乐”的范仲淹，有“精忠报国”的岳飞，有“苟利国家生死以，岂因祸福避趋之”的林则徐，有以“警世救国”自我鞭策、三易其志的鲁迅，也有“为中华之崛起而读书”的周恩来。从孙中山到陈独秀，从林觉民到秋瑾，从李大钊到毛泽东，他们无不为了中华的崛起，为了振兴华夏而发愤图强，这凝聚了以爱国主义为核心的伟大民族精神，这些气节和德行，都是中华民族精神的瑰宝，更是增强文化自信的源泉，我们必须世代传承。

（2）掌握公民基本的职责义务，自觉履职履责。大学生作为社会的一员，要有社会责任感、使命感，要树立正确的法治观念和社会公德意识。既要依法行使法律赋予的权利，也要履行法律赋予的义务，形成正确的公民意识，在享有个人所拥有的权利时，不忘尊重和承认他人的合法权益，不忘履行对国家、对社会、对他人的义务和责任。

（3）强化集体主义观念，增强团队意识。中国的传统文化以“和”为贵，在个人与集体、个人与家庭、个人与个人的关系处理方面留下了丰富的经验，这些经验对处理人与社会的关系、人与人之间的关系都有很大的启迪。“一个篱笆三个桩，一个好汉三个帮”，作为一个有社会性人，要想取得成功，必须具有团结协作的精神，必须具有集体主义观念和团队意识，融洽各种关系，为构建和谐社会而努力。

2. 务实的科学精神

科学既是一种文化，更是一种精神，它的核心就是四个字：求真务实。改革开放的总设计师邓小平曾说过，“空谈误国，实干兴邦”，正是他务实的科学态度，才让国民经济快速发展，人民生活水平迅速提高。但总有些人，以科学的名义做着有悖于科学的事情，以科学的名义干着阻碍经济社会持续稳定发展的勾当，某院士论文抄袭，某学者学术造假，某种伪科学盛行，等等，都折射出了某些人科学道德、科学素养的缺失。

居里夫人一生不求名不求利，凭借着自己对科学的执着和热爱，克服种种困难，呕心沥血，终于在 1898 年 12 月发现了镭，最终问鼎科学界的最高奖项——诺贝尔奖，她的科研成果也成为全人类共同的财富。她曾说：“人类看不见的世界，并不是空想的幻影，而是被科学的光辉照射的实际存在。尊贵的是科学的力量。”她一生所信奉的最高原则就是对任何困难都决不屈服，正是这种对待科学务实求真的态度，让她成为举世闻名，却不为盛名所累的伟大科学家。

3. 扎实的专业功底

当代大学生努力拼搏，认真学习，为的就是厚积而薄发，创造并实现自己的人生价值。而人生价值的实现必须要具备一定的客观条件，例如吃、穿、住、用、行这些人们赖以生存的物质条件。如何凭借自己的力量来实现它呢？那就是要参加社会实践，而参加社会实践的敲门砖就是扎实的专业功底。在社会竞争如此激烈的今天，如果没有扎实而过硬的专业功底，根本无法在社会上立足，更不要说实现远大的理想了。所以，扎实的专业功底就是我们有力的竞争利器。首先，要培养自己对本专业的兴趣爱好，正所谓兴趣是最好的老师，有了兴趣才有钻研的动力；其次，要多读书，读好书，尤其是和自己专业有关联的书籍，争取将自己打造成专家与杂家；最后，多多参加实践活动，将理论与实践结合起来。“纸上得来终觉浅，绝知此事要躬行”，亲身实践才可将知识转化为能力，实现社会价值和经济价值。不论当初出于什么原因选择了现在的专业，既来之则安之，努力夯实专业基础，这样，在实现个人理想与价值的道路上，才有了可以助自己一臂之力的强有力的武器。

（三）审美修养

人类已迈进了现代文明的门槛，现代物质文明为人类创造了比以往任何时代都绚丽、繁荣的物质成果。现代精神文明要求人们在追求内心真、善、美的同时，还要具有较高的法律意识、公民道德、行为操守，而其中较为重要的是还需要具备较高的审美修养。一个国家或民族如果缺乏对美的追求，就不可能创造出灿烂的物质文明和精神文明，甚至会被时代的潮流湮灭。如果一个人缺乏对美的渴望，就无法摆脱粗俗，也绝不能迈向现代文明，融入当今这个日新月异的现代社会。培养审美修养可以从以下三个方面着手。

1. 增强审美意识

任何审美活动都离不开审美对象和审美主体，个体审美素养的高低决定了具体审美活动的成功与否。在审美素养的培育中，最重要的层面就是审美意识的培养，有人说：世上本不缺乏美的事物，而是缺少发现美的眼睛。

审美意识是审美活动进行之初所必备的一种心理状态，它要求审美主体能将自己从现实生活中抽离出来，保持一种超然物外的态度。从前有位秀才跟一位农夫同时进城，天色渐渐暗了下来，明月升上了天空。秀才看到这美丽的明月情不自禁地吟诵出王维的诗句："独坐幽篁里，弹琴复长啸。深林人不知，明月来相照。"便对农夫说："你瞧今夜的月色多美啊！"农夫急着进城卖东西，天黑了，眼看卖不成东西了，只有等到明天才能卖了，根本没心思赏月，便叹息道："月亮有啥美的，不就跟我卖的烧饼一个模样吗？"这实际上是面对同一审美客体时各人持有不同的审美观点，因而也产生了不同的审美效果。

在日常的生活中，人们往往带着功利性的目的处理各种实际的事务，考虑成败得失，因而对事物难以转入到审美的角度上。故事中的秀才对月亮是站在审美的角度上做出的充满诗情画意的评价和描述，而农夫的态度是实用功利的，因此难以进入审美的境界，缺乏审美的意识。

要提高审美意识，就不能总是对对象进行实用功利的计较，也不能对对象进行科学抽象的分析，而应该对对象采取一种"观照"的态度，直接从对象的感情特征中细细品味同人生自然相联系的某种情调、韵味、精神和境界。如李白从月亮中体味到个人在外漂泊的孤独和冷落，于是创作"床前明月光，疑是地上霜。举头望明月，低头思故乡"的千古诗篇；曹雪芹在《红楼梦》中"两弯似蹙非蹙笼烟眉，一双似喜非喜含情目"，将林黛玉初进荣国府那种微带轻愁、多情又道不明的美丽描写得惟妙惟肖。大学生具有较高的文化素养，也应该有较为独到的眼光，如果抱着一种积极乐观的心态，细心去发现生活中的美，增强审美意识，会发现我们身边处处都是美。

2. 把握审美标准

人们在审美的过程中往往会出现"仁者见仁，智者见智""深者见深，浅者见浅"的现象。那么这个"仁""智""深""浅"又是通过什么标准来衡量和评价的呢？其实，这种现象均产生于各人自己的生活基础和心理背景，每个人的心里都有衡量、评价对象审美价值的尺度，它是人们在长期的审美实践中形成、发展，又受一定社会历史条件、文化心理结构、个人生活阅历和特定对象审美特质所制约的，既有主观性和相对性，也有客观性和普遍性。

审美具有一定的道德标准。道德修养是制约审美的主导因素，没有较高的道德修养就不会有较高的审美素养。如俄国大文豪契诃夫的两位哥哥都是从事艺术创作的，一位叫亚历山大，是颇有才华的作家；另一个叫尼古拉，是一位画家。然而他的这两位哥哥的道德修养较差，亚历山大对待自家的佣人甚至是妻儿都非常粗暴专横，不讲礼貌，任性妄为。而尼古拉则是工作懒散，生活放荡不羁，成天酗酒。正是由于他们的道德修养差，审美修养也不高，没有崇高的理想，没有明确的生活态度，道德观念薄弱，思想空虚，结果亚历山大越来越堕落，碌碌无为地虚度一生，没有留下任何有价值的作品；而尼古拉的结局更令人痛心，他尽画些庸俗的、一文不值的东西，把才华都湮没在酒精里，31 岁就英年早逝。相反，由于契诃夫拥有较高的道德素养，热爱祖国，同情人民，对社会和公益事业具有强烈的责任心，对朋友、家庭充满爱心，所以，他能分辨善恶、美丑、正邪，并在作品中加以呈现，符合大众的审美观，因此，他的作品才能流传至今。

审美具有一定的文化标准。审美不仅需要高尚的道德修养，还需要具备一定的文化素养。审美活动是一种受制于文化意识的心理活动，因为它必然包含着一个“刺激—反应”的过程，即外在的事物通过人的感官，刺激人的大脑皮层，人的大脑做出一定的反应，而反应的结果必然受文化意识的影响和规范。

我国著名的科学家钱伟长曾举过这样一个例子：在洛阳有位工程师，在指挥施工过程中遇到了古墓，为了节省工时，他未等文物部门做完清理工作就强行实施爆破。轰隆一下便把三层古墓瞬间化为了平地，相比所节省的工程开支，所损失的文物价值简直无法估算。这位工程师尽管是建筑领域的行家，可他还是缺乏真正的审美修养。就如著名的教育家苏霍姆林斯基所说：“在受过高等教育甚至获得学位的人中，也还有愚昧无知、没有修养的人。”培养一个工程师容易，但是要培养一个具有较高审美修养的工程师却很难。

3. 提高审美能力

对于一个人来说，审美能力不是先天就有的，而是在后天的生活、学习、审美实践过程中逐步培养发展起来的。审美能力的提高是知识的积累和不断的实践才能实现的，那么，如何提高审美能力呢?

首先，要加强对美学知识的学习，增强审美知识储备，明确什么是美，为什么要审美，这样才能为审美能力的提高奠定基础。

其次，要树立正确的审美态度，它是一个人在进行审美活动中所秉持的观点和看法，因此这就要求我们要摆脱庸俗的功利心，用眼睛、用心去观察周围的世界，这样，才不至于偏离人生的方向，看到的才是真实的世界。

再次，要坚持用真诚、诚实、善良的心态去审美，因为审美活动本身就是一种情感的体验，这就要求我们要怀着一颗敬畏的心，秉持谦逊的态度和自信的目光去看待周围缤纷的世界，看待社会现象中的真善美和假恶丑。

最后，要注重提高自身的道德和文化修养，美丽不仅反映在外表，也是心灵和情感的升华，这就要求自己在平常多加强对艺术作品的欣赏，如书法、舞蹈、歌剧等，逐步积累审美经验，善于观察生活，在点点滴滴中逐步提升。还要时刻保持健康向上的心态和整洁的外表，在追求高雅格调的同时，不断完善自我。

二、礼仪与修养的关系

礼仪是对礼貌、礼节和仪式的统称，是一个人、一个民族、一个国家文化修养和道德修养的外在表现形式。在现代社会，虽然一个国家、一个民族的软实力所包含的内容十分宽泛，但在评价时通常是从这个国家、这个民族人们的言行举止、文明习惯所体现的公民素质与精神面貌入手的。因为，从国家和民族的角度而言，礼仪是其社会风貌、道德水准、文明程度、公民素质的重要标志。从个体的角度而言，礼仪是一个人思想觉悟、道德修养、精神面貌和文化教养的综合反映，是一个人在工作及交际活动中仪容、仪表、仪态、举止、言谈等所体现出来的特定的风格，是一种外在形象和风度。

修养是一种气质，是一个人的内涵由内而外的体现。气质，是心理学范畴的概念，是人的心理活动中典型的、稳定的个体动力特征，它不是短时间能提高的，需要长年累月的积累。修，可以理解为修炼内心；养，就是培养自己多方面的能力。

所以，修养美是一种精神美，内在美，气质美；礼仪美是一种韵致美，外在美，风度美。修养美需要健康的心理品质和丰富的知识储备；礼仪美需要良好的外表训练和得体的言行举止。透过一个人在社会生活中礼仪规范的程度，可以察知其修养程度和道德水准，彰显一个人的品位和价值。具有良好个人修养的人，往往在人群中是最具个性和人格魅力的人，因为他一定会呈现出从容淡定、优雅得体的外在形象，所谓“腹有诗书气自华”“慧中才能秀外”就是这个道理。

三、内外兼修，表里如一

要想成为一个有修养，有品位，有风度，有气质，懂得爱己爱人的当代大学生，既要注重外在的训练，更要注重内在的修为。内外兼修，才能表里如一，神形兼备。

1. 改心改性

一个人如果心理不健康，不乐观、不积极，性格偏执，就总会用有色眼镜去看人看世界，遇事也总往坏处想，所以要想在修养上有所提高，就应该学会不断地调整心态，改善性格，改掉陋习。与人为善，心念端正才能成为世界上最美的人。

2. 善学善思

开卷有益，博览群书是修身养性最好的法宝。以幽幽书香潜移默化，浊俗可以变为清雅，奢华可以变为淡薄，促狭可以变为开朗，偏激可以变为平和。读书被誉为“生命的美容”，“书卷气”是一个人最美的气质，一个人的床头应该永远有本好书。当然，会读书还应该会思考，学而不思则殆。会思考才能有智慧，不管什么事情都必须三思而后行，任何事在经过深思熟虑后再去做，必定能少走弯路，事半功倍。

3. 敢为敢当

敢于创新，勇于担当，是现代人应有的素质。不敢担当就不会负责，不负责就无法获取别人的信任。所以，作为一个新时代的大学生，不仅要敢于表达自己的思想和观点，善于与人沟通，还要敢于将想法付诸行动，并且勇于承担自己的一切责任。

4. 勤做勤练

礼仪是人际交往中约定俗成的行为规范，如得体的装扮、协调的体语、艺术的表达等，除了用心体会和揣摩，更需要反复的练习和实践。同时，作为新时代的大学生，要有事业心，要自强自立，更要勤奋努力。

一个人的魅力体现在修养上，而修养通常来自细节。行为养成习惯，习惯形成品质，品质决定魅力，细节影响成败。从身边的点滴做起，从细微处着手，识大体，拘小节，从自己的一言一行开始，努力提高个人综合素质，就一定可以成为有修养、有品位、有风度、有气质，懂得爱己爱人的现代人。

【本章小结】

在现代社会中，礼仪往往是衡量一个人文明程度的准绳，是一个国家社会风气的现实反映，是一个民族精神文明和进步的重要标志。礼仪已经渗透到了社会生活的各个环节、各个领域，无论是对个人、对国家，还是对社会的发展都起着越来越重要的作用。本章着重介绍了我国礼仪的起源和发展，明确了礼仪的内涵，阐述了礼仪的特征、功能与作用，深入分析了时代影响下的当代大学生的生理、心理特征，为后面章节的礼仪学习和实践奠定基础。

礼仪实际上是每个人在人际交往过程中所表现出的由内到外的一种涵养，外表的礼仪是对他人最起码的尊重，而内在的礼仪修为则更体现出一个人的基本素质。本章还着重阐明了礼仪与修养之间的关系，希望年轻人意识到，要真正成为有修养，有品位，有风度，有气质的现代人，首先应该树立正确的世界观、人生观、价值观，培养正确的审美观和较高的审美能力，学习各种知识，特别是文学艺术、美学等有关的知识，并通过一定的训练方法，打造知书达礼的魅力形象。只有提高了内在素质和修养，才能使外在的美更具内涵和吸引力。所以，每个人都应该把内在美的修养作为终生的追求。

【思考练习】

一、概念辨析

1. 礼仪、礼貌、礼节
2. 仪容、仪表、仪态

二、思考题

1. 简述礼仪的内涵和实质。
2. 结合生活中的实例，论述礼仪的功能和作用。
3. 当代大学生应当具备哪些思想道德修养？如何把握交际过程中的审美标准？
4. 怎样提升自身修养？

第二章 形象礼仪

第一节 仪容礼仪

仪容，通常是指人的外观、外貌，其中重点是指人的容貌。

第二节 仪表礼仪

从广义上来讲，仪表礼仪是指一个人外在的容貌、表情、举止、服饰等给人的总体印象。狭义的仪表则只指动态的面部表情和静态的衣着配饰。

第三节 仪态礼仪

仪态，又称为体态，是指人的身体姿态和风度。

情景再现

小李是某大学即将毕业的大四学生，和其他同学一样，她也开始找工作，准备踏入社会。可是她参加了很多次面试都没有成功，她很疑惑，为什么其他同学甚至是学习成绩不如她好的同学面试都可以成功，而她却屡试屡败？带着疑惑，她找到了学校专门负责学生工作的王老师。王老师要小李回忆她参加面试的详细情况，从小李的叙述中发现她不是败在专业技能上，而是败在她给人的第一印象上。原来小李每一次都是穿得很随意就去应聘，最近这一次更是穿着破洞牛仔裤、拖鞋，头发都没洗就走进了考场。经过老师的耐心讲解，小李开始明白原来应聘不是这么简单的事情，其中有很多礼仪需要学习与实践，尤其是个人形象，往往是通向成功的关键一步，可以说是与人打交道时的“第一张名片”。后来，每次的面试她都会精心准备，注重个人形象，终于，在临近毕业时她找到了自己心仪的工作。

名言警句

良好的开端是成功的一半。

你没有第二次机会给人留下第一印象。

态度决定高度，细节决定成败。

你不可能仅仅由于戴了一条领带而取得一个职位。但是，我可以肯定戴错了领带就会使你失去一个职位。

随着社会的发展，形象的包装已不再是明星的“专利”，普通职场人士对自己的形象也越来越重视，因为好的形象可以增加一个人的自信，对个人的求职、工作、晋升和社交都起着至关重要的作用，可以说是与人交往时的“第一张名片”，所谓“形象是金，形象至上”。所以，如何塑造美的外在形象是现代礼仪中首要的环节。一个人的外在形象是一个整体，它由仪容、仪表、仪态等方面构成。

第一节 仪容礼仪

仪容，通常是指人的外观、外貌，其中重点是指人的容貌。它是由发型、面容以及人体所未被服饰遮掩的肌肤（如手部、颈部）等内容构成。俗话说，三分人才，七分打扮。无论是服装、首饰，还是发型、妆容，任何一方面的疏忽都有可能会影响你的整体形象。在校大学生往往只把重心放在专业知识、职业技能的积累与培养上，而忽视形象装束，殊不知，外在形象恰恰是给人留下第一印象的关键所在，所以在校大学生要有培养仪容礼仪、仪表礼仪、仪态礼仪的意识，抓住一切机会“武装”自己，“推销”自己，这样才能使迈向社会的步伐更加坚定、自信。

一、发型发式

拓展资源

视频讲解

俗话说，“一头映半身”，发型位于人体的“制高点”，对一个人的仪容有着重要的影响。由于人们习惯“从头打量”，所以发型更容易先入为主，抓人眼球。得体的发型发式能凸显个人的魅力和气质，让人感觉容光焕发，充满阳光和朝气，因此修饰头发是非常重要的。

首先要勤梳洗，保持头发的干净整洁，尤其要做到肩、背无落下的头皮屑，使头发散发自然光泽。究竟多勤为宜呢？既要结合个人的发质，也要结合季节。如果头发经常出油，那最好每天洗头发，保持清爽。如果发质比较干燥，一般以两天至三天清洗一次为宜，过于频繁地清洗头发反而会损伤发质。勤梳洗也要结合天气和季节，如果是在炎热的夏季，建议每天清洁头发，如果是在寒冷的冬季，建议每周两到三次清洗头发。

洗发时水不要太热，以 40 ℃为宜。以免烫伤毛囊，要根据自己的需要选择洗发剂，如清爽去屑、营养焗油、柔顺秀发、强韧发根等，要使洗发剂适合自己的发质。头发清洗过后，最好用吹风机略微吹一下，避免寒从头入，但是也不要吹得过干，以免损伤发质。

其次要常打理。如果是短发，要定期修剪，保持良好的发型。男士的发型要做到“前不覆额，侧不掩耳，后不及领”的“三不”，即前面的头发不能遮盖住额头，侧面的头发不要掩盖住耳朵，后面的头发不能压住衣领。根据头发的生长规律，一个月修剪一次头发是正常的。

女性的短发式样较男性的短发式样更多样化，更不能忽略了对头发的打理。从颜色、造型、烫染，女性的发型更要精心护理。

女性如果选择留长发，在正式的场合尽量将长发扎起或盘起，不可披散着头发。

发型的选择首先要符合典雅、大方、简洁的原则，可以根据头发的发质、个体的脸型、体型、年纪、心情、服装和场合等因素选择不同的发型，这样才能找到自己最美、最得体的形象。

也许你有这样的感受，平常在电视上或者海报上看到某位明星的发型特别有气质，但自己剪出来却不一定能达到相同的效果。发型同脸型是相辅相成的，恰当的发型发式，可让两者相得益彰。下面分析几种对女性而言不同脸型适宜的发型发式。

1. 圆形脸

圆形脸的特征是头额窄、下巴短、五官紧凑匀称。这种脸形的女性可以考虑把刘海向上梳，做个小花样别在头顶以达到拔高头额的效果，脸部两侧的头发可拉长或拉低一些，较长的发型会让脸部看起来比较修长，过多或太蓬松的头发会使脸部看起来更圆。

2. 国字脸

国字脸的特征为方额头、方下巴、脸较宽。这类脸形应当用塑造成圆形来缓和方的特征，可采用将头顶部位的头发稍微提高，上额两侧与下颚两侧较为拉低的发型。

3. 长形脸

长形脸的特征是面长、额宽，脸颌骨横直，颌线起棱角，颊线直，鼻子显长。这种脸形可塑造成头发蓬松的发式，采用头顶部位的头发不要太蓬松、脸部两侧较蓬松的发型。这种脸形的女性一定要挑选长度适中的发型，过短或过长都不是很合适。薄刘海会比一整片厚刘海更漂亮，两侧头发的层次与蓬松感会中和长形脸的线条，从而起到很好的修饰效果。

4. 三角形脸

三角形脸的特征是额头窄小，两腮宽大，给人沉着大方和威严的感觉。这种脸形适合将额头的发型维持一定宽度，这样才不会凸显两颊的宽大线条。同时，可选择比较温柔的波浪卷发，长度以中长或及肩的长度为佳，太短就起不到遮掩和修饰两颊的作用了。

5. 锥子脸

锥子脸的特征是额头宽大饱满，下颌消瘦。这种脸形适合脸部两侧较蓬松、上额两侧较为服帖的发型。这种脸形的女性最好选择短发，让下颌处看起来有加宽的效果。

男性的发型相对而言要简单很多，但也应与脸型相配。下巴较方的男性可以留适量的鬓发，长脸的男性不宜留太短的头发。

大学生的发型最好简单大方，不以怪异的发型博人眼球。

总之，发型发式的选择应当注意扬长避短，将最美的角度展现出来，才能反映出个人最佳的精神面貌，给人眼前一亮的感觉。

二、面部妆容

面部妆容主要包括面部护理与面部化妆两部分。仪容在很大程度上指的就是人的面部妆容即面容，由此可见，面部妆容在仪容礼仪中有着举足轻重的作用。

（一）面部护理

1. 面部清洁

由于不同的季节人体肌肤呈现的状态不一样，比如秋冬季节皮肤常常比较干燥，夏季皮肤略显油腻，因此对肌肤进行清洁时要根据实际情况进行。当肌肤灰尘比较厚重甚至非常油腻时就要用清洁力较强的洁面产品进行深度清洗；而当脸部皮肤呈现出干燥脱皮现象之时则应选用温和的洁面产品进行清洁。

一天中清洁皮肤的次数以早晚各一次为宜，太多伤害皮肤，造成水分流失，太少清洁力度不够。早上，皮肤经过一夜的新陈代谢，产生油脂等分泌物，还有老化角质的脱落，这时如果不好好清洁面部的话极有可能造成毛孔堵塞、黑头等现象。晚上清洁皮肤更是重中之重，因为经过一整天，皮肤已经积存了较多垃圾和油污，用洗面乳可以将一天皮肤表皮和毛孔内的化妆品、护肤品清洗干净。

2. 眼部护理

眼睛是心灵的窗户，但是我们的眼睛长期裸露在外界环境下，是很脆弱、很易老化的器官，因此，要注意用眼卫生，预防眼病，保持眼睛及眼周围健康。

现在，人们为了矫正视力，保护眼睛或者追求时尚，常常会选择眼镜。那么，在配戴眼镜的时候，首先要注意眼镜的质量、款式是否适合自己；其次，要保持眼镜的清洁，尤其是隐形眼镜，要经常清洗，注意不要被细菌感染，从而影响眼睛的健康。

眼部肌肤是全身最薄的，又很敏感，因此需要特别小心护理，不要拿面霜当眼霜涂，这很可能会引起敏感或油脂粒。

涂眼霜的正确方法是，用无名指取绿豆粒大小的眼霜，然后顺内眼角、上眼皮、眼尾、下眼皮做轻轻环形按摩，直到让肌肤完全吸收。无名指的手法相对较轻，眼部肌肤娇嫩经不起用力拉扯。

3. 口唇部护理

首先应当注意口腔卫生，避免产生口臭等异味。从保健卫生的角度，人每天应当刷三次牙，至少早晚各一次，这样才能有效保持牙齿的健康，消除口腔内的异物，减少口腔细菌的危害。与人攀谈的时候，才能多几分自信。

在平日里，还要多注意对嘴唇的保养和呵护，特别是在冬天或干燥的环境下，嘴唇很容易开裂、暴皮，要经常使用润唇膏，保持双唇的舒适和滋润。

4. 鼻部护理

漂亮的鼻子，一般有着鼻梁高俏挺拔，长度占整个面部长度的三分之一左右。修饰鼻部关键在于保养，防止鼻部周围生疮、暴皮、“黑头”，影响美观。同时，鼻部要及时清理鼻垢，不能当别人的面打喷嚏，抠鼻孔，甚至弹鼻垢。还要及时修剪鼻毛，防止鼻毛露出。

5. 脸部护理

脸部肌肤通常要经受风吹日晒，所以一定要保证每天擦乳液或面霜。油性肌肤最好选用质地清爽的乳液，干性肌肤则适合质地滋润的乳霜。涂抹额头的时候注意方向是由下向上，用中指和无名指指腹，以按压的手法抹在皮肤上。全脸只有涂抹鼻子的时候，方向要由上向下。

精华液是一种浓度更高、滋养能力更强的护肤品，通常含有较多的活性分子，分子小，渗透力较强，有防衰老、抗皱、保湿、美白、去斑等功效。对花季大学生而言，每周使用2~3次精华液足矣，涂抹方法和乳液、面霜相同。

6. 耳部及颈部护理

耳部护理要及时清理耳垢，修剪耳毛，避免污垢感染外耳道。颈部容易成为人体显现年龄的部位，在进行眼睛、嘴唇、耳修饰的同时，也要注重保持颈部的清洁，加强颈部锻炼和按摩。按摩颈部不仅可以帮助去除皱纹，延缓衰老的过程，还能使颈部皮肤光滑。

（二）面部化妆

爱美之心，人皆有之，虽不可以貌取人，但是较好的面容总是让人赏心悦目，留下好印象。

化妆要根据时间、地点、性别而定。舞台装一般会很浓，应聘时要根据应聘岗位来选择合适的妆容。白天妆容可以淡一点儿，晚上可化浓一点儿，在光线的映衬下会更精神，要做到“淡妆浓抹总相宜”。

下面我们以女性妆容为例学习化妆的一般程序。

1. 基础护肤

所谓基础护肤就是指化妆前先完成上文所述的面部清洁和面部简单的护理，这样就在皮肤与妆面之间形成一层膜，避免彩妆直接涂在皮肤上，起到保护皮肤的作用。

2. 涂粉底液

粉底液有隔离、防晒、均匀肤色的功效，要选择接近肤色的粉底液为基础底色，用化妆海绵蘸取少量粉底液由内向外，全脸均匀地拍擦，切忌来回涂沫。如果第一遍没有把肤色调匀，粉底液可以擦抹两遍，每遍宜薄不宜厚，脸部与颈部相连处要有过渡，避免出现边缘线，甚至很明显的脸部白皙而颈部黝黑。

3. 扑粉

也称定妆，可以防止妆面脱落，抑制脸部出油。定妆粉分为散粉和湿粉，如果皮肤较干，建议选择湿粉；如果皮肤较油，则以散粉为宜。使用时，将粉扑均匀蘸取散粉，粉量以粉扑向下，粉不落下为宜，轻轻按压全脸，然后用大粉刷刷去多余散粉。如果使用湿粉，则用粉饼轻轻按压全脸即可。

4. 画眉毛

一个人眉毛的形状、颜色的浓淡对妆容效果发挥着十分重要的作用，合适的眉形与眼睛搭配，更显神采。画眉毛前一般要先修眉，刮除或拔除那些杂乱的眉毛，画眉毛时一定要画出形状，这需要结合个人的脸型及妆容需要而定。画眉时要注意两头淡，中间浓，上边浅，下边深，这样才能使眉毛显得有立体感。

精心细致修剪的眉毛能让整个脸部都显得清晰、匀称，给脸部画龙点睛的点缀，但它往往是大家容易忽略的地方。眉毛的护理分为修型和补色两部分，修型的工具有镊子或刮眉刀，镊子负责拔掉眉中不均匀的部分，刮眉刀可以快速刮出美丽的眉形，眉毛颜色太淡可以用眉笔或眉粉来修饰。如果想要眉毛浓密一些，可以将生姜削成铅笔状涂抹眉毛，早晚各一次，这样可以促进眉毛的生长，这个方法经济实惠，但是需要坚持。男生一般不需要修饰眉毛，但如果眉毛看上去有明显的瑕疵，例如过淡、过稀疏或者不够有型等，也可以通过一些方法略微修饰。

5. 涂眼影，画眼线

眼影的主要作用是加强面部的立体感，使五官分明，并且着重用眼部吸引人的注意。一般情况下不适合用颜色过分鲜艳的眼影，除非是在较为盛大的晚宴中。涂眼影时还要注意突出层次，这样能强化眼部轮廓，最忌讳均匀地抹一片。

眼线的优势在于能从视觉上使眼睛“变大”，使眼睛更有神，富有光泽。画眼线时，要把它画得紧紧贴住眼睫毛根部。上眼线从内往外画，下眼线由外向内画，并且在距内眼角 1/3 处停笔。上下眼线不应当在外眼角处交合，所以，上眼线在外眼角处可适当稍稍上扬，而下眼线则不要紧紧贴着外眼角。

6. 刷睫毛膏

睫毛膏有加长和加密两种类型，要根据自己的需要选择。刷睫毛膏时，将睫毛分成前后两段，从眼尾开始刷，以达到卷翘的效果。

7. 上腮红

上腮红即在笑肌上涂抹适量的胭脂，它可以使面颊红润，面部轮廓更加立体，显示出健康与活力。上腮红时，要微笑，这样便于找对位置，用腮红刷沾取少量腮红，在笑肌周围，高不及眼睛、低不过嘴角、长不到眼睛的 1/2 处，由内往外晕染。

8. 涂口红

涂口红一方面可以改变不理想的唇形，另一方面又可使双唇亮丽迷人。涂口红时要先用唇线笔描好唇线，确定好理想的唇形，唇线笔的颜色应略深于口红的颜色。涂口红时，应从两边往中间涂，注意涂抹均匀，不能超过用唇线笔画出的唇形。涂完口红之后要检查牙齿上是否粘有口红的痕迹。

要想按以上步骤化妆，不仅妆前的准备必不可少，化妆的时间也较长。如果时间很紧，也有简化的化妆步骤：洗脸—涂护理液—涂 BB 霜—描眉毛—上腮红—涂唇蜜，这样化妆节约时间，但是不会很精致。化妆的基本要求以修饰自然为准则，要根据不同肤质选择适宜的化妆品。

化妆通常是在家里或者无人在场的情况下悄然进行，修饰避人也是人们日常交际过程中的一条重要礼仪原则。不要在公共场所或众目睽睽之下化妆或补妆，这样会显得缺乏修养。同时，也不要在异性面前化妆，以免引起误会。

三、手部护理

手部，被喻为人的第二张脸。在待人接物时，手作为联系友谊的桥梁和纽带，是仪容仪表中重要的组成部分。手作为人类重要的组成器官和劳动器官，经常接触外界事物，暴露在服饰之外，容易受到细菌和污垢的侵染，它也成了许多传染性疾病的主要传播媒介，因此，要养成勤洗手的习惯。在人际交往中，有一双清洁、温暖的双手，会为你的交际带来更多好感。比如，我们通常以握手的礼节来表示对客人的欢迎，那么就应当保持一双清洁、暖和的双手同人握手言谈，然后伸出双手递送名片等，客人会通过接触我们的双手而形成第一印象，判断一个人的修养及卫生习惯，微小的细节往往能折射出一个人的生活态度和原则。

手部的保洁，首先要勤于修剪指甲。从生活的角度看，留长指甲似乎可以满足日常生活的需要，比如抠取电池，刮去物体上的污垢；从爱美的角度看，长指甲从视觉上给人手指纤细的感觉，尤其是女性，自古以“指如削葱根”为美。但不管怎么样，干净整洁是第一位的，一定要注意保持平常的清洁，如果指甲内还残留黑色的污垢，就会折损个人的整体形象。

女性可以适当地在指甲上涂点儿指甲油，让指甲有光泽，通常使用与指甲相近的颜色或无色的指甲油；在出席演出或晚会等场合时，可以选择色泽亮丽的指甲油或花纹。男士则不要涂抹指甲油。

四、皮肤护理

很多人觉得爱美是女人的天性，皮肤护理这样的事情对于男性来说根本没有必要，其实这样的看法是片面的。男性受雄性激素的影响，皮脂腺较发达，多为油性皮肤，皮肤纹理粗，角质层也较厚。因此，更需要清洁和调理。所以，女性男性都要注意皮肤的日常护理。

皮肤包括表皮、真皮和皮下组织。健美的皮肤是有一定的标准的，例如皮肤是否湿润，一般水分重量是皮肤总重量的 70%；皮肤是否有弹性，有弹性的明显标志是光滑，不皱缩，不粗糙；皮肤是否健康、有光泽等。

北方较南方气候干燥，风沙又大，皮肤的湿润度较低，所以北方人更要注意皮肤的日常护理与保养。

1. 保持乐观开朗的情绪

笑一笑，十年少，笑是最好的“润肤剂”。心情愉悦，笑口常开，面部肌肉常做运动，能保持皮肤健美的状态。

2. 养成良好的睡眠习惯

良好的睡眠习惯直接影响着人的皮肤是否健美。人们常说，如果一个晚上不睡觉，一百天都补不回来。经常晚睡或熬夜的人会有很多皮肤问题，例如黑眼圈加重，色斑增多，皮肤暗黄发黑没有光泽等。所以，要养成晚上 11 点之前睡觉，中午小睡 30 分钟至一个小时的睡眠习惯，保证每天都有充足的睡眠，以便有好的精神状态。

3. 养成多喝水的好习惯

人和其他动物一样，体内含有大量的水分，一个成年人体内的含水量约占人体体重的 65%。喝水不仅可以满足正常的生理需要，而且有助于皮肤新陈代谢。

4. 注意合理的饮食结构

合理摄取维生素，可以使皮肤获得自然健康的美。摄取维生素最适合的方法是食补，胡萝卜、番茄、柑橘、橙子及动物的肝脏含有丰富的维生素 A，可润滑皮肤，防止皮肤粗糙干燥；牛奶、鸡蛋、瘦肉、豆类、谷物、菠菜、油菜及海产品中的贝类含有可以消除色素斑，展平皱纹，保持皮肤光滑的 B 族维生素；维生素 C 可以消除皮肤上的斑点，起到美白效果，柠檬、苹果、草莓及绿色蔬菜都富含维生素 C；维生素 D 可以增强皮肤的抵抗力，含维生素 D 较多的食品有鱼类、蛋黄、花生及鱼肝油等；黄豆、木耳、花生、蜂王浆、卷心菜、甲鱼及萝卜等含有可以促进人体荷尔蒙分泌，避免早衰、容颜憔悴的维生素 E。每个人可以根据自身的需要合理搭配饮食，既可以强身健体，又可以达到食物美容的效果。

5. 注意防范紫外线等的辐射

在强紫外线照射下，皮下的纤维组织会断裂，使得皮肤粗糙、变暗，所以要避免长时间在强光下暴晒。有人认为只有夏天才需要防晒，这是错误的认识。其实，只要有光，就会有紫外线，只是夏天太阳光最强，紫外线最厉害。所以，一年四季都应该防晒，最好在出门前半小时就涂好防晒霜，这样皮肤会有一些时间吸收，防晒效果更好。另外，现代人常常长时间面对电脑，如果不注意防辐射，用完电脑后不及时清洗，久而久之皮肤也会长斑变暗。

第二节 仪 表 礼 仪

现实生活中，每个人都希望自己仪表堂堂，让人赏心悦目、如沐春风。但很多人认为，穿上名牌服饰，用奢侈品点缀，就能让自己“仪表堂堂”。其实不然，我们经常见到生活中有的人尽管穿金戴银，浑身珠光宝气，却一点也不美，反而显得很俗气，因为这种人的穿着打扮不合时宜，不得体，如果表情缺乏自信，就更谈不上从容、大气了。我们从来不能说哪件衣服漂不漂亮，我们只能说哪件衣服穿在谁的身上漂不漂亮。所以，尽管人们相貌不同，但是如果仪表修饰得体，我们会发现，美，原来是人人唾手可得的。

什么是仪表？从广义上来讲，是指这个人外在的容貌、表情、举止、服饰等给人的总体印象。狭义的仪表则只指动态的面部表情和静态的衣着配饰。

一、面部表情

面部表情，顾名思义是从面部的变化上表达出来的心理活动和思想感情，而所谓的“面部表情的变化”指的是眼睛、眉毛、嘴巴、鼻子和面部肌肉的变化以及它们的综合变化。

面部表情在传达信息时起重要作用。面部表情较直观、形象，更易于被人们察觉和理解，并且还真实可信地反映着人们的思想、情感以及心理活动。

拓展资源

视频讲解

（一）面部表情应遵循的原则

1. 表现真诚

人与人之间的交往，以诚相待是重要原则。所谓相由心生，面部表情是可以反映出你的内心的。所以与人交往要真诚，给人表里如一、名副其实的感觉，在此基础上建立的信任才坚不可摧。

2. 表现友好

一个人对人友善与否，从面部表情甚至一个眼神就完全可以判定，有时甚至比言语传递的信息来得更真实。所以，人际交往中，一定要本着与人为善、一视同仁的原则，才能真正传递出友好之情。

3. 表现谦恭

如果一个人很有才气，但他却趾高气扬，不谦恭，往往会被人拒于千里之外。人际交往中，人们不仅重视一个人的才华，而且更看中一个人谦恭的态度，因此，在工作或生活中要使自己的表情神态对上要恭敬，对下要谦和。

4. 表现适度

面部表情视时间、地点、场合的不同而不同，所以我们应做到与现场氛围与实际需要相符合。比如，当看望一位病人时，千万不能显得非常高兴，否则会被误认为是幸灾乐祸，肯定不会受欢迎。

（二）面部表情的具体体现

1. 眼神

眼神，是对眼睛的总体活动的一种统称。常言道：眼睛是心灵的窗户。内心情感的传达主要靠眼神，我们可以从一个人的眼神中读懂他的喜怒哀乐，眼神能够最直接、最自然、最准确地显示出一个人的内心活动。同时，眼睛注视的时间、角度、部位、方式不同，表示的态度与意义也不同。

一般而言，在和对方相处的时间里，人们都会不时地注视对方，随着人们之间相互熟悉的程度和感情亲密程度的变化，注视的时间长度也会发生变化。

若注视对方的时间占全部相处时间的 1/3 左右，表示友好；表示重视的比重为 2/3 左右；若注视对方的时间不到相处时间的 1/4，则表示轻视。

从注视的角度我们也能大致看出一个人对另一个人的看法。出于尊重或敬仰，人们会主动抬眼注视别人；平视（正视）说明双方关系平等；向下注视他人可能表示轻视，也可能是对小辈的宽容或怜爱；若面对面斜视对方，会让人觉得被冒犯，所以应尽量避免。

在交际场合中，眼神注视的部位是有一定规范的，有些区域很安全，有些区域则不能触犯。一般不能注视他人头顶、大腿、脚部与手部，尤其不是情侣的异性，通常不应注视其臀部以下（如裆部、腿部）。关系平常的人之间可以注视对方面部。

注视方式不同，其含义也不同。直视表示认真、尊重；凝视，即全神贯注地注视，表示对交往对象的专注；目光游离，眼神飘忽不定地虚视，多表示胆怯、走神、疲乏、失意等；盯视表示好奇，但不可多用，尤其对异性禁用；环视适用于与多人打交道，可表示一视同仁；从眼角把目光投向别人的斜视，传递漠然甚至轻蔑的心理。

2. 眉毛

双眉紧皱，可能正在为一份毕业论文或毕业设计而发愁；若眉毛快速地上下动着，神采飞扬，那应该是有喜悦之事；眉峰上耸，可能表示处于恐惧或者惊喜之中；眉角下拉，比较气愤，所谓横眉冷对就是这个意思。

3. 嘴巴

嘴巴的形状可以表示不同的心情。张大嘴巴表示惊讶，抿着嘴可能暗示坚持的态度，噘起嘴巴有时表示生气，而对某人或某件事情感到鄙夷、轻视、不屑一顾时，人们可能也会撇嘴。

4. 笑容（图 2–2–1）

《辞海》中解释笑是“因喜悦而开颜”。笑其实是脸部肌肉和声音配合的结果，是内心情感的一种表达。它可以分为微笑、轻笑、浅笑、大笑、假笑、冷笑、嘲笑、窃笑和怪笑等

图 2–2–1　微笑

多种。

微笑是人们精神状态的最佳写照，可以拉近人与人之间的距离，是全世界的通用语言。自信的微笑还可以让自己战胜内心的恐惧和失落。有人说："世界就像一面镜子，当你向它微笑时，它也会用笑容回报你。"

笑应发自内心，不应故作笑颜，假意奉承；也不能随心所欲，想怎么笑就怎么笑，不加节制。笑得得体、适度，才能充分表达友善、诚信、和蔼，所以我们应该学会微笑。

甜美的微笑是可以练习的，具体方法如下：

▲对着镜子练习。使眉、眼、面部肌肉、口形在笑时和谐统一，并尽量保持上齿露出6~8颗。

▲诱导练习。调动感情，发挥想象力，或回忆甜蜜的过去，或展望美好的未来，使微笑源于内心，有感而发。

▲辅助练习。上下齿咬住一根竹筷，将竹筷两端紧贴两侧嘴角，保持这种唇形，可以露出6~8颗牙齿。

▲在众人面前练习。按照要求，当众练习，使微笑规范、自然、大方，克服羞涩和胆怯心理。

▲演讲一段话，脸上保持笑容，请听众评议，然后加以纠正。

二、着装礼仪

在西方，有人对人的形象设计进行过专项调查，发现76%的人根据外表判断人，60%的人认为外表和服装反映了一个人的社会地位。俗话说：三分人才，七分打扮。从某种层面上来说，以貌取人是很肤浅的做法，要了解一个人，最重要的是知晓他的人品和能力。但无论如何，一个人留给他人的第一印象大部分取决于其穿着打扮和礼仪修养，而英国谚语有云，"你没有第二次机会给人留下第一印象"，所以，你的个性、职业、教养、品位和社会地位都能从你的着装上体现出来。

大学生一般活跃在校园内，穿着也会比较随意，或休闲风，或运动风，这和校园里日常生活对着装搭配要求不是很高有一定的关系。但是我们终有一天会走出校门，步入社会，参加求职面试，走向职场，我们要了解着装的原则，培养得体的着装意识，穿出品位，穿出风度，穿出个性，给人眼前一亮，耳目一新的感觉，从而帮助你快速进入职场角色，取得成功，正所谓机会是给有准备的人的。

（一）着装原则

1."TPO"原则

"TPO"原则是国际上公认的穿衣原则，它是英文Time（时间）、Place（地点）、Object（目的）三个单词的缩写。

“Time”指着装随时间的变化而变化。四季更迭，气候变化，服装的款式与质地也应发生变化，夏季应轻松凉爽，春秋应注意防风，冬季应保暖舒适，切不可只追求风度而忘记了温度，追求时尚要以身体健康为前提。服装要适应时代的变化，太超前与太滞后都是不合适的。

“Place”指着装随地点的变化而变化。在校园中、在课堂上、在运动场、在朋友的生日宴会上、在婚礼现场、在应聘面试时、在实习工作中，衣着的选择都应有所不同。你不能穿着拖鞋去上课，也不能穿着运动服去应聘，更不能穿着西装套裙打球。

“Object”是指着装随目的的不同而不同。目的主要从两方面考虑：一是做事的目的，例如你要去应聘，最好穿比较正式的服装，显得成熟、干练，重视这份工作；你要去健身，那就要穿运动服。二是想要给别人留下什么印象，活泼开朗还是严肃稳重，抑或知性高雅？要根据这一目的来选择服饰。

2. 整洁原则

无论在什么场合，服装的整洁干净是第一位的。穿的衣服再美丽，再彰显个性，如果有污渍，皱皱巴巴，不仅会没有了美感，还会给人留下邋遢、不修边幅的坏印象。

3. 整体原则

正确的着装应考虑自己的年龄、体型、脸型、肤色、职业以及周边的环境等诸多因素，各个因素相互配合，形成和谐统一的整体。着装时还应注意检查细节，跳线的丝袜，脱落的装饰纽扣，都有可能破坏整个着装效果，所以，这些微小的细节都值得我们在出门前多留意细检查。

4. 三色原则

服装颜色不可以太多，搭配的上衣、裤子、鞋子、袜子、腰带、帽子、围巾等最好是不超过三种颜色。如果太多，容易让人感觉主次不分，喧宾夺主，视觉上会有杂乱无章之感。当然，这里讲的“三色”主要指三种色系。

5. 个性原则

意大利影星索菲亚·罗兰曾说：“你的衣服往往表明你是哪一类人，它不仅代表你的个性，还能展现出你的兴趣爱好，心理状态，等等。”每个人都应该穿出专属于自己风格的衣服，在合适的前提下，穿出自己的个性与风格，这样才能彰显魅力。

另外，从衣着搭配的整体而言，鞋子比裤子重要，裤子比上衣重要，打底衫比外衣还重要。选择衣服时更应依据自己的年龄、职业、形体条件进行选择，而不是盲目跟风，东施效颦。

（二）着装搭配

着装的搭配要考虑很多因素，每个人的情况不一样，搭配的方式也会有所不同。接下来重点介绍男士西装与女士套装的相关礼仪。

1. 男士西装礼仪

西装也称西服，起源于 17 世纪的欧洲，是世界公认的男士较正式的服装，几乎所有的场合都可以穿。可以是上下面料完全一致的两件套，也可以加一件同质同色的马甲变为三件套。

（1）纽扣的扣法。双排扣西装的纽扣要全扣上。单排扣西装有两粒扣与三粒扣之分，若为两粒扣，只扣上面一粒；若是三粒扣，可扣上面两粒或只扣中间一粒。单排扣的西装不可以扣上全部纽扣，也不可以全部都不扣，前者会给人拘谨的感觉，后者又会让人感觉不够庄重。当然，坐下时可将纽扣全部解开。

（2）西装与衬衫的搭配。能与西装搭配的衬衫很多，最常见、最正规的是白色或其他纯浅色的衬衫。领子是硬领，领口要直，不能有折痕。合适的衬衫领子大小是扣上纽扣后，还能自由插进一根食指。衬衫领子要比西装上衣的领子高出 1.5 cm 左右，衬衫袖口要长出西装袖口 1.5 cm 左右，所以，短袖衬衫是不可以配西装的。衬衫的下摆要塞进西裤里，不能散在外面。

如果要在衬衫内添加保暖内衣，则务必选择小一码的、浅色、修身内衣，不可以从领口和袖口处看到里面的内衣。

（3）领带的选择和使用。领带是男士穿西装时最重要的饰物，在欧美各国，领带、手表和装饰性袖扣褡称为“成年男子的三大饰品”。

领带的面料应选择真丝或羊毛的，不能选择由棉、麻、绒、皮等物制成的领带。以蓝色、灰色、棕色、紫红色等深色为首选，最好与西服同色系。同一条领带的颜色不能超过三种，颜色过浅或过艳的领带也不宜佩戴。

领带上的图案以条纹、圆点、方格等规则的小几何形状为主。领带的形状外观有宽窄之分，选择时要使领带的宽度与自己的身材成正比。下端为箭头的领带显得比较传统正式，下端为平头的领带显得较时尚随意。

日常所用的领带通常长为 130 ~ 150 cm，领带打好之后，外侧应略长于内侧，标准长度应当是下端的大箭头正好触及皮带扣的上端。这样，当外穿的西装上衣系上扣子后，领带的下端便不会从衣襟下面显露出来；也不会从衣襟上面“跳”出来，所以，不提倡在正式场合选用难以调节其长度的“一拉得”或“一挂得”领带。

领带夹过去是西装的重要饰品，现在国外已很少使用。如要固定领带，可将其第二层放入领带后面的标牌内。用领带夹的话，应将领带夹夹在衬衫自上而下的第四粒至第五粒纽扣之间。

（4）袜子与鞋子的选择。最好选择黑色或者深色系列、质地为羊毛或纯棉的袜子，切不可一身深色系列的西装配一双浅色或艳色的袜子。

在正式隆重的场合最好穿黑色的皮鞋，不要有图案或者花纹，这样可以给人以简洁、大方的感觉。出门前记得擦亮鞋面，清理干净鞋底。

（5）“三一定律”。着西服时，皮带、皮鞋和手中的公文包最好是同种颜色，同一质地。而通常黑色和褐色最容易与西服搭配，所以，男士不妨准备这两种颜色各一套行头。

（6）其他。一般情况下，不要在衬衫外穿羊毛衫，如果非要穿，也一定得选薄且是 V 字领的，千万不要穿有纽扣的，会给人眼花缭乱，到处是纽扣的感觉。

装太多东西会破坏西装的线条，切不可在皮带上挂钥匙链，会显得很没有品位。

西装商标一般位于左衣袖上，要及时去掉它，否则非常影响美观。

2. 女士套装礼仪

女性的职业装一般是指套装，可以是套裙，也可以是套裤。在现代礼仪的相关场合，女性套裙名列所有服饰首位。套裙最好选用高档面料缝制，可以是同一颜色、同一质地的素色面料，以冷色调为主，给人典雅、端庄、稳重的感觉；也可以上衣颜色浅，裙子颜色深，体现庄重、正统之美；如果上衣颜色深，裙子颜色浅，则给人充满活力与动感的印象。

裙装的样式有：上长下长、上短下短、上短下长，也可以上长下短。一般认为，裙太短则不雅，裙太长则无神。下摆恰好抵达着装者小腿中部最为丰满处，是比较理想的裙长。当然，可以根据个人的身材与流行时尚对裙子的长度进行调整，但不是越“迷你”越好，裙长不应短于膝盖上 10 cm（三寸），也不宜露、透、紧。社交场合女性最好不要穿黑色的皮短裙。

与套裙相配的鞋子，宜为高跟、半高跟的船式皮鞋或盖式皮鞋。系带式的皮鞋、丁字式皮鞋、皮靴、皮凉鞋等，都不能与套裙搭配。鞋子的颜色以黑色为首选，此外，与套裙颜色一致的皮鞋也可以。

与套裙相配的袜子，应是连裤袜。高筒袜、中筒袜、低筒袜都不能和套裙同时穿。袜子的颜色多为肉色、浅灰、浅棕，并且要选透明的薄袜子，不能带有图案和花纹，彩色袜、厚的天鹅绒袜都不宜与套裙搭配。丝袜的大小要适度，太大会往下掉，太小又不利于血液循环。袜子一定要完好无损，有洞、跳丝、残破的袜子应立即更换，最好随身携带一双备用的丝袜，以防万一。

三、配饰礼仪

饰品指能起到装饰点缀作用的首饰。女性配饰的种类很多，如头饰、耳饰、颈饰、腕饰、腰饰、手饰、脚饰等，具体有帽子、发卡、耳环、项链、围巾、胸针、胸花、手表、手链、手镯、腰带、手袋、手套、戒指、脚链等，眼镜也是很重要的饰品，而男士的配饰相对比较简单，主要有领带、皮带、手表、戒指、公文包等。

有人曾将首饰比作是女人的第二双眼睛，可以射出诱人的光芒，由此可见，女性对于配饰的钟爱和珍视。有的配饰本身就是一件完美的艺术品，是财富和身份的象征。因此，精致的配饰不仅能对整体形象起到“画龙点睛”的精美点缀，也是自我个性的张扬和审美情趣的展示。选择什么样的配饰，如何正确地使用和佩戴配饰，成为现代人生活中乐此不疲的话题。

（一）饰品佩戴的原则

1. 整体协调

在佩戴饰物时要综合考虑交往对象、场合、心情、服饰风格等诸多因素的关系，协调一致的搭配，恰到好处的点缀，才能达到配饰的美化目的。身穿西服正装时，金项链、玉手镯、珍珠玛瑙戒指一起佩戴，就会极不协调。佩戴的饰物最好与所穿服装同色系。

2. 数量适当

珍贵的饰物虽然夺目，但若佩戴过多，反而会喧宾夺主。选择的饰物数量为 2~6 个点，以少为佳。耳环虽然是一件饰物，因为分在面部两侧，所以要算两个点。若颈部佩戴了项链，手腕佩戴了手表，耳部佩戴了耳环，手指佩戴了戒指，就已经有 5 个点了，不宜再佩戴靓丽的发夹和腰带，否则会把人的目光锁定在饰物上，而忽略服饰和人的整体形象。

3. 同色同质

配饰的种类繁多，颜色也五彩缤纷，可我们选择的配饰应当同服装的材质、颜色搭调，配饰之间要讲究同色同质，如佩戴珍珠项链，那么耳环、戒指、手表也最好选择珍珠的或者有珍珠装饰的，不要手腕戴着象牙镯子，而手指佩戴黄金戒指，颈上又挂着珍珠项链，像开杂货铺，这是拙劣的佩戴方法。

4. 扬长避短

佩戴的饰品要能突出自己的优点，掩盖缺点。如圆脸型的人适合戴长耳坠，使脸型显得长一些，而不适合戴大大的耳环。短而粗的手指选择戒指时要选择有花型的、立体感强的，这样能在视觉上拉长手指，而不要选择简单的一个圈的戒指，显得手指更短。脖子较短的人，戴项链时要选择细长的，而不要戴紧贴脖子的粗项链。

5. 做工精致

在正式场合或社交场合，一定要佩戴质地精良、做工精细的饰品，表示对活动的重视，对交往对象的尊重。粗制滥造的饰品不如不戴，那会显得很没品位。

（二）饰品佩戴的技巧

由于女性与男性的情况不同，所以我们分别介绍女性和男性如何正确地佩戴所选饰品，以下提供几种常见配饰的佩戴方法。

1. 女性佩戴饰品技巧

（1）玲珑的耳环彰显女性魅力。耳环的设计不外乎穿耳洞式、夹式和扭转式等款式。穿耳洞的耳环佩戴较为烦琐，但是样式精巧，种类繁多；夹式的最容易佩戴，唯一的缺点就是戴久了会阻碍耳部的血液循环，需每隔段时间就摘下来，让耳朵休息一下；扭转式的可以依据每个人耳朵的厚度自行调节，但要注意的是随时有脱落的可能。

耳环的款式要同脸型搭配。脸型圆润丰满的人，适宜佩戴长耳环或垂坠款式，让脸看起来细长些；瘦长脸型的女性可选择纽扣型的耳环，使脸部显得较宽；瓜子脸的女性应该说几乎任何造型都适合佩戴，尤以扇形耳环、水滴形耳环显得更妩媚。

耳环的大小要同身材相符。身材纤细瘦小的女性，宜佩戴小巧秀气的耳环，如果佩戴的耳环太大，会让人看起来头重脚轻；身材高大、脸型宽大的女性，宜戴大型的耳环，才能衬托出大方的气质；而脖子过短或过长的女性，不宜佩戴有长坠子的耳环，否则会更加暴露脖子的缺陷。

耳环的佩戴要应事应景。出席比较正规的社交场合，比如参加宴会、婚礼或庆典仪式，应当选用品位和质地较为高档的耳环，诸如钻石、翡翠、宝石镶嵌的耳环。耳环也要根据整体服饰来选择款式，服饰色调鲜艳的，宜搭配色泽淡雅或同色系的耳环，穿长衣时可选用大圆形的耳环，穿长裙时，适宜戴小圆形的耳环。

（2）精致的项链、胸针、戒指、手镯增添女性光彩。项链的佩戴对修饰服饰有着重要作用。戴上一条合适的项链，可以使你散发出端庄高贵的气质，让人的目光一下集中在你的上身，因此，项链在所有首饰当中有着“贵重”的地位。穿长礼服时，佩戴珍珠或与礼服同色系的宝石项链，可与礼服起到相互映衬的作用；穿套装时，可搭配一链式项链；穿休闲服饰时，可以随自己的喜爱，佩戴样式新颖，做工精细，夸张而有个性的项链，如木制或陶瓷的项链。

身着高档材质的服装时，如能别上一枚镶有玉石的胸针，将会显得格外高贵典雅。而穿着裙装或休闲服装时，可以佩戴符号、动物、水果等具有个性设计图案的胸针。一般而言，镶嵌有珠宝的胸针较适合年长的女性，这样可以衬托端庄稳重的气质，年轻的女性应选择式样活泼或柔和色调的胸针。胸针的颜色最好与衣服的颜色产生深浅对比，能形成视觉上的差异感。

在大多数场合，戒指都是很夺人眼目的饰物，即使在葬礼上，戒指也可不必摘脱，平时戴上戒指更可增加手部的美感。戒指的款式应当同手指相配合，手指粗短者，应选择椭圆形的戒指，可使粗短的手指显得较为修长；细长的手指，可选择圆形的戒指。出席宴会时，可佩戴宝石或珍珠等艳丽的戒指，显得端庄大方。戒指戴在哪个手指上也有一定的讲究，通常恋爱中的男女会把戒指戴在中指上，已婚的男女会把戒指戴在无名指上，夸张个性化的大的装饰戒指宜戴在食指上。

手镯是一种套在手腕上的环形饰品。手镯的佩戴，其审美功能往往是第一位的。手镯一般戴在右手上，戴手镯时不宜戴手表。短粗胖的手型，不宜戴宽手镯。

（3）多彩腰带塑造女性万种风情。腰部是女性美丽标志的重要部位，女性都希望自己拥有一个曼妙的身段，尤其是纤细的腰部，装饰性的腰带就可以让美丽的腰部立显。

腰带大致可分为三种：纤细型、宽边型、个性型。纤细型腰带一般搭配优雅的连衣裙，一些职业感强的上装也可以使用，这样能起到很好的点缀，显得典雅、庄重、淑女味十足。简洁的宽边型可以为本就面料不多的夏装带来丝丝凉意，增添几分动感，不但可以遮掩腰部的缺点，还能为服装赋予更多的时尚色彩。个性型腰带包含许多款式，有金属链相接式、皮链相接式、宝珠相配式、绳索式等各种款式，色彩缤纷。

对于身材高瘦的女性，任何样式的腰带都适宜，而相对瘦小的女性，应选用正腰高度的腰带；上身长的女性腰身会显得很长，这类体型一般选用宽边腰带会使腰显得短些；臀部较宽的女性应当避免使用低腰的宽腰带，宜用纤细型腰带，以简约雅致为主；体型较胖的女性不宜选用腰带。腰带的色彩尽量要同服装的颜色合理搭配。

（4）围巾、帽子打造女性潮流时尚造型。随着时代的变迁，社会的发展，围巾、帽子已不再只是防寒保暖的必需品，它俨然发展成了塑造女性时尚气息的装饰品。冬天气温低，人们所穿衣服的色彩会较暗，这时如果佩戴上适宜且艳丽的围巾、造型别致的帽子，就会打破沉闷的氛围，使整个人都显得生动、活泼起来。

围巾、帽子的佩戴除了考虑时间、地点、场合外，也要考虑衣服、年龄、脸型、发型等因素。围巾与衣服的搭配最主要考虑的因素是色差，最好色差比较大，这样才能衬托出衣服与围巾的层次感。浅色围巾配深色针织衫，浅色针织衫就要配深色围巾，这样显得更出位俏丽，突出亮点，是最经典的搭配方式。围巾与衣服搭配时还要考虑质地薄厚是否一致，薄的套裙，一定不能搭配厚的毛线围巾，而要搭配飘逸的丝质或棉质丝巾；厚的大衣或棉衣，最好搭配厚的毛线或者羊毛质地的围巾，这样才协调一致。但无论如何不能让围巾的鲜艳掩盖了自己面部的本色，烘托面部也是选择围巾颜色的主要原则。

长脸型的人最好不要戴高顶帽，宽边帽、帽檐向下的帽子较适合；宽脸型的人不应该选择将额头遮住的帽子，适合小沿帽或者顶高的帽子；矮个子的人不要戴平顶宽沿儿帽，高个子的人不要戴高筒帽。

2. 男性佩戴饰品技巧

男性的饰品较女性会少一些，主要有眼镜、领带、皮带等。

眼镜的佩戴会影响到整个面部的轮廓。选择眼镜时要考虑两个因素，一是镜框外形与脸型是否相称，二是镜框颜色与肤色是否协调。方脸形的男性，宜选配近似方形的镜架，不宜选用扁形的镜架；圆脸形宜选配扁形或梨形镜架，不宜选用太圆太方的镜架。佩戴眼镜除了考虑脸形外，还要充分考虑肤色问题，如果肤色比较黑，切忌佩戴红白两色的眼镜，它们都是黑色的对比色，会让脸色显得更暗。

领带是男性正装的灵魂，是打扮的焦点，已成为男性正装不可或缺的装饰品。领带的搭配最重要的是考虑色彩，应以衬衫或西装颜色为底色来选择。衬衫是白色的，那么领带上的图案最好带一点白色，以此类推，换成蓝色衬衫，领带上最好带一点蓝色。如果西装颜色是藏青色，领带可以搭配浅蓝色斜纹的；西装颜色是咖啡色，领带颜色就可以是米色或有黄色圆点的。最保守的搭配方式是选择与西装或衬衣相近的颜色的领带。也有反差比较大的搭配方式，但是要慎用，搭配好了会很时尚，搭配不好会很土气。蓝底米色圆点领带配白色衬衣、绛红色方格领带配黑色西服白色衬衫、蓝色领带配藏青色西服和蓝色系或白色衬衫，这些都是基本的搭配方式，百试不爽。

男性的皮带已经不仅仅具有固定裤子、防止裤子下滑的作用，它还有装饰的作用。造型简单的皮带具有彰显男性气质的强大力量，但是这个作用很容易被男性忽视。

男性在选择皮带时要遵循配饰的整体性原则，不能穿一身昂贵的西服却系一根红色线织的绳子状带子（所谓的本命年扎的那种红色带子）。皮带要保持其亮度、崭新度，过旧甚至掉皮的皮带一定不要再使用，那样会使你昂贵的西服大打折扣，有失身份。皮带的选择最好随着潮流的变化而变化，这很大程度地体现在钩扣上，如代表高贵、优雅的金属钩扣，其造型、大小都可以表现出男人的魅力。皮带的长度应保持尾端介于第一和第二腰绊之间，宽窄应保持在 3 cm 左右。太窄，会失去男性阳刚之气；太宽，只适合于休闲、牛仔风格的装束。皮带上切忌携挂物品，否则，既不利于腰身的展现，也降低你的身份与品位。不同的季节、不同的服饰，都应佩戴不同款式的皮带。

配饰在整体服饰中会起到画龙点睛的作用，常常会令呆板或沉闷的服装富有灵气和生机，但作为大学生，一切都要视自己的消费能力量力而行，切不可超出自己的承受能力去攀比炫耀。本节介绍的这些配饰技巧，只是备大家步入社会之后职场所需。

第三节 仪态礼仪

仪态，又称为体态，是指人的身体姿态和风度。姿态是身体表现出来的样子，风度是内在气质的外在表现。仪态和仪容仪表一样，能客观地传达出个人信息，从一个人的动作、身体姿态、手势常常能判断出他的性格、能力、学识、修养等。"站如松，坐如钟，行如风"，古人很早就对人的行为举止提出了要求。达·芬奇也说："从仪态了解人的内心世界，把握人的本来面目，往往具有相当的准确性与可靠性。"温文尔雅、大方从容、彬彬有礼的人更容易受到欢迎，所以，一定要用美好的仪态为自己赢得好感和机会。

仪态主要包括形体、站姿、坐姿、走姿、蹲姿和手势。

一、形体

形体，顾名思义，指人的身体或体态，它是人在先天遗传和后天锻炼的基础上表现出来的身体形态上的相对稳定的特征。形体美非常重要，它能改善外在形象，调整不良肢体形态，提高自身素质。

拓展资源

视频讲解

形体美的标准是健壮有力，体形匀称，线条分明，精神饱满。具体来说，女性形体和男性形体又稍有不同，女性形体强调的是线条和优美的身形，男性形体更注重肌肉、力量和阳刚之气。

心理学家奥伯特·麦拉比安认为，人的印象形成 55% 取决于外表、形象，包括服装、个人面貌、动作、姿态等无声语言；45% 取决于语气、语调、言辞的内容等有声语言。而形体正是个人外表形象最重要的因素。由此可见，往往被人们忽略的形体却是人际交往中很重要的部分。我们常说"神形兼备"，神和形是融为一体的，形是神的承载，而神是形的灵魂。有句流行的话说得好："人们总是根据书的封面来判断书的内容，决定买不买这本书。"对于人来说，也是如此，人们往往会根据第一印象来决定要不要与对方交往下去。通常情况下，一个对自己的身体身形都打理不好的人，很难说是一个有责任心和担当的人。

所以，我们要明白保持良好身材的重要性，并积极培养这种意识，坚持正确、科学的保持良好体形的方法。时下流行一句这样的话：如果你连自己的体重都把握不了，那么你将如何把握你的命运呢？用这句话形容减肥再贴切不过了，因为减肥不是只靠冥想和口号就能实现的，而是需要一个长期坚持的过程。许多人想几天之内就减掉十几公斤，这不仅违背了自然规律，也超出了人的生理极限。形体美是一种天然健康的美，只有健康美才是美的首要条件，美是建立在健康之上的，有损于健康的美不会长久，也不可能是真正的美。一个人的身材、容貌与先天的遗传固然有很大的关系，但后天科学合理的营养和锻炼才是最重要的，那么如何在拥有健康的同时保持好的身形呢？这就要讲求科学的锻炼方法。

（一）形体美的衡量标准

1. 女性理想形体的基本衡量标准

标准体重计算公式为：［身高（cm）−100］×0.85（kg）；

上下身比例：以肚脐为界，上下身比例应为 5∶8，符合“黄金分割”定律；

胸围：由腋下沿胸的上方最为丰满处测量，胸围应为身高的 1/2；

腰围：腰最细的部位，其标准围度比胸围小 20 cm；

臀围：在体前耻骨平行于臀部的最大部位测量，臀围应较胸围大 4 cm；

肩宽：即两肩峰之间的距离，应等于胸围的 1/2 减去 4 cm。

2. 男性理想形体的基本衡量标准

标准体重计算公式为：［身高（cm）−100］×0.9（kg）；

向两侧平伸两臂，两手中指尖的距离应等于身高；

胸围应等于身高的 1/2 加 5 cm；

腰围应较胸围小 15 cm；

臀围应等于身高的 1/2；

肩宽应等于身高的 1/4。

（二）塑造形体美的方法

1. 因人而异，具有针对性

要结合自身的体质和锻炼水平，选择不同的练习方法和内容。首先要根据自身的需要和特点制订锻炼计划，瘦弱型可以选择练习气功、太极拳、有氧舞蹈、慢跑、散步等运动强度和运动量适中的锻炼方式，关键是做到合理控制，度量适宜；肥胖型可以选择骑自行车、跑步、爬山、游泳等运动量较大的锻炼方式。此外，瑜伽、球类运动和利用健身器械也是常见的健身方式。

2. 坚持不懈，掌握规律性

人体如同一部周而复始、高度精密运转的机器，时刻在新陈代谢，循环往复，所以，对机理状况的调节和变化，应该具有一定的规律性。女性的身体机能有女性独有的生理周期和特点，更应该认真分析自身的生理特征。锻炼时，机能消耗，能量损失，而休息时补充营养和适当睡眠，又能将体能水平恢复至原始状态，甚至超过原有水平，精力更加充沛，医学上称这种现象为锻炼后的“超量恢复”。因此，可以在锻炼的时候利用这一生理特征，有计划、有步骤地进行锻炼，从而达到增强体质的目的。

3. 循序渐进，讲究合理性

俗话说，一口气不能吃成一个大胖子。对于刚进入锻炼阶段的人来说，应当注意练习的内容由易到难，运动量由小到大，运动时间由短到长。刚开始可以选择一些节奏缓慢、变化较少、幅度较小的活动内容进行锻炼，待身体、精力等各方面的条件逐渐适应之后再提高要求，使技能和机能水平循序发展，这样才能真正达到健身的效果。

4. 全面兼顾，遵循变化性

参加体育锻炼并非只是一味地模仿或者机械化的重复，否则，在锻炼一段时间后容易因为兴趣减退，打击锻炼的积极性而影响效果。有的人在进行一段时期的健美操训练之后，其体质、精力、乐感等方面都有比较明显的提升，可到达一定的阶段之后效果却不如刚接触时那么明显了，可能是因为每次重复创新性不高的练习，兴趣消退，打击了锻炼的自觉性和积极性。因此，这就需要创造性安排每阶段的练习内容和方法，循序渐进，始终保持锻炼的激情。

二、站姿

站姿是最基本也是最常使用的一种静态形体举止。人们常用“站有站相”“站如松”等习语来评价一个人的站姿修养，良好的站姿可以反映出自信和乐观的精神状态。

（一）女性站姿（图 2–3–1）

女性站立时，应当注意的基本要素是挺拔、均衡和自然。具体而言，人站立的姿势从正面看，身形应当正且直，头、颈、躯干和双腿应与地面垂直，两肩保持水平放松，两臂和手在身体两侧自然垂下，手指自然弯曲，掌心向内，中指或无名指轻触裤缝，或是一只手搭在另一只手上，贴放在腹部前；从侧面看，应该下颌微收，双眼平视前方，面露微笑，胸部稍挺，腹部微收，全身重心置于双足后跟。双脚并拢或“丁”字形站立，双膝尽量靠紧，整体呈现出庄

图 2–3–1　女性站姿

重、稳健、自然而有力度的姿态。站立时间较长较累时，可以一腿支撑，另一只脚稍稍弯曲，但上体依然要保持挺直的状态。

女性优雅的站姿，关键在于脊梁的笔直，挺立、直腰、向上是练习站姿的基本要领。

1. 挺立

站立时尽量让身体舒展，切忌东倒西歪、歪头斜颈、耸肩勾背、撅臀屈腿、含胸塌腰、趴伏倚靠、双腿叉开过宽等，否则给人一种无精打采、轻浮散漫的形象。

2. 直腰

端正直挺的脊梁是人体线条美的重要部分。从身体的正面或背面看，脊柱应当是垂直的，而从侧面看，有一条正常的弧度。站立时，下颌微收，胸部前挺，腰部、臀部和腿部的肌肉保持适度的紧张状态，能让人体脊柱的弯曲弧线保持适度和正常，给人端庄、直立的形象。

3. 向上

站立时，头要保持正且直，并微微往上昂起，体会悬顶的感觉，仿佛头部被一根绳索向上牵引着。颈部肌肉适度紧张，精神提振，臀部要用力收缩两侧肌肉和股肌，使之向大腿内侧包紧，并适当提髋向上。双腿应笔直，脚掌用力下压，上下抵住，让身躯保持站立的最佳状态。

（二）男性站姿

男性站立时，要表现阳刚、英武、潇洒、干练的气质，具体要求是：下颌微收，双目平视，身体直立，挺胸抬头，挺髋立腰，吸腹收臀，两膝并严，两脚靠紧，双手置于身体两侧，自然下垂，这是较标准的站立姿势；也可以将脚跟并拢，脚掌分开呈“V”字形，像平时立正的姿势；还可以两脚分开与一边肩同宽，双手叠放置于腹部，这种站姿更显男性的从容大气。但是不论怎样，脚尖要处于同一水平面上。这时，从正面看，头顶、肚脐、脚跟成一条线，从侧面看，耳、肩、膝、脚跟成一条直线。

三、坐姿

坐，相对于站来讲是一种放松。在生活、学习、工作中，坐相一定要稳重、端正。

（一）入座的基本要求

入座又名就座或者落座，是人们坐到座位上的具体行动。在古代的社交场合入座时，要遵循许多礼节，比如入座讲究顺序排位，要礼让尊长，以右为大，从左入座，还要注意座位的方向，落座时动作幅度的轻稳。当然，现在已没有了这么多的要求，现代礼仪中对女性入座的基本要求可以归纳为三点，即轻、缓、紧，即入座时落座声轻，动作柔和舒缓，神态自如，腰部、腿部肌肉尚有紧张感。如果女性身穿裙子，应将裙子后片向前拢一下再坐下，既可以防裙底“走光”，又可以给人文静、柔美、懂礼的感觉。

在社交和商务场合，若同他人一起入座，最好是礼貌地邀请他人就座或与对方同时就座，不可抢先坐下或随意坐下。入座时，还要注意方位，分清座次的尊卑，主动将上座，如面对门脸的座位、居中的座位、右侧的座位让给尊长或领导。就座时要从座位左侧入座，这是一种就座的礼节。

（二）落座的规范姿势

同站姿一样，端庄优雅、沉稳大气的坐姿能表现出人体的静态美。坐姿的关键在于入座后下肢与上半身协调配合，尤其是腿和手的摆放要得体。

1. 女性常用坐姿

（1）正襟危坐式（图 2-3-2）。这种坐姿可适用于面谈等正规场合，给予对方诚恳的印象，这种坐姿要求入座者上身与大腿、大腿与小腿均成直角，并使小腿同地面垂直，双脚双膝并拢，切忌两膝张开。在尊长面前不宜坐满椅面，可视凳子大小坐 1/2 或 2/3。

（2）双腿交叠式（图 2-3-3）。这种坐姿从正面看，双腿上下交叠，叠放在上的脚的脚尖应垂向地面，或收于另一脚小腿后而脚尖垂向地面，两腿交叠呈一条直线。双脚可根据座椅的高度选择自然斜放或垂放。穿短裙的女性可以采用此种坐姿，但要避免手抱膝盖导致上身含胸驼背，看起来不太雅观。

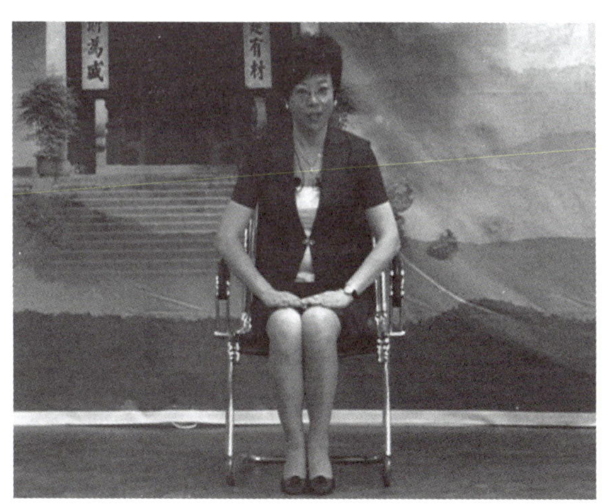

图 2-3-2　正襟危坐式坐姿

图 2-3-3　双腿交叠式坐姿

（3）双脚斜放式（图 2-3-4）。坐在较低的座椅上时，双脚常常无法垂放，膝盖可能会高过腰部，尤其对于穿短裙的女性，容易裙底“走光”，较为不雅，这时最好是将两脚并拢后向右侧或者左侧斜放，与地面成 45° 左右的夹角。

（4）双脚微开式（图 2-3-5）。膝盖靠拢，双脚稍稍张开，但是双脚最多只能开约肩宽，如果张得太开会让人觉得太随意，脚的线条美也会不存在了。

（5）前立后屈式（图 2-3-6）。这种姿势可以将重心均匀地分散在双腿之间。大腿保持并拢的状态，然后一条腿在前直立，另外一条腿稍屈紧靠前腿内侧，让前后两条腿呈一条

图 2-3-4　双脚斜放式坐姿

图 2-3-5　双脚微开式坐姿

图 2-3-6　前立后屈式坐姿

直线。

2. 男性常用坐姿（图 2-3-7）

（1）标准式：双目平视，上半身挺直，双肩正平，双膝并拢，双手平放在大腿上。

（2）前伸式：在标准式的基础上，左脚向前半脚，脚尖不要跷起。

（3）前交叉式：小腿前伸，两脚踝部位交叉。

（4）屈直式：左小腿回屈，前脚掌着地，右脚前伸，双膝并拢。

（5）斜身交叉式：两小腿交叉向左斜出，上体向右倾，右肘放在扶手上，左手扶把手。

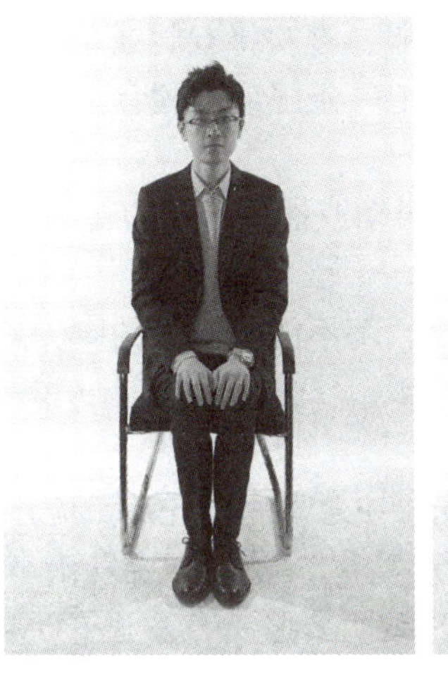
（1）标准式

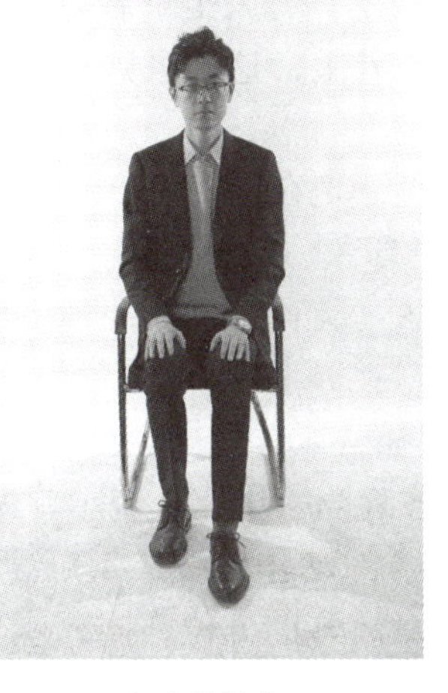
（2）前伸式

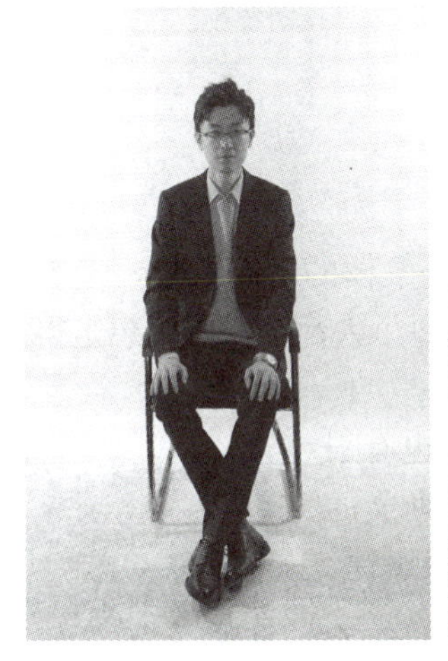
（3）前交叉式

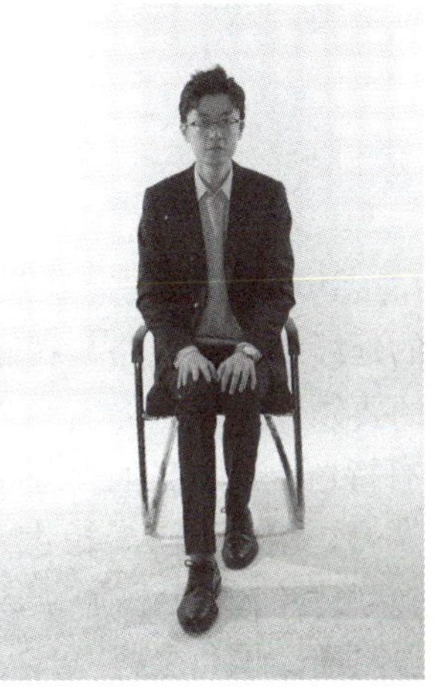
（4）屈直式

（5）斜身交叉式

图 2–3–7

3. 坐姿的禁忌

（1）双腿叉开过大。面对外人时，双腿如果叉开过大，不论是大腿叉开还是小腿叉开，都极其不雅和不敬。

（2）架腿方式欠妥。坐下后将双腿架在一起，这种坐姿也允许，但要注意，应当是两条大腿相架，并且一定要使二者并拢。如果将一条小腿架在另一条大腿上，两者之间还留有大大的空隙，成了所谓的“架二郎腿”，就显得吊儿郎当。

（3）双腿直伸出去。坐下后，不宜将两腿直挺挺地伸向前方，这样做不仅妨碍别人，也很难看。

（4）把腿放在桌椅上。有人坐下后为了舒服，喜欢将双腿或单腿置于高处，有时甚至把腿架在前面的桌子或茶几上，这样极其不雅。把一条腿或双腿盘上自己所坐的座椅上，也不恰当。

（5）腿部抖动摇晃。坐在别人面前，反复抖动或摇晃自己的腿部，不仅令他人心烦意乱，也会给人紧张或轻浮的印象。

（6）脚尖指向他人。无论采用哪一种坐姿，都不能将本人的脚尖悬空指向别人，这样做是非常失礼的。

（三）离座的礼仪

离座时应当轻缓、稳当、讲究礼貌。首先要注意离座的先后，应让身份高或辈分长者先离座；然后要注意起身的动作轻缓，不可猛起猛出，尽量不要发出声响，尤其在图书馆等公共场所；之后要注意离开的方位，同入座一致，要坚持“左进左出”，出入如一；最后要站定再走，离座时要自然稳当，从容移步，不要匆忙离去或撞撞跌跌，防止给人轻浮慌乱的印象。

四、走姿

如果将站姿和坐姿称为人体的静态姿势，那么走姿则是人体的动态姿势。走姿，顾名思义，即人在行走时的姿态，是站姿的延续动作。走路，我们每个人都会，但要想走得好看，走得优美，走出风度，则需要掌握走的要领。

人们走路的模样千姿百态，各有特色，给人的直观感觉也有很大的差异。有的步伐稳健、自然、大方，给人成熟、稳重、斯文的感觉；有的步伐雄阔，给人以勇敢、无畏的印象；有的步伐敏捷，健步如飞，体态轻盈，给人以轻巧、飘逸、柔和之美。

走姿的规范要求是（如图 2-3-8）：从容、平稳、直线。起步时，身体稍稍向前倾斜，身体重心落于前脚掌。行走时要保持身体的直立，收腹立腰，头部端正，双目平视，两肩齐平，两臂放松在身体两侧自然摆送，手臂同身体之间的夹角一般在 10°～15°，摆幅在 30°～35° 为宜。脚尖微微向外或向正前方伸出，步伐稳当、自然，跨步均匀且有一定的节奏感，精神饱满，面带微笑。尽量保持直线行走，双脚交替迈步，注意前脚着地和后脚离地时伸直膝部。

图 2-3-8　走姿

走姿具体表现在步幅、步速和步态等方面。

（一）步幅和步位

走路时姿态美不美，关键在于行走的步幅和步位。步幅即行走过程中前后两脚之间的距离。步幅的大小往往同身体的高度是成正比的，身高脚长者，步幅较大，身矮脚短者步幅也相应较小。通常情况下，女性的步幅在 18～22 cm，男士的步幅要大一些，一般为 40 cm 左右，这也取决于所穿的服饰和鞋子。

所谓步位，是指行走时双脚落地的位置。走路时步位要尽量保持在同一直线上，而不是走平行线或者曲线，如果两脚分踩不同的两条线，是很不雅观的步位。

（二）步速和步韵

步速也是步态美的一个重要环节，它取决于人的情绪高低。情绪高涨，步速也会较快，甚至会蹦跳；情绪低落，动作也会较为迟缓。要保持步态的优美柔和，行进的速度应当平稳、均匀，既不能过快过慢，也不能忽快忽慢。

自然优美、富有节奏感的步韵应当是身体各部位之间动作和谐，保持在一定的韵律的状态，这就要求膝盖和脚踝维持弹性，让腰部成为身体重心移动的轴线，双臂在身体的两侧自然摆动。

（三）步态

步态能客观地反映出一个人的情绪和心理。当情绪愉悦，身心放松时，步态就会有种自然流露的欢快节奏，所谓“人逢喜事精神爽”，在步态上也会得到充分体现；当情绪低落、抑郁踌躇时，步态也会显得沉重、缓慢，节奏也较为散乱；当信心满满时，步态会变得坚定明快，铿锵有力；当生气发火时，步态就强硬，充满悲愤感。

脚步的轻重、快慢、幅度及姿态也需依据所处场合和时空而定，在公园悠然散步时，步态可以是轻而缓；在比较严肃庄重的宴会上，步态是轻而稳；在婚礼上，步态要轻快；在葬礼上，步态应当沉重、缓慢。总之，步态要因地、因事、因人、因景而异。

（四）走姿的忌讳

（1）忌身体摇摆。行走时晃肩摇头，上体左右摆动，显得人特别慵懒、轻薄。忌脚尖过于向内或向外，形成“鸭子步”或“外八步”。

（2）忌弯腰驼背。含胸弓背，低头无神，步履蹒跚，给人特别压抑、没精神的感觉。应抬头挺胸收腹，神采奕奕。

（3）忌双手乱放。走路时，两臂在身体两侧自然随步伐摆动即可。在正式场合，不要把手插在衣服口袋里，或双手叉腰，或倒背着手走路。

（4）忌拖泥带水。双脚不可在地上抬不起来，也不可重如打锤，脚步应稳健利索。

五、蹲姿

蹲姿在生活、工作中用得不多，但是很容易出错。在公众场合，很多人俯身取物或整理鞋袜时，有的弯身曲背，低头撅臀；也有人下蹲双腿叉开。这些都是不雅观、不礼貌的蹲姿。尤其在国外，人们把穿裙子的女性下蹲时两脚敞开的姿势视为“卫生间姿势”。那么，如何能既方便捡取物品，又做到不失文雅大方呢？

蹲姿类同于坐姿，但它并非臀部触及座椅，它又类似于跪姿，却又不是膝部着地。在有必要采用蹲姿时，要做到姿态优美，举止从容。

（一）常用的蹲姿

1. 双腿高低式（图 2-3-9）

采用这种姿势下蹲时，保持一条腿在前，另一条腿在后。前脚完全着地，后脚脚跟提起，后膝低于前膝，后腿内侧可靠于前腿内侧，形成前腿高后腿低的姿势。臀部向下，上身微微向前倾，基本靠前腿支撑身体，维持平衡。采用此种蹲姿，女性应双腿并拢，这样在造型上也是较为优美的。男性选用这种蹲姿时，两腿之间可以有适当距离。

2. 双腿交叉式（图 2-3-10）

这种蹲姿适合身穿短裙的女性采用。要求在下蹲时，一条腿居前，另一条腿靠后，前腿脚掌着地，前腿在上，后腿在下，交叉重叠，后腿膝盖从后下方伸向前腿内侧，脚跟抬起脚尖着地，两腿前后靠紧，合力支撑身体平衡。

图 2-3-9 双腿高低式蹲姿

图 2-3-10 双腿交叉式蹲姿

3. 双膝半蹲式（图 2-3-11）

此种蹲姿多在人们行进中采用，即身体半立半蹲，要求在蹲下时，上身稍稍下弯，但不宜与下肢构成直角或钝角，臀部向下，双膝微微弯曲，角度根据实际情况稍做调整，身体的中心应当放在两条腿上，两腿之间却不宜过度分开。

4. 双腿半跪式（图 2-3-12）

这种蹲姿同双膝半蹲式一样，是非正式的蹲姿，多适用于下蹲的时间较长，常见于军事训练中。其基本特征是双腿一蹲一跪，要求是下蹲以后，改用一条腿单膝着地，以其脚尖点地，而让臀部坐于脚跟上，另一条腿应当全脚着地。双膝必须同时向外，双腿宜尽力靠拢。

男性一般采用双腿高低式，女性一般采用双腿高低式或双腿交叉式。

图 2-3-11 双膝半蹲式蹲姿

图 2-3-12 双腿半跪式蹲姿

（二）蹲姿的禁忌

1. 忌毫无遮掩

在大庭广众之下采用蹲姿时，特别是穿裙装的女性，一定要避免下身毫无遮掩的情况，蹲下后两腿一定不能分开，“走光”是一种很不礼貌，没有教养的行为。

2. 忌方位不当

下蹲时，如果身边有其他人，最好是与之侧身相向。正面对着他人下蹲，或者背部对着他人下蹲，都是不礼貌的。

3. 忌距人过近

下蹲时，身旁如果有人，应与他保持一定的距离，不可挨得过近。如果几人同时下蹲，更不能距离太近，否则很容易彼此“迎头相撞”。

六、手势

人际交往中，手势的作用非常多，既可以配合有声语言传情达意，也可以单独使用手势表达一些简单的含义。通过手势，还能看出一个人的内心活动。即使同一种手势，在不同的国家和不同民族的地区，表达的意义也可能不同。了解一些常用的手势，有助于更好地与人沟通交流。

（一）手势的基本要求

1. 简单明快

手势不能过于频繁和复杂，以免使人眼花缭乱。

2. 优雅得体

手势的幅度不能过大或过小，显得太随意或太拘谨。

3. 协调自然

做手势时要配合相应的身体语言或有声语言，不能单单只做手势，显得突兀僵硬。

（二）常用的手势

1. 直臂式手势（图 2-3-13）

这种手势主要用来引领较远的方向。手臂穿过腰间线，但不要高于这根线，身体侧向对方，眼睛看着手指方向处或对方脚前 10 cm 左右位置，同时带上几句礼貌性的话语，如“您好，请跟我这边来”“里面请”“您这边请”“请您往这边直走”，等等。

2. 单臂横摆式手势（图 2-3-14）

这种手势多用来指引较近的方向。大臂自然放松，以肘关节为轴，前臂轻缓地向一边摆出时稍稍弯曲，与腰间成 45° 角，另一只手下垂或背在身后或置于腹前，同时，面带微笑，使用礼貌敬语，如“请进”“请您往这边看”，等等。

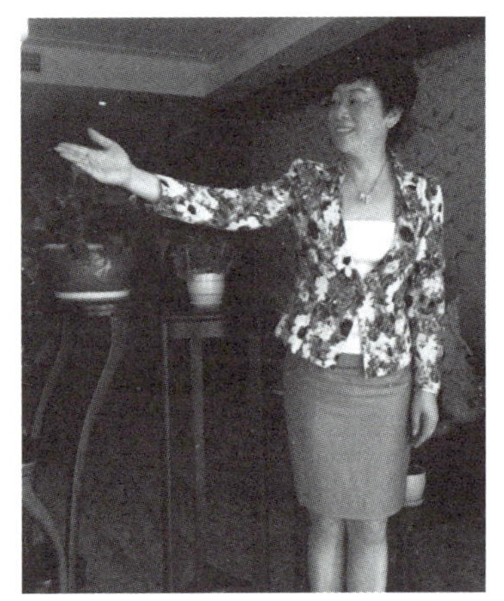

图 2-3-13 直臂式手势

图 2-3-14 单臂横摆式手势

3. 双臂横摆式手势（图 2-3-15）

这种手势大多用于公务繁忙或宾客较多时。双手从身体两侧经过腹前抬起，两手掌向上，肘关节微曲，向两侧摆出，上身稍前倾，微笑施礼，加上礼貌用语，如“女士们，这边请”“大家请看这边”，等等。

4. 双臂斜摆式手势（图 2-3-16）

这种手势一般用来引领宾客坐在相应座位上。当座椅在引领者左方时，应左手在前，右手在后，两手掌向上，以肘为轴向座椅方向摆出，双肘微微弯曲，左肘弯曲度略小于右肘，上身微微向前倾，面带微笑说“您请坐”。

图 2-3-15　双臂横摆式手势

图 2-3-16　双臂斜摆式手势

（三）手势的忌讳

手势运用得好，能增添高雅不凡的气质，如果运用不当，也会适得其反。所以在运用手势时，要注意以下几个方面。

（1）不要对别人指指点点，不要用手指指人，更不能对人竖中指。

（2）指向自己时，应掌心向内，拍在胸脯上，不可用拇指指自己。

（3）不可当人面做不雅动作，如掏耳朵、搔头皮、擦眼屎、抠鼻孔、剪指甲、挠痒痒等。

【本章小结】

如何使你的形象得到全方位的提升？那就是要加强对仪容礼仪、仪表礼仪、仪态礼仪这三方面的学习与掌握。本章分别对这三个方面的礼仪细节和应该注意的地方进行了详细的阐述，旨在指导大家在相关场合中打理好自己的形象，发挥出自己最大的优势。当你管理好了自己的言行举止之后，就无意中提升了你的魅力、影响力、信服力和完成事情的能力。

【模拟实训】

1. 上台当众展示各种坐姿、站姿、走姿及蹲姿，同学们互相指出不妥之处。
2. 准备一段一分钟的讲话，配上肢体语言，让同学们评议是否得体恰当。
3. 拟定一个要出席的场合，设计自己的形象，包括发型、妆容、服饰等，让同学们互相评论是否适合这一场合。

第三章
生活礼仪

第一节　家庭生活礼仪

家庭是社会的细胞，是每个人都离不开的地方。

第二节　学校生活礼仪

如果有正确的人生观和价值观，养成了好的行为习惯，这 16 年一定会为你的未来打下坚实的基础。那么，在学校应该如何培养自己好的行为习惯，注意哪些礼仪礼貌呢？

第三节　交友婚恋礼仪

俗话说，欲知其人，先观其朋。物以类聚，人以群分。

第四节　出行礼仪

出行礼仪，是指人们出行时应该遵守的行为规范，是人们在生活中应当具备的基本素质之一。

第五节　公共场所礼仪

良好的公共礼仪有助于形成好的公共秩序，有助于为别人也为自己营造一个高质量的、舒适温馨的公共环境。

情景再现

校园里，几位低年级的同学肩并肩有说有笑地走着，迎面走来一位不认识的老师，但当这位老师走到这几位同学身边时，其他人都还是只顾说笑，并没有跟老师打招呼，只有一位同学恭敬地看着老师，说了声“老师好”，老师当然也很高兴地回答了一句“你好”，可其他同学并没有回应。等老师过去之后，有的同学说那个同学爱出风头，不认识的老师还打招呼；有的同学说他根本是装样子给别人看的。那个同学没有反驳他们，只是淡淡地说了一句：“尊敬老师是学生最起码的礼貌。”

名言警句

家庭是学习举止礼貌的好场所。如果你的孩子成人后有良好的举止，这会使他们生活更加惬意舒适。

——索菲亚·罗兰《女人的魅力》

和睦的家庭空气是世上的一种花朵，没有东西比它更温柔，没有东西比它更优美，没有东西比它更适宜于把一家人的天性培养得坚强、正直。

——德莱赛《嘉莉妹妹》

勤劳的家庭是有规律有组织的。

——朱德《当你步入人生》

近朱者赤，近墨者黑。

——熟语

礼仪既不像法律那么威严，也不像道德那样肃穆，但它却是日常生活的行为准则，是人与人之间交往的艺术，是人生旅途中的必修课，也是体现民族和国家形象的风向标。在家庭生活中，“举案齐眉”“相敬如宾”是传承千载的中华美德；在学校生活中，“尊师重道”“团结友爱”是师生之间、同学之间沟通交流的纽带；在公共场合中，“从善如流”“言而有信”是人际交往的通行证和润滑剂。勿以恶小而为之，勿以善小而不为，多一份尊重，少一句粗鄙，多一些嘘寒问暖，少一些趾高气扬，讲“礼”重“仪”，才能给人们的相处增添几分和睦、融洽、温馨的气氛，拉近彼此心灵间的距离。

第一节　家庭生活礼仪

家庭是社会的细胞，是每个人都离不开的地方。小的时候，你在父母的羽翼保护下成长；长大后，你要组建自己的家庭，与配偶、子女相处。当你疲惫受挫时，家是你避风的港湾，也是前进道路上的加油站。中国自古有“父子和而家不败，兄弟和而家不分，夫妇和而家道兴，乡党和而争讼息”的训谕，讲述家庭和谐的重要性。如何与家庭成员相处？如何建立和睦的邻里关系？家庭生活礼仪起着重要的作用。

家庭生活礼仪指的是人们在长期的家庭生活中，用以沟通思想、交流信息、联络感情、协调关系而逐渐形成的约定俗成的行为准则和礼貌、礼节、仪式的总称。在家庭中提倡讲究文明礼貌，对整个社会形成良好的风气有积极的推动作用。

一、家庭成员礼仪

拓展资源

视频讲解

（一）称谓礼仪（图 3-1-1）

与人交往，礼貌是第一位；与人交谈，称谓是礼貌的表现。恰当地使用称谓，不仅是家庭活动和交往中的基本礼貌礼节，也是个人家庭教养、个人修养的体现。

亲属称谓是对有亲缘关系的人的称呼，中国自古在亲属称谓上尤为讲究，主要有：

对自己家的长辈、平辈不能称呼姓名、字号，而应按与自己的关系称呼，如曾祖父、母亲、表兄、堂妹等。

有姻缘关系的，前面加“姻”字，如姻伯、姻兄、姻妹等。

称别人的亲属时，加“令”或“尊”，如尊翁、令堂、令妹、令爱等。

对别人称自己的亲属时，前面加“家”，如家父、家母、家叔、家兄、家妹等。

对别人称自己的平辈、晚辈亲属时，前面加“敝”“舍”或“小”，如敝兄、敝弟，或舍弟、舍侄，小儿、小婿等。

对别人谦称自己时，可加“愚”字，如愚伯、愚岳、愚兄、愚甥、愚侄等。

随着社会的进步，人与人之间的关系发生了巨大变化，原有的亲属、家庭观念也发生了很大的改变，在亲属称谓上已没有那么多讲究，过去的很多称谓只是书面语言上偶尔使用。现在我们在日常生活中，使用亲属称谓十分简洁明了，如爸爸、妈妈、哥哥、弟弟、姐姐、妹妹等。有姻缘关系的，称呼上也有了改变，如原来用作称呼的“岳父”，现在都简称为“爸”，原来用作称呼的“婆婆”，现在都简称为“妈”。

在面对面的称呼中，有人认为，对方已经知道自己是在对他说话就没有必要再称呼他了。其实，懂礼貌的人经常会单单为了表示敬重而称呼，比如，出家门时碰到邻居的爷爷奶奶，叫一声“李爷爷好”“张奶奶好”；下班回家后看到家里人，如果这么说“爸爸（妈妈、老公、老婆），我回来了”，会比简单的“我回来了”让人觉得更温馨，被称呼的人也能感受到你对他的敬重。

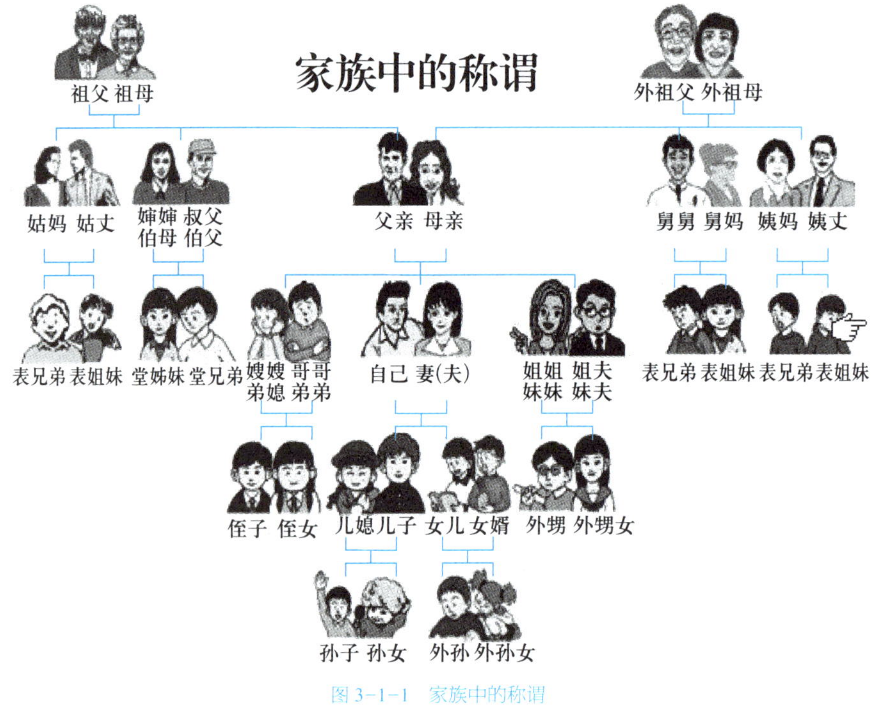

图 3-1-1 家族中的称谓

（二）成员礼仪

如何建立一个幸福和睦的家庭？家庭成员之间互敬互尊、互爱互助、互信互谅是最基本的条件。

有人会说，每天和家人相处在一起，关系当然是非常亲密的，还用得着讲究礼仪吗？这样做是不是有点太客气了呢？甚至有人认为，对陌生人或家庭成员以外的人，用礼貌的态度待人，自觉地注意礼仪修养是很有必要的，但是对自己的家人或熟悉亲近的人，似乎就没有讲礼仪的必要了，这种观念当然是错误的。家人之间虽然存在特殊的亲情联系，但同样需要礼仪，这不是什么虚情假意，也不是什么“假客气”，而是对家人真心诚意的尊重。

1. 孝敬父母长辈

春秋时期，有个叫颍考叔的小官去见郑庄公，郑庄公赏赐他饭食，他却把肉片放在一边舍不得吃。庄公很奇怪，问他为什么这么做，颍考叔说：“我的母亲从来没吃过国君赏赐的肉食，请允许我拿回家孝敬我的母亲。”庄公听后十分感慨。子路，春秋时期鲁国人，在孔子的弟子中以善于处理政事著称，尤其以勇敢闻名。但子路小的时候家里很穷，长年靠吃粗粮野菜等度日。有一次，年老的父母想吃米饭，可是家里一点米也没有，怎么办？子路想到要是翻过几道山到亲戚家借点米，不就可以满足父母的这点要求了吗？于是，小小年纪的子路翻山越岭走了十几里路，从亲戚家背回了一小袋米，看到父母吃上了香喷喷的米饭，子路忘记了疲劳，邻居们都夸子路是一个勇敢孝顺的好孩子。

我国自古就有孝的传统，孝敬父母的人历来被人们称道、尊敬，不孝子孙常常被人们谴责、鄙视。古语“百善孝为先”也是强调孝敬父母是各种美德中居第一位的。孝敬父母，尊敬长辈，是做人的本分，也是各种美德形成的前提，一个人如果都不知道孝敬父母，就很难想象他会有高尚的品德和修养。在人的一生中，父母的关心和爱护是最真挚最无私的，父母的养育之恩是永远也诉说不完的，作为子女，要心怀感恩，牢记父母对自己的养育之恩。

孝敬父母主要体现在两个方面：一是精神上尊敬关爱父母，二是物质上赡养照顾父母。

精神上尊敬关爱父母主要表现在以下几方面。

第一，听从父母教诲。父母是子女的第一任老师，听从父母的教诲，是对父母最大的孝顺。一般来说，父母的教诲都是正确的，特别是在你自己缺少人生经验的情况下，应该首先听从父母的教诲。当你长大后，有了自己的见识和经验，如果父母的教诲明显是错误的，那也不要盲目顶撞父母，而是应该尽量通过沟通说服他们，或者去求助其他亲人的帮助。遇到重大事情，或者自己拿不定主意的事要及时告诉父母，与父母多沟通商量，即使和父母意见不统一感到委屈，也不能心存怨恨，要尽量做到心平气和地解释，而不是与父母为敌。与父母观点不一致而产生矛盾时，不要只顾自己，试着换个角度，站在父母的立场想一想，也许会豁然开朗。

第二，经常问候父母。平时出门时要跟父母说明去向，免得父母担心；外出回来了要跟父母问候一声，父母召唤要立即答应。如果在外工作或求学，要经常给父母打打电话，和他们聊聊天，将自己的生活、工作情况告诉他们，让他们放心。适逢节日，要打电话问候。父母的生日一定要牢记，无论你在外地工作还是求学，他们生日的时候打个电话，发条短信，表达你的祝福和问候。对父母来说，儿女的问候是莫大的欣慰。

第三，关心父母身体。随着年龄的增长，父母的健康状况也令人担忧，为人子女，要经常关注父母的身体健康。父母外出时，要提醒他们注意天气状况和交通安全；父母生病时，要主动照看，问寒问暖，多陪同就医，讲话的态度、语气、方式上都要比平时更为亲切和蔼，尽可能在精神上消除父母的痛苦和不安。如果父母因为生病心情不好，脾气暴躁，这时不要因为他们说的一些不恰当的话，做出的不恰当举动与他们争辩，要理解病人烦躁苦闷的心情。当父母需要长期照顾时，更要时时刻刻表现出耐心，多说劝慰他们的话，用实际行动打消父母的顾虑。

第四，多做家务劳动。在自己力所能及的情况下，体谅父母养家的辛苦，主动承担一些家务劳动，减轻父母的负担。父母做饭时，在旁边打个下手，做好饭后，帮忙盛饭、端菜，饭后不要急于离开，帮父母收拾餐桌、洗碗，等等。现在很多年轻人，回家往沙发上一坐，就是看电视、玩手机、休息，家务全扔给父母，甚至连自己的衣服也不洗，这样是极不应该的。

父母之爱，是世界上最无私的爱。但当父母逐渐衰老，丧失劳动能力，而又缺乏生活来源时，子女的金钱和孝心，就成为父母最基本的生活保障和最强烈的期望。经济上没有保障的老年人，他们的脆弱无助，不亚于襁褓中的婴儿——还多了一份婴儿没有的心理恐惧和苍凉，这就要求我们在经济上、物质上赡养照顾父母。

当我们还没有工作，没有经济来源时，就不需要在物质上赡养父母了吗？这种想法万万不可。胡适在《不要抛弃学问》中告诫毕业生：凡是要等到有了图书馆方才读书的，有了图书馆也不肯读书。凡是要等到有了实验室方才做研究的，有了实验室也不肯做研究。你有了决心要研究一个问题，自然会节衣缩食去买书，自然会想出法子来购置仪器。至于时间，更不成问题。孝敬父母也是一样，不要想着等有钱了再孝敬父母，那时已经太迟了，“子欲养而亲不待”是何等的遗憾！趁父母健在，力所能及地孝敬他们吧。

如果你还在读书，没有经济收入，应该怎样孝敬父母呢？虽然没有钱给父母，为他们买礼物，但是你现在所消费的一切物质上的东西，都是父母的艰辛所换来的。所以，勤俭节约，珍惜他们的劳动成果，不浪费，不攀比，合理消费，这也是对父母的孝敬。

如果你已经工作，更要在物质上体恤照顾父母，尽量满足父母经济上的需求，不做“啃老族”。花上一些时间，精心为父母挑选他们喜爱的吃的、穿的和用的，比直接给他们钱更能温暖他们的心。

父母生育儿女，经历了莫大的辛劳，一辈子为儿女着想，到了老年对生活的要求也不高，最大的愿望就是能获得感情上的慰藉，得到儿女的关心和体贴，享天伦之乐。孝敬父母既体现在给老人钱物或请老人吃顿饭上，也应给予老人一种细腻的情感，一种无微不至的关爱。总之，孝敬父母长辈的方式是多种多样的，表现在我们的一言一行之中。

2. 关爱兄弟姐妹

除了父母，与我们最亲的莫过于兄弟姐妹了。随着“二孩”政策的放开，有两个孩子的家庭越来越多。即使是独生子女，也还有表兄弟、表姐妹。虽然兄弟姐妹经历不同、修养不同、性格不同，但是如果彼此之间相互尊重、关心、帮助，彼此爱护，就能共同营造和谐美好的大家庭。

3. 礼待亲朋好友

古语云："老吾老以及人之老，幼吾幼以及人之幼。"我们不仅要孝敬自己的父母，还应该尊敬所有的老人和长辈，礼待所有的亲朋好友。当得知家中有亲戚朋友来访时，应打扫干净房间，准备好茶水点心，甚至可以买些鲜花装点居室，既让客人感到主人的热情好客，又能表现出主人的周到细腻和生活雅趣。平时也可多与亲戚朋友电话或短信交流，常常表示关心和问候，有时间的话还可多登门看望拜访，所谓"走亲戚"，要"走"才会成"亲戚"。

4. 夫妻相敬如宾

夫妻关系是一种亲密的人际关系，是家庭的核心，夫妻感情是否融洽决定着家庭的稳定和幸福。中国自古以来就提倡夫妻礼仪，古有"上床夫妻，下床礼仪"的说法，"相敬如宾，白头偕老"也是说夫妻间要有礼节才能幸福一辈子的道理。

（1）互相尊重。生活中夫妻双方性格、爱好、生活方式等不一样是很正常的，夫妻之间要互相尊重对方的人格、性格、爱好、隐私、感情需求以及对方的家人。夫妻相处时，双方要注意说话方式，不能无视对方尊严，说伤及对方自尊的话。对对方的性格、爱好等不要过多指责干涉，尤其不要在对方面前说其家人的坏话或议论对方家庭的是非。

夫妻之间本是亲密无间的关系，但是也要尊重对方的隐私及空间，只有这样才能获得彼此的信任，婚姻才能久远。比如，不要查看对方的手机、钱包等，遇事多沟通。

尊重对方还意味着即使对方与你的意见不一致，你也要尊重对方的选择和决定，无论这件事情是大还是小。小到对方选择穿什么样的袜子或是买哪只股票，吃什么样的食物或是交什么样的朋友，大到偏爱什么样的艺术或是倾向什么样的观点，夫妻都应该互相尊重。

（2）互相赞美。人们都喜欢听他人对自己的肯定和赞美，这会让自己有一种存在感与价值感，并由此充满自信。思想家霍姆斯说过：爱情是互换欣赏、互换赞美的令人心旷神怡的精神交往。每个人在自己的小世界里都渴望被肯定，被重视，也被对方所融入接纳。赞美如同一缕春风，让人感到春风拂面的温柔；赞美如同一缕阳光，让人感到阳光普照的温暖。

婚后，日子渐趋平淡，夫妻之间油盐酱醋久了，难免磕磕碰碰。妻子不再赞美丈夫吃苦耐劳，不再赞美丈夫诚实可靠，不再赞美丈夫正直善良；丈夫不再赞美妻子的形象与外貌，不再赞美妻子的手艺与厨艺，不再赞美妻子的孝顺与付出……这往往是造成夫妻关系紧张的深层原因。殊不知，一句小小的赞美可以让人心生愉悦，可以让人忘记疲惫，可以让人充满力量。所以，妻子要多赞美丈夫的温柔体贴，多赞美丈夫为家在外奔波辛苦，多赞美丈夫主动承担家务；丈夫也要多赞美妻子新换的发型，多赞美妻子厨艺的进步，多赞美妻子新买的衣服，多赞美妻子对孝敬老人的付出……在夫妻关系中，经常称赞对方的长处，表扬对方的优点，可以让婚姻更加幸福。如果你想要对方变成你理想的样子，就要按照你理想的样子多多夸奖他。特别是当对方取得了一定成绩后，适时地加以由衷的赞美，会令夫妻感情更深一步，更不要拿对方的缺点与别人的优点进行比较。

想想当初为什么会与这个人结婚，肯定是因为对方身上有许多吸引你的地方，那么，我们为什么不能让这种欣赏持续下去呢？生活中要善于发现美，发现对方的可取之处，试着去欣赏、赞美自己的另一半，这样你会发现他或她身上的确有很多优点。

（3）互相关心。关心、呵护对方，最重要的是一种情感上的慰藉。既要关心对方的事业、前途等，更重要的是在生活中的诸多细微之处体现出对对方的关心与在意。关心对方不在于做什么大事，也不在于甜言蜜语，有许多看似不起眼的小小的举动，都能表达和体现自己对对方的关心。比如下班回家时一句亲切的问候；出差归来一份对方喜欢的礼物；在对方生日的时候送一个惊喜；在对方劳累时为他打一盆洗脚水；关心对方的身体健康，关注对方的饮食；遇到不顺心的事，多给对方安慰、鼓励，等等。

（4）互相宽容。恋爱时什么都好，可是婚后就发现了对方很多的不足，或需要面对双方生活习惯的差异。夫妻是要一辈子一起生活的，难免有些磕磕碰碰，为了和睦相处，必须对对方的缺点和失误大度一些，不能过于指责和挑剔。如果夫妻之间有了矛盾，必须有一方主动妥协，否则可能导致矛盾激化。所以，夫妻双方最应学会的功课就是宽容。宽容对方，最高境界是做到“大事不糊涂，小事不计较”。对一些原则问题，诸如自己的底线等，要提前和对方讲清楚，防患于未然；对非原则问题，要学会“一笑置之”，不要过于较真。当对方发火的时候，自己一定要冷静，千万不要“针尖对麦芒”“硬碰硬”，即使对方真的有错在先，另一方也不要逞一时之快，得理不饶人，非要对方认错不可。婚姻中要善于“转弯”，善于给对方台阶下。

二、家庭待客礼仪

有客人拜访，如果提前已经知道，要将家里打扫干净收拾整洁，备好茶水饮料等。

在家里接待客人，衣着可以休闲、舒适、随意，但不能穿着睡衣和暴露的衣服接待客人。女性可以略施淡妆，显示对客人的尊重。

客人到来时要主动出门迎接，热情地招呼客人“请进”“请坐”“不要拘束”等，让客人感到轻松愉悦。客人到来时如果家里有其他人在，要给他们相互做介绍。

客人进屋后，要把最佳的座位让给客人坐，然后敬茶。倒茶时，要掌握好茶水的量，常言待客要“浅茶满酒”。所谓浅茶，即将茶水倒入杯中三分之二为佳；所谓满酒，即斟酒时要满杯，以示满心满意。

端茶时也要注意礼节。如果是有杯耳的杯子，通常是用一只手抓住杯耳，另一只手托住杯底，把茶水送给客人，并顺势将杯耳拨向客人右手方便端杯的位置，随之说声：“请您用茶”或“请喝茶”。不要用手指捏住杯口边缘往客人面前送，这样敬茶既不卫生，也不礼貌。

敬茶时应先客后主，如客人较多，应按级别或长幼依次敬上。

与客人交谈时，要注意倾听，态度真诚、自然，不随便插嘴，也不要不停地看钟表。

如果客人带了小孩，则应为小孩找些零食、玩具、画册等，让孩子在一边玩，以免孩子吵闹，影响大人谈话。

客人提出告辞，主人应婉言相留，客人坚持要走，不要勉强留客，但应等客人起身后，再起身相送，不可客人一说要走，主人就马上站起来。最好请家中成员一起送客出门。

送客一般应送到电梯口、楼下或大门口，应挥手致意，目送客人远去，在客人的身影完全消失后再返回，否则，当客人走完一段路再回头致意时，发现主人已经不在，心里会有些不是滋味。另外，送客返身进屋后，应将房门轻轻关上，不要用力使门发出声响，那种在客人刚出门的时候就“砰”地关门的做法是极不礼貌的，并且很有可能因此而“砰”掉客人来访期间培养起来的所有情感。

分别时说些“慢走”“一路平安”之类的吉利话语，或发出再来的邀请。有些客人常常会带礼物来，送客时应有所反应，如表示谢意，或请求客人以后来访再不要携带礼品了，或相应地回谢一些礼物，绝不能受之无愧似的若无其事，毫无表示。

三、家庭仪式礼仪

家庭与家庭交往过程中，经常要参加一些大大小小的仪式，最典型的仪式有寿宴、婚礼和丧事。

1. 寿宴礼仪

老年人的寿宴多由子女及家人操办，在寿宴举行前一段时间，操办人应提前通知亲朋好友，可以发请柬，也可以打电话。也有地方的风俗是不发请柬的，宾客主动上门送上祝福。

寿宴一般安排在寿辰当天，也可根据实际情况前推后移。亲朋好友因故当天不能前往祝贺的，可携寿礼在前一天去“预祝”，或后一天“补祝”。

祝寿活动往往以寿宴形式进行，可以在家设宴，也可以在酒店设宴。无论在哪儿设宴，都要将设宴场地加以布置，在礼台正中悬挂“寿”字，张灯结彩，并用花篮、寿桃等进行装饰。如果有客人送的寿联寿幛，可以挂出，既显示出对客人的尊重，也增添了祝寿的气氛。寿宴开始前子女要在门口迎接客人，引导客人入席。安排座席时，寿星要安排在显要舒服的位置。

寿宴开始后，家人和重要贵宾致词，大家举杯向寿星祝贺，致词要简短精要，表达出美好的心愿和祝福。寿宴上不能缺寿面和寿酒，现代寿宴中，往往也配以精美“寿糕”，即生日蛋糕。

去参加寿宴时要衣装整洁，最好穿颜色明快的服装，忌黑色、白色的衣服。祝寿时说话要恭敬，避免不吉利或引起不快的语言。祝词可以是对寿星祝福庆贺，也可以是赞美寿星取得的成绩或做出的贡献等。祝寿时礼物的选择也要有意义，常见的有寿桃、寿糕、寿面、寿烛、寿屏、寿幛、寿联、寿画等，字画多以松、鹤为内容，也可送对方喜欢的工艺品，还可送好酒好茶。现代生活中流行送花、盆栽，及代表健康长寿的文竹、万年青、小榕树、罗汉松等，还可以用保健器材为祝寿礼，如电子按摩仪、健身球及其他保健用品。

2. 婚礼礼仪

首先要怀着一种愉悦的心情去参加别人的结婚典礼，心情愉悦才会露出亲切自然的微笑。

穿戴整齐是对主人基本的尊重，尽量穿正式的服装以示对新人的尊重，不要穿短裤或凉拖鞋，更不要穿着黑色衣服参加婚礼，以免让新人感觉晦气。现在的婚礼形式通常是中西结合的，新娘既穿西式婚纱也穿中式礼服，所以为了不抢新娘的风头，有几种颜色女性最好不要穿，即纯白色、很淡的米色系列以及大红色，和新娘“撞衫”是非常不礼貌的，也会让新娘内心不快。

女性宜适当化妆，但不要浓妆艳抹。

参加婚礼，一定要提前一段时间到达。如果有事迟到或早退，要事先向主人说明。迟到时不要自己一个人在外面徘徊，也不要贸然自行进入会场，最好示意招待人员，让他们领你进去。临时有事要提前退场，不必专门和新人打招呼，因为婚礼上来宾往往比较多，不可能一一照顾过来。

等客人来齐了再开始用餐，即使只是一些开胃小菜，也不要提前动筷子，这是对其他客人的不尊重。

“闹洞房”的目的是给新娘新郎增添喜庆，所以不能太出格，做到分寸有度，避免低俗恶搞。

本来说好要出席婚礼，却因临时有事不能出席，要马上告知主人，让主人知道你无法出席。

如果在婚礼上突然被邀请上台致词，说明主人很看重你，认为你是德高望重的人或非常好的朋友，会给他们带来荣光，即使你毫无准备，也不能推辞。可以首先向新人及双方家人致贺，说声“恭喜”，接着自我介绍，说些祝福新人的吉利话，2～3 分钟即可。

3. 丧事礼仪

邻里之间、同事之间、朋友之间，不仅会有诸如结婚生日、升学乔迁等俗话说的“红喜事”要出席，也会有丧事要参加，这些都是不可避免的。自古以来，中国人一直把对亡者后事的处理当作极为庄严的事情。亲朋好友逝世了，我们通常都要到殡仪馆向其遗体告别，参加其葬礼或吊唁活动，这种场合气氛十分肃穆。由于亲人去世，丧者家属情绪都比较哀伤，为了体现对死者的尊重和对丧者家属的安慰，参加丧礼时，一定要注意以下几个方面。

保持悲伤的情绪。不能面无表情，无动于衷，更不能露出厌烦的神情甚或笑容。

着深色素色服装。可穿白色上衣深色裤子，切忌穿颜色鲜艳的衣服。衣袖上可戴上黑纱，也可在胸前佩上白花，但悼念活动结束后要马上摘下。

走路不可昂首阔步，而应微微低头，缓步慢行。

说话时要压低声音，语气语调低沉，不能轻松嬉笑地说话。

仪式举行时不可与人交头接耳，议论其他事情，甚至谈笑风生，更不可结群吵闹，嬉戏追逐。要关闭手机或将手机调到静音。

坚持参加到底，尽量不要中途退出。

对死者的家属进行劝慰，用温情关切的语言劝其节哀振作，不应该冷漠对待，哑口无言。

第二节 学校生活礼仪

每个人从 6 岁左右开始上小学到大学毕业，要在学校度过近 16 年的时光，这 16 年是由幼稚走向成熟，价值观、人生观和世界观逐渐形成的过程，是学习文化知识、选定专业方向、培养行为习惯、甚至确定朋友圈的过程。如果有正确的人生观和价值观，养成了好的行为习惯，这 16 年一定会为你的未来打下坚实的基础。那么，在学校应该如何培养自己好的行为习惯，注意哪些礼仪礼貌呢?

一、课堂礼仪

课堂是老师向学生集中传授知识的地方，是每个人获取知识最全面最系统的场所，也是神圣庄重不容亵渎的殿堂。为了让教育教学活动得以顺利进行，每个走进课堂的学生要注意自己的言行举止。

首先要遵守时间。迟到不仅影响正常的教学活动，打断老师的思路，也是一个人缺乏时间观念的表现。遇到特殊情况迟到时，如果老师已经开始上课，则尽量不要打扰老师上课，可在门口向老师示意，然后轻轻地走进教室。如果提前到教室时，老师已经在教室等候，要微笑着跟老师打招呼，不可当作没看见。入座后及时准备课堂所需的书籍、笔记本等，马上集中注意力认真听课。不要携带与上课无关的物品。

其次要注意形象。衣着要规范，精神要饱满。夏天不穿拖鞋、背心，不打赤脚；冬天不戴帽子、口罩、耳暖，如果外面太冷，需要这些物品保暖，走进课堂后应该取下。

不要带食物进教室。很多同学因为起床晚，来不及吃早餐，总喜欢带着早餐进教室。上课时吃早餐，不仅对老师很不礼貌，而且影响自己听课，也弄得教室满是食物的气味儿，影响其他同学听课。上课时也应做到不吃零食，不嚼口香糖。

老师在讲课时，要认真听讲，集中注意力，做好笔记。老师提问时，自己知道答案时要主动举手，待老师点到你的名字时再起立回答。发言时要讲普通话，声音洪亮，落落大方。如果老师点到你回答问题而你又不知道答案时，也要及时起身，以抱歉的语气向老师说明情况，不可低头不语，抓耳挠腮，一言不发。

如果听课时遇到不懂的地方，或者想发言，要先举手示意老师，得到同意后，再起立发言。

上课时如果发现老师说错了话，或者讲错了内容，先不要急于纠正，可先记在本子上，下课查证、确认后，再找老师核实。如果在课堂上当即指出，一则打断老师讲课的思路，二则也让老师很难堪。

不做与课堂无关的事。课堂上不应睡觉，不看与课堂内容无关的书，不听音乐，不玩手机，将手机调到震动或静音状态。

课间主动擦黑板。举手之劳，体现了对老师的尊重，也是个人素质的体现。

下课时，应让老师先离开教室，如果找老师解答问题的人较多，应自觉排队。

如果需要请假，要依照正常的请假程序。首先要向老师提出申请，说明请假的理由，在得到老师同意后才可不到课。不可以仅仅发个短信或托同学告诉老师今天不来上课，这不是请假，完全是“先斩后奏”。

二、与老师相处礼仪

过去，人们习惯称老师为先生，其含义是：一为年龄比自己大，二为知识比自己多。在我国悠久的历史长河里，有天地君亲师之说，其意思是老师是仅次于天、地、君、亲之后的重要人物。古有“一日为师，终身为父”，现在把老师尊称为“园丁”“人类灵魂的工程师”，这说明尊师重教是中华民族的传统美德。老师不仅教学生知识，还传授做人的道理，老师既像是长辈，又像是朋友，应该受到尊重。那么，与老师相处应注意哪些礼仪呢?

对老师的称呼要有礼貌，不能直呼其名，不能给老师起绰号，更不要散播老师的隐私。对于学校里的教职员工，无论认识或不认识，无论是老师还是教辅人员，都应尊称其“老师”。如果是认识的或比较熟悉的老师，还应在“老师”的称呼前加姓氏，如“张老师”“李老师”。

无论在校内还是校外，碰到老师，不能装作没看到，或拔腿就跑，或扭头回避，而应主动问好。如果在上下楼梯或走廊等狭窄处与老师相遇，则应向旁迈开一步，请老师先行。

与老师交谈时，音量适中，既不高声回答，也不能声音小得令对方听不清楚。注意使用敬语，态度要恭敬，目光凝视老师，认真倾听。不要随意打断老师说话，不要东张西望，目光飘忽不定，似听非听。

进老师办公室，应先敲门，得到允许后再进入。不能随便翻动老师办公桌上的东西，不动老师的电脑，事情办完后立即离开，不在老师的办公室逗留。

在实习和撰写论文期间，手机号码如有变更，要即时告知指导老师。经常与指导老师联系，多汇报实习及论文的进展情况，及时得到老师的指点。重大节日，尤其是一年一度的教师节，应打电话或发信息向老师问好。

节假日拜访老师时，应提前与老师联系，掌握拜访时间，不能影响老师的活动和休息。

老师对学生的批评是为了让学生更好地成长，所以作为学生，应正确对待老师的批评，应意识到老师对学生的批评是重视学生、关心学生的表现，所以要虚心接受老师的批评。如果被老师误解，也应控制自己的情绪，等老师把话讲完以后，再心平气和地加以解释，或事后再找时机向老师解释说明。

三、与同学相处礼仪

团结友爱。同学关系是最纯洁、最珍贵的，每天共同学习，朝夕相处，这份情谊是金钱买不到的。同学之间要团结友爱，互相尊重，一同进步。平时在校园里遇到同学要微笑打招呼，态度热情诚恳。

尊重同学。每个人都来自不同的家庭、不同的地区，甚至不同的民族，各有各的观念和生活习惯，甚至还有不同的宗教信仰，要学会尊重每一个同学。不能因为同学遭受不幸、失败而嘲笑他，不能对同学的相貌、体态、衣着、口音及家庭评头论足。

有借有还。借东西要先征得别人的同意，不要随便拿起同学的东西就用。与同学间的经济往来要清楚，借东西或借钱后要及时归还。

关心同学。同学生病、有困难时要主动关心，伸出援助之手，有钱时出钱，没钱时也要尽自己所能给予帮助，不可视而不见，置之不理。

平等相待。不嫌贫爱富，不能看不起家境不如自己的同学，更不要拿同学家里难堪的事情作谈资。不要给同学起带有侮辱性质的绰号。

学会分享。学会和同学共享你拥有的资源，这会让你的人缘越来越好，资源越来越丰富。

四、学校公共场所礼仪

1. 图书馆礼仪

进入图书馆要注意衣着整洁得体，不穿背心、拖鞋进入图书馆。保持双手清洁，不要把图书弄脏。

拓展资源

视频讲解

在图书馆走路时声音要轻，尽量不穿行走时发出很大声响的鞋子。也不要来去匆匆，磕磕碰碰，弄得桌椅发出声响。

遵守图书馆的秩序，不抢座位，不用自己的物品占座，不为他人占座，不躺在座位上休息，不在座位上乱刻乱画。如果坐别人旁边的空位时，应礼貌地询问这个座位是否有人。

进入图书馆后应自觉关闭手机，或将手机调至静音状态。不在图书馆里与人大声交谈或举止过于亲密。在图书馆碰到同学可点头致意，如需交谈应离开阅览室或自习室，到外面交谈。如果只是简短交流，则应低语，快速说完。

不要带除水以外的食物、饮料进图书馆，做到不吃东西，不嚼口香糖。

阅读时应逐册取阅图书，不要同时取多份，阅读后应立即把图书放回原处。不在图书上随意圈点、注记、涂抹、折页，不可以把自己需要的资料、图片撕下来，绝不能为了占有资料而不惜损毁图书，更不能不经允许偷偷将图书带出图书馆。

离开图书馆时，要把书刊按照要求放在规定位置，不能随意放在桌子上就离开，还要注意把椅子复归原位，将废弃的纸张垃圾带走或扔到垃圾箱。

借出的图书看完后应及时归还，热门书、畅销书更应速看速还，以免耽误其他人借阅。借还图书时，应双手将图书递到工作人员手中，并注意使用“您好”“请”“谢谢”等礼貌用语，如果借还书的人很多，要耐心等候。损坏或遗失图书应按规定赔偿。

2. 寝室礼仪

寝室既是私人空间，也可以说是公共场所。紧张的一天学习之后，寝室是休息和调整的最好的地方，但它又不是一个人独有的地方，在自己得到休息放松的同时，还要顾及室友的感觉，所以，融洽的寝室氛围能让每个人有家的感觉。可寝室的每个人可能都来自不同的地方，有不同的性格、爱好，不同的生活习惯，要大家相处很协调很融洽，真的不是件容易的事，需要共同努力。只有互相理解、互相包容、互相迁就，人人都学会换位思考，才能营造舒适温馨的寝室氛围。

寝室的每个人都应自觉遵守宿舍的作息制度，按时起床、按时就寝、按时熄灯。如果因特殊情况需要早起或晚归，应提前告知室友，请室友谅解。早起或晚归时，动作尽量放轻，不发出声响，不影响其他人的学习和休息。平时也要自觉维持寝室的安静，不高声接听电话，不大声唱歌，不打闹喧哗，音响等设备不能影响他人，晚上熄灯后不卧床长谈。

自觉保持寝室卫生，自己的床铺应铺叠整齐，衣服、鞋帽按规定摆放，脏衣物要及时清洗。自己的个人用品要放在自己的橱柜里，不乱丢乱放。同时还要热心、主动地搞好寝室公共卫生，营造优美的环境，做到寝室地面整洁无垃圾，门窗洁净。

与室友友好相处，对室友宽容大度，多发现室友的优点，注意约束自身不好的行为习惯。当室友身体不舒服时，要多关心照顾，室友在生活上遇到什么困难，要尽力帮助。不打探室友的隐私，当室友打电话谈论私密的事情时，要主动回避，不可偷听或插话。

不随便坐别人的床铺，未经他人允许不使用室友的茶具、碗筷、毛巾等私人物品。不可私自翻看室友的日记、信件等。

对室友的亲友同学应热情友善，如遇室友不在，更要热情接待，并赶紧联系室友。在寝室接待自己的亲朋好友时，要先向室友打个招呼，不要同来访的同学在宿舍内嬉闹、喧哗，以免影响室友的休息和学习。

爱护寝室的公共财物，养成随手关水龙头、关灯、关门窗的好习惯，使用公共物品时要互相谦让，不能一人独占。

遇到寝室每个人要分担费用时，不要斤斤计较。比如一个学生以自己在寝室时间少，所以用电少为由，不肯按平摊来付电费，听起来这同学说的似乎有理，可在一个寝室，每天进进出出，又如何计算得出到底谁用了多少水，谁用了多少电呢？最后谁都不愿和这位同学住一个寝室。

谈恋爱的同学，尽量不要把自己的恋人带到寝室，更不可在寝室长时间逗留，旁若无人地亲热，更不能让其留宿。

不要到异性寝室串门，更不能留宿异性寝室。

3. 食堂礼仪

在规定时间内有秩序地到食堂就餐，自觉排队买饭，不冲、不跑、不挤，不大声喧哗、不打闹、不起哄、不插队，营造一个良好的就餐氛围。

多用礼貌用语，购买饭菜时多说“请”“谢谢”，工作人员繁忙时要耐心等待，不要敲柜台、餐具等。不要挥舞手臂，“师傅、师傅”地喊个不停，更不要隔着柜台拉扯工作人员的衣袖。如果和师长一起用餐，要请师长先入座。用完餐要先离开时应说“你们慢慢吃，我先走了”。

用餐时举止文雅，双腿、双肘不要张开过大，小口进食，闭嘴咀嚼。口内有食物时不与他人交谈，他人嘴含食物时，也应等他吃完后再交谈。喝汤时不能端起碗一口气喝下，吃进口的东西，不能再吐出来。如果是鱼刺、骨头及其他无法吃的东西，也不能直接吐在桌子上，应放到骨碟里或专用容器内。

就餐时万一要打喷嚏、咳嗽，必须把头转到无人的方向，用手帕或餐巾纸掩住口鼻。餐桌上切忌用手指剔牙，用牙签剔牙时要用手加以遮掩。

人多时要加快用餐速度，饭后不逗留，早些离开，以便他人入座就餐。

情侣在食堂就餐时，举止要文明，避免出现相互喂饭等过度亲密的行为，以免引起他人的反感。

根据自己的饭量点餐，以吃饱为宜，不超量购买，不讲排场，不摆阔气。如果饭菜剩余，有条件时要尽量打包，不要浪费。

自觉维护食堂公共卫生，保持地面清洁，就餐的桌面也应保持干净，用完餐剩下的饭菜要倒在指定地点，不要随意倒在洗碗池或洗手池内。

4. 集会礼仪

参加升旗仪式、纪念晚会、开学典礼、毕业典礼等集会时，由于参加的人数众多，为了保证大会能有序进行，每位同学都应自觉遵守纪律，顾全大局，遵守礼仪，尽力做到：

第一，准时到场。为保证大会按时有序进行，最好是提前几分钟进场。服从会场工作人员的安排，按指定地点入座，不可一窝蜂争抢自己喜欢的座位。万一迟到，应悄悄入场，坐在后排的座位上，尽量不引起别人的注意，不可大摇大摆地走到前面。

第二，保持安静。集会开始后，应将手机调到静音或关闭状态，不要随便出入和发出声响。不要左歪右扭、大声交谈、相互打闹。

若由于上厕所等原因必须暂时离开会场，应弯腰悄悄出去，尽量不对别人造成影响。

第三，遵守规则。上台领奖要用双手接物，并向颁奖者鞠躬，再面向台下观众行礼，然后按指定方向和顺序退出。在开会的过程中，不能打瞌睡，没有特殊的原因，也不能中途退席。在精彩处报以掌声，但绝不可起哄。

第四，保持卫生。集会时注意维护集会场地的整洁，不吃东西，不乱扔垃圾和杂物，离开时将垃圾和杂物随身带走。

第五，有序退场。集会结束离开会场时，要服从会场工作人员的指挥，按顺序出场，不要一哄而散，争先恐后，使门口拥挤堵塞，以免造成混乱和事故。

第三节 交友婚恋礼仪

一、一般交友礼仪

俗话说，欲知其人，先观其朋。物以类聚，人以群分。古语亦有“与善人居，如入芝兰之室，久而不闻其香；与恶人居，如入鲍鱼之肆，久而不闻其臭”。所以，与什么样的人交朋友，如何与人交朋友，都是应该留心学习的。

（一）交友的基本原则

1. 明确目的

朋友不仅是能共同玩耍的人，也是乐于交流的对象，更是困难时的救星。生活中我们离不开亲人，也离不开朋友，交友是每一个社会人的正常生存需要。所以，我们要树立正确的交友观和价值观，明白真正的友情不是只索取，不付出；也不是整天吃吃喝喝，形影不离；更不是臭味相投，狼狈为奸。真正的朋友是精神的寄托，是心灵的慰藉，是生活、事业的帮手，更是言行的镜子。真正的朋友不需要天天见面，却心灵相通，也许没有共欢乐，但一定可以分担痛苦，甚至生死与共。真挚的友情千金难买，却又重若千金，与金钱利益没有关系。

2. 广泛交友

在多元化社会，把自己融入广阔的社会领域中，才能从中选择知己，寻求友情。“三人行，必有我师”，“一个篱笆三个桩，一个好汉三个帮”，每个人都有自己的优点和缺点，要善于发现他人身上的优点，学习其长处，多结交对自己有益的朋友。友谊是以情感为支点的，相互了解是彼此产生感情的基础。所以，走进同学、同伴中间，主动了解别人，也让别人了解你。应扩大交友的范围，只有多交友、广交友，才能更广泛地接触不同的人，通过筛选，从中找到知己。

3. 坚持原则

广交不是滥交。俗话说：“道不同，不相为谋。”人与人之间是互相影响的，小到生活习惯，大到职业选择，所谓“近朱者赤，近墨者黑”。所以，交友一定要有原则，不是什么人都交，交友不慎，贻害无穷。晚清重臣曾国藩曾有交友名言曰“九种朋友不能交”：志不同者不交，谀人者不交，恩怨颠倒者不交，好占便宜者不交，全无性情者不交，不孝不悌者不交，愚人者不交，落井下石者不交，德薄者不交。纵然世道已不同，曾国藩的交友原则依然适用于现在。

4. 完善自我

多投身于社会，去认识社会，了解社会，全面提高自己，培养高尚的人格和思想道德情操，做到自尊、自立、自信。尊重自己，保持人格独立，经济独立，相信自己，才会赢得别人的尊重。遇事独立思考，有自己独到的思想见解，不人云亦云。在交往中，既要尊重别人的意见，又不盲从，择其善者而从之。学会控制自己，学会分清事情的是非黑白，有自己的判断能力，提高自己的修养，这样才能吸引朋友。正如鲜花盛开，蝴蝶自来，当你的德行和操守足以吸引别人，就不愁交不到志同道合的朋友。

5. 真诚付出

要维持一段友情，必须对朋友真心付出，关心朋友，关爱朋友。朋友有困难，应该给予诚心诚意的帮助。金无足赤，人无完人，要求别人一点缺点也没有是不可能的，对朋友因疏忽而造成的过失要宽容。尊重朋友的不同见解、不同观念、不同选择和不同的行为方式。要严格要求自己，有了过失、错误要主动承认，自觉改正。主动承认错误，不但不会损害你的形象，反而还会赢得他人的尊重，有利于友情的维系和发展。

（二）同性、异性交友的注意事项

1. 男性之间的交友

“君子之交淡如水”，男人之间的交往，首先要讲究“男子汉”的气魄，干脆、爽快，不要惺惺作态，更不可阴阳怪气，扭扭捏捏。其次要有“君子”的风范，举止要沉稳大方、不猥琐，言谈有内涵、有品位，不低级庸俗。最后还要讲原则，讲原则就是要遵纪守法，合乎公德。有些男人把哥们义气误做男子汉的特征，不分是非，不讲原则，以为帮助朋友就是要为朋友两肋插刀、侠肝义胆，动不动就拳脚相加、打抱不平，有的甚至为了帮助朋友，置国家法律于不顾，去干伤天害理的事，这样做都违背了交友的真正意义。

2. 女性之间的交友

女性之间的交往，有别于男性之间的交往。首先要注重自身形象。言谈举止切忌匪里匪气，即使是外向性格，也应有女性内涵，体现出女性特有的柔美。其次，要坦诚相待。女性之间往往比男性之间容易发生摩擦，互相间常有猜疑、嫉恨，有什么事总藏在心里，不愿告诉别人，应坦诚相告以求得矛盾的解决。要有容人之心，不因一丁点小事儿闹得不可开交。

女性之间的交往还要注意这样一些细节：不要在众人面前捂着嘴巴“咬耳朵”，以免引起猜忌；不要总是抢风头，这样容易被孤立；不要过于炫耀自己的长处和所有，否则容易遭人嫉妒。

3. 男女普通朋友之间的交往

男女之间作为普通朋友交往是比较敏感的，也常常容易引起误会，甚至有人认为，男女之间没有真正的友谊。所以，男女作为普通朋友交往一定要更加慎重，把握好尺度，处理好周边的关系。

第一，男女有别。普通男女朋友之间不宜过分亲密，要把握分寸，自尊自爱，坦荡大方，持重得体。

第二，互相尊重。男士在女士面前不要开过分的玩笑，不讲低级趣味的话，不要以言语或行为挑逗，讲究道德规范；女性在男性友人面前不要过分热情与接近，不要一切倚重男性，更不要一切让男性买单。

第三，光明正大。男女交往中，尽量避免在密闭空间单独接触，有话当众讲，有事当面做。不要畏惧异性的侵害，要辞严色正、机智果敢地反击不良行为。

第四，顾全“大局”。这里的“大局”是指男女朋友如果双方或一方已有了自己的家庭或恋人，那么之间的交往应该顾及对方或自己伴侣的感受，不应该自认为“没什么”而一意孤行。

二、恋爱交友礼仪

1. 表白的技巧

当你钟情于一个人，而对方又浑然不知时，你需要用些“小技巧”让对方明白你的心意。

拓展资源

视频讲解

增加联系的频率。现在交通、网络十分发达，想联系任何一个人都不是难事儿。如果你喜欢上一个人，要增加和她（他）联系的频率，无论是通过电话、短信、微信还是QQ，要让对方感受到你的存在，你很在意她（他），聊天内容只要对方不反感均可。

邀请对方吃饭喝饮品。通过上一步经常和对方联系，关系也许亲密了许多，这时可以适当邀请对方出来吃饭喝茶聊天或看场电影。两个人一起享受美食时心是比较容易接近的；喝饮品可以营造放松聊天的氛围，让对方放下戒心；而看场当下热门的电影，既可以进一步了解彼此的兴趣爱好，又可以丰富交谈的内容。

巧妙借助中间人。如果你们是通过朋友认识的，那么要巧妙借助朋友的力量，自己不方便主动向对方表白时，可通过朋友这个中间人牵线搭桥。

2. 拒绝的礼仪

不是所有的被爱都是幸福的，如果被一个你不爱的人狂热地爱着，这时的爱犹如魔爪，你不得不像逃避被俘一样逃避他（她），这样的爱，令你反感和痛苦，甚至会成为你的精神负担。所以，面对别人的表白和求爱，如果对方不是自己中意的人，要学会拒绝。如果不能很好地拒绝别人的表白或求爱，则有可能伤人伤己。拒绝的方法有很多，可以用书信、短信、邮件，也可以口头拒绝，或委托中间人。不管使用哪种方法，都要恰当、得体。

直言相告式。如果你已有意中人，那么再遇到其他表白者，就一定要直接明了地告诉对方，请他（她）另选别人。而且一定要表明你与自己的恋人关系很好，彼此深爱对方，使他（她）彻底死心。

好言相劝式。如果你此时不想因为谈恋爱影响工作或学习，或者觉得你们之间真的不合适，那就请向对方讲明，好言劝解对方。

委婉谢绝式。假如向你表白的一方是自尊心较强，或较为羞涩的人，他（她）克服了较大的心理障碍，才有勇气表达自己的感情，拒绝这类人时往往要委婉，让他（她）感到你只是把他

（她）当普通朋友看待。如果言辞过于偏激、直白，往往会伤害对方的自尊心，引发不良后果。

果断拒绝式。如果向你表白或求爱的是道德低劣、品质不好的人，这时一定要果断拒绝，义正词严，不给对方留一点儿机会。

3. 被拒绝的礼仪

并不是所有的爱都会有结果，向爱慕的异性表达了爱意，却被对方“无情”地拒绝，内心会很失落痛苦，有时也会觉得很难堪、没面子。这时最需要的是冷静和理智，既要坦然地接受和面对拒绝，又要迅速平和心态，寻找被拒绝的原因，更要让自己尽快从失落沮丧中走出来。

强扭的瓜不甜，也许一开始就是自己一厢情愿，错把友情当爱情，那这种被拒绝就不是对方“无情”，而是自作多情。毕竟爱情没有对错之分，只有合适与不合适，不必纠缠。

天涯何处无芳草，既然对方拒绝自己，那又何必为一个不爱自己的人伤心难过？与其一味地付出而没有回报，不如早早地放弃这份单恋，相信不远处一定会遇到那个真爱自己的人。所以应该理智地对待拒绝，洒脱而有涵养地转身离去。当然，在表白前还是应该先观察和了解一下对方的心意，尽量让自己避免直接被拒绝受伤。

4. 相处的技巧

能够成为恋人是几世修来的缘分，恋爱中的人该如何相处才能好好呵护这份感情呢？有一些技巧是恋人之间必须懂的。

不要终日争吵。两个人的成长环境、价值观念不可能完全一样，对事物的看法也有差异，意见不同时，要学会求同存异，多多沟通。要知道，沟通的目的是了解想法，而不是达成共识。了解对方的想法，才能理解对方的行为，进而避免无谓的争吵。

不轻易说分手。不要总是拿分手威胁对方，或者试探对方是不是还爱自己。如果总是把分手挂在嘴边，那分手就是早晚的事儿了。刚开始一方说分手可能另一方会积极挽留，时间久了，说的次数多了，对方要么对此感到麻木，要么真的选择分手，到这时追悔莫及。所以恋人之间还是不要轻易说分手。

不要拒接电话。尤其是争吵过后，再也不接对方的电话，无论对方是想道歉抑或是想解释，这无益于解决矛盾。恋爱时生气、争吵都很正常，争吵过后要冷静下来，不能因为一时之气而故意不接电话，以示惩戒。更不要关机，因为你挂断的、关掉的不仅仅是手机，而是彼此的心门，也可能是彼此继续走下去的机会。

不相互猜忌。偶尔的争风吃醋可以为生活增添情趣，可是如果整天因为吃醋猜忌对方，任何人都会难以忍受。生活中与异性接触很正常，不要因为一个电话、一条短信或是网上的一句留言而醋意大发，这不仅暴露出你自己的不自信，心胸狭窄，也会让恋爱关系受到影响。

不激发矛盾。与朋友聊天谈及恋人时，不要将两个人的矛盾、对方的缺点到处宣扬，搞得人人皆知。以免对方感到自尊心受挫，不仅于事无补，还会激发矛盾，轻则影响感情，重则导致更快分手。

5. 分手的技巧

并不是所有的爱情都能走到最后，爱情中分分合合也是很正常的情况，可如果处理不好，轻则伤害感情，重则伤人伤己，所以掌握一点儿分手的技巧是非常必要的。

（1）分手的方式

方式之一：面谈。这是大部分情侣分手时所采取的方式，也是一种最直截了当的方式。即选择一个合适的地点，两人面对面地交谈，把自己的想法坦诚地告诉对方。

方式之二：书信或短信。这种方法被认为是比较婉转的，优点是不用直面当事人，免得被对方的眼泪挽回。相较于面谈分手，这种分手方式的措辞较为冷静、得体，但是书写内容不要太长，更不能把分手信变成对对方的批判信。

方式之三：托中间人转达。如果当初是经人介绍的情侣，可选择这种方式。因介绍人对双方都比较了解，在这个伤感的时刻，可借助其对对方进行开导和劝慰。

（2）分手注意事项

分手时尽量选择在公共场所，较为宽敞、明亮、有人群的地方，避免选在偏僻的地方或对方家里，万一对方性格刚烈，脾气火暴，则容易发生对彼此不利的事情。

分手时不要优柔寡断，既然决定分手，就不要再给对方希望，听起来好像很残酷，但这其实对彼此都好。如果不果断分手，拖泥带水，最后受害的只能是自己。

避免与对方发生冲突。面对分手，有人可能一时难以接受，会在言语或行动上中伤你，这时要理性对待，不与对方骂战，也尽量不为自己辩护，等对方发泄完再解释。

第四节　出 行 礼 仪

出行礼仪，是指人们出行时应该遵守的行为规范，也是人们在生活中应当具备的基本素质之一。

一、行路礼仪

出行时每个公民都应遵守交通规则，过马路，左右看，要走人行横道，不乱穿马路，不翻越栏杆。红灯停，绿灯行，黄灯等一等，行人靠右等交通规则要牢记心中。只有每个人都遵守交通规则，才能保证交通畅通，出行安全。

不要边走路，边抽烟或边吃东西。不随地吐痰，有痰时要吐在面巾纸上再扔进垃圾筒内，不乱扔果皮纸屑等杂物。爱护公共设施，不弄脏、弄坏报栏、座椅、电话亭等公物，不践踏草坪、攀折树木、采摘花卉，不信手涂鸦。

遇到老人、小孩儿和行动不便的人要礼让，在人多的地方不要拥挤，依次而过。不小心碰到了别人要及时说声“对不起”，别人碰了自己，踩了自己，不要过分计较，更不可恶语相向，应大度地对待别人的道歉。如果对方毫不知情，且多次妨碍自己，可以委婉地提醒对方“请您注意一下好吗”，不可大声争吵。

在人行道上行走时，自觉让出盲道。行进时与身边的人保持适当的距离，不可离陌生人过近，否则会让他人感觉不自在。行进的速度不要太慢，以免阻挡后面的人，需要停下打电话或聊天时，应自觉站到不影响他人的位置。两人或多人行走时，不携手并肩，不嬉笑打闹，以免影响他人通行。

在路上遇到突发事件或别人发生矛盾，不要围观起哄、添火加油，能为他人解决矛盾时，应尽力主持公道，如果自己无能为力，则要快速离开。

在路上遇到熟人时，应礼貌地主动打招呼，问候对方，不能视而不见，或把头扭向一边，也不要在马路上高声叫喊远处的熟人。

问路时态度要诚恳，使用礼貌用语，如“您好”“请问”，无论对方能否为你指路，都要感谢对方。如果遇到别人问路，要热心地回答，不能置之不理、冷漠对待。假如自己也不知道，则要向对方说明，请其转问他人，并表示歉意。

二、行车礼仪

对“宁停三分，不抢一秒”“一慢二看三通过”等行车警语，我们从小熟知，但那时的感觉并不明显，因为年幼不会开车。长大后学会了开车，就要注意行车礼仪，除了经常提到的一些交通法规要认真遵守外，特别要强调的是：

不要穿高跟鞋或有防水台的鞋开车，否则，脚部的感觉会很迟钝。

不要对车内过度装饰，又是香水瓶，又是各种挂件和车贴，这样会干扰视线，可能带来安全隐患。

不要让小孩坐在副驾驶位置，坐后排时也要使用儿童安全座椅。

过斑马线时要礼让行人，下雨天开车，旁边有行人时，要减速慢行，不要把水溅到行人身上。

开车时不要接打电话，不要把车内音响开得太大，更不要向车外抛撒垃圾。遇上会车，要相互礼让。常常看到一些司机为了先过路口而赌气将车停在路中间，令人瞠目。

三、乘电梯礼仪

1. 乘直升梯礼仪

等候电梯时，应自觉排队，不可全部挤在电梯门口，影响电梯里的人出电梯。电梯门打开后，应让里面的人先出来，再有秩序地进入电梯，尽量让残疾人、孕妇、老人和孩子先上，不可一拥而上。先进入电梯的人尽量往里站，挪出空间，以便让后进入电梯的人有地方站。

电梯即将关门时，不要扒门。电梯超载时不要强行挤入，自己靠近门口时要主动退出。如果携带较多物品，则应注意不妨碍其他人。

进入电梯后，应面朝电梯口，不要四处张望或盯着某一个人看，可以看电梯门或楼层显示数字，以免与陌生人脸对脸的尴尬。在电梯中不吃东西，不喝饮料，不高声接打电话，不丢垃圾，不蹦跳。即使电梯内装有可以充当镜子的材料，也不要在电梯内整理仪容，无论身边是否有人。

站在电梯楼层按钮旁边时应做好电梯开关的服务工作，可以主动询问每人要到达的楼层，并代为按按钮。如果你的位置远离电梯按钮，可有礼貌地请按钮旁边的人代劳，不建议自行伸长手臂越过人群去按按钮。别人代劳按了按钮后，要表示感谢。按按钮时动作要轻缓。

快到自己所去的楼层时，应提前等候在靠近电梯门的地方，不要等电梯到达时，才匆匆挤出人群。出电梯时应遵守秩序，由外而内依次走出电梯，不要争抢。

乘电梯过程中，如发生事故，不要惊慌失措，应马上拨打检修电话，耐心等候，不可冒险扒门而出。

陪同客人或长辈乘坐电梯时，先按电梯按钮，电梯门打开后，如果里面有电梯服务人员，则请客人和长辈先进入电梯，如果里面没有电梯服务人员，则自己要先进入电梯，一手按住电梯“开”的按钮，另一手按住电梯门，口中礼貌地说“请进”，请客人或长辈安全进入电梯。

如遇火警，千万不要再乘直升电梯。

2. 乘自动扶梯礼仪

乘自动扶梯时应靠右站立，让出左侧通道，方便赶时间的人通过。

手要扶住电梯扶手，以免发生危险。

主动照顾同行的老人、小孩和行动不方便的人。

赶时间要走急行通道时要确保安全，并向主动为自己让路的人致谢。不可逆行。

四、乘坐交通工具礼仪

（一）乘坐汽车礼仪

1. 乘坐轿车礼仪

入座时要大方端庄，从容稳重。打开车门后，转身背对车门，先轻轻坐下，将头和身体移入车内，再将双脚轻轻触碰一下，意为将脚底的灰尘抖落，然后双脚并拢收入车内，坐好后可稍稍调整坐姿。如果女士穿裙子，则在坐下之前先把裙子理好，坐下后再将双腿收入车内。女性穿低胸的衣服时，建议披一条丝巾，也可以用手轻按胸前，并尽量保持身体正直。

下车时，先打开车门，转身面对车门，同时将双脚慢慢移出车门，女士仍要注意双脚并拢，双脚落地踩稳后，再将身体移出车外。

雨雪天气时，上车之前，要把雨具收好并用袋子装好，把身上的雨雪拍打干净，鞋子上如果有泥，要擦干净再上车。不在车上吸烟、吃零食、喝饮料，以免弄脏车内。不携带有异味的物品上车，不往车外扔东西、吐痰，不在车上脱鞋袜。

如果是主人驾驶车辆，主人应后上车先下车，以便照顾客人上下车。

如果是由司机驾驶车辆，坐在前排者，应后上车，先下车，以便照顾坐在后排的人。同坐在后排的人，应请尊者、长辈、女士先从右侧车门上车，自己再从车后绕到左侧门上车。下车时，自己先从左侧门下车，再从车后绕过来帮助尊者下车。

为了上下车方便，坐在折叠座位上的人，应最后上车，最先下车。

乘坐多排轿车时，通常以距离车门远近为序，上车时，距车门远的人先上车，其他人依据由远而近的顺序上车，下车时相反。

2. 乘坐公共汽车礼仪

排队候车，先下后上，不要推拉、挤撞他人，遇到老弱病残孕等行动不便的乘客，要让其先上车。上车后尽量往车厢里面走，不要堵在车门口，以免影响他人上车。到站前，要提前向车门移动，要向主动为自己让行的乘客说声“谢谢”，等车停稳后有秩序地下车。

尊老爱幼，不抢占座位，遇到老人、残疾人、孕妇及怀抱儿童的乘客要主动让座，如果自己是站着的，也要把有扶手的空间或空间大的地方让出来，不能熟视无睹。当他人为自己让座时，要表示感谢。

在公共汽车上磕磕碰碰是难免的，不要斤斤计较，应互相谦让。如果不小心碰到了别人，要马上道歉，请别人原谅；如果别人碰到了自己，则要待人宽容，不要不依不饶。

上车后把物品安放到位，不要把自己的行李物品放在旁边的空座上。车上设有老弱病残孕专座，行动方便时不应坐在这些有明显标志的座位上。

不随意吃东西，不吸烟，不吐痰，不乱丢果皮纸屑，更不要随手将垃圾扔出车外。不携带危险物品上车，不带宠物上车。在车上保持安静，带着孩子时不可让他们在车上玩闹。在车上遇到熟人时点头示意即可，不必挤过去交谈。

（二）乘坐火车礼仪

候车时保持候车室内安静，不大声说话、接听电话，不大声播放音视频，不旁若无人地聊天嬉闹。

自觉维护候车室卫生，不随地吐痰，不随地丢弃吃剩的食物，用过的纸屑、喝光的饮料瓶，应放入垃圾桶内。

在候车室休息时，一人一座，不可一人占多座，更不要躺在座椅上休息睡觉。

检票时有秩序地排队，不要拥挤。

进入车厢后，对号入座，如果身边有老弱病残的乘客，要学会礼让。如果你是上铺，不要长时间坐在下铺上；如果你是下铺，劝阻他人时要保持礼貌。

在车厢内，不要随意脱鞋袜，休息时不要东倒西歪，或把脚跷到对面的座位上。

到了车厢内熄灯的时间，谈话时应小声，不要影响其他乘客休息。

（三）乘坐高铁礼仪

高铁开车前 5 分钟停止检票，而且高铁的安检、实名制车票的抽检都需要时间，所以要提前到达高铁站，为乘车预留出充分的时间。

进站安检时，应自觉排队，按顺序将行李物品放在安检仪上。安检后，请认准自己的物品，防止遗忘、错拿、丢失或被盗。

要注意保管好自己的物品，最好把行李物品放在自己的视线之内。列车中途停车时，要注意检视自己的物品，谨防被其他乘客拿错或被人故意拿走。

高铁列车在各经停站一般只停车一两分钟，乘客上下车的时间很短，不要下车去休息、抽烟，以免耽误行程。

高铁列车属于全封闭式车厢，全列车禁止吸烟，即使在车厢连接处或洗手间内吸烟，列车监控系统都会自动报警，所以不要在车厢内吸烟。高铁车厢与车厢的连接处设有放置大件行李的地方，上车后可将大件行李放于此处，不要带进过道妨碍他人通行。

（四）乘坐地铁礼仪

乘坐地铁应按照标志的提示排队。在站台候车时，请站在两侧的箭头内侧指示区，中间的箭头指示区留给下车的乘客，这样井然有序，更能节约时间。应该让下车的旅客先下来，上车的乘客再依次排队上车。上下班高峰期，乘客很多，通道窄的地方，切不可故意拥挤，一定要按顺序行走，否则，很容易发生危险。

车门的警示铃响起时，如果还没上车，则应耐心等候下一趟，而不要不顾一切地往车上挤，这样非常危险。如果真的赶时间，最好的办法就是提早出门。

因为地铁的空间比较狭小，所以禁止在车厢内饮食。乘地铁时，坐姿要规范，不可把脚伸到过道，影响他人通过。落座时，一定要注意坐姿的规范，尤其是女性，两腿要收拢、并紧，如果裙子太短，可以把手袋放在腿上稍作遮挡，“走光”是很失礼的。

乘坐地铁不能旁若无人地随意脱鞋袜，不能把垃圾丢在车厢内。不可一人占多席，更不可随意躺在座位上。不可大声在地铁里接打电话。

女性不要在地铁内当众化妆，情侣应避免在车厢里当众拥吻。

（五）乘坐飞机礼仪

乘坐飞机要提前到达机场，国内航班至少提前 1 小时到达，国际航班则至少提前 2 小时到达，以留出充裕的时间取机票、登机牌、托运行李和安检等。一旦拿了登机牌，要按时登机，如果你不按时登机，可能会导致整个飞机不能按时起飞。因为一旦领了登机牌，就意味着行李可能已经托运，而你又没登机，就需要把所有的行李都清理出来，确认你的行李有无危险物品，这样会延误飞机上所有乘客的行程。

在候机大厅内要照看好自己的行李，如果用行李车来运送行李，不要将其停放在通道上影响他人。

遇上飞机晚点，应听从机场的调度，耐心等候，不要大声吵嚷，更不要与机场工作人员发生争执，做出一些过激的行为。

进出舱门时，都有乘务人员站在舱门口迎送顾客，她们热情、微笑向你问好时，作为乘客，也应点头致意或者问好。

登机后，根据飞机座位上的标示对号入座。

飞机起飞前，应认真听乘务员讲解示范氧气面罩等的使用方法，以便万一出现意外时使用。听从飞机上广播的提醒，起飞时系好安全带，收起小桌板，打开遮光板，关闭通信工具、便携式电脑等电子设备，全程遵守“请勿吸烟”的规定。

飞机起飞后可看书看报，也可与同座交谈，但声音不要过大，不要隔着座位和同行的人聊天说话。

飞机上不宜讨论有关劫机、坠机、撞机等不幸的事件，也不要对于飞机的性能信口开河，这样会对其他乘客的心理造成恐慌。

飞机上的座椅可以调整靠背的角度，便于乘客休息，但调整靠背时要考虑到后面的乘客，不要突然放下座椅靠背，或者突然恢复原位置，以免惊扰到他人。不要坐下后随意脱鞋，污染机舱的空气。

尊重乘务人员，他们的工作非常重要，不要把他们当成保姆随意使唤。如果对他们的服务有意见，可以下飞机以后投诉，而不是在飞机上大吵大闹。

因为飞机上的卫生间是不分男女的，因此一定要保持卫生间的清洁，女性不要长时间占着卫生间在里面补妆。不要在供应饮食的时候到卫生间去，因为餐车在通道中间，乘客是无法通过的。

下飞机前，要将垃圾集中放进座位前的垃圾袋内，不要随意丢弃。要把飞机上的物品如耳机、毛毯等整理好，以减轻乘务员的劳动强度。

飞机着陆后，不要急于开启手机，不要马上站起来去拿行李。要等信号灯熄灭以后，再解开安全带，带好随身物品，依次走出机舱。出舱门时，不要忘了向乘务员道谢。

第五节 公共场所礼仪

公共场所是指全体社会成员进行各种社会活动的公共空间，它具有公共性和共享性，如公园、影剧院、医院、展览馆、商场、图书馆等都属于公共场所。

在公共场所中，更要遵守礼仪规范，这不仅是公民社会公德的要求，也体现了一个人乃至整个社会的文明程度。良好的公共礼仪有助于形成好的公共秩序，有助于为别人也为自己营造一个高质量的、舒适温馨的生活环境。

一、商场礼仪

不要穿着睡衣或光着膀子逛商场，这是对别人的不尊重，也是没有修养的表现。

逛商场时，通常会有营业员不时主动询问你的需要，这时要及时应答。如果不需要他的陪伴，可委婉拒绝说，“我自己先看看，需要时再叫您”。如果需要他的介绍和讲解也要说明，不可对他的问话置之不理。

如果看上了某样东西而要呼唤营业员时，应该注意语气语调的平和，不要用命令的口吻高声呼叫。称呼营业员时不要叫“喂”，可称“女士”或“先生”。虽说顾客是“上帝”，但是以“上帝”自居的人往往并不能得到“上帝”享受的服务，而只有当你态度谦和，礼待他人的时候，才有可能赢得别人对你的尊重和礼貌。

当营业员在忙着招待其他顾客时，要耐心等待，等得久了，可以提醒对方一声，但不可发脾气，更不要撒野骂人。

如果结伴去商场，在聊天时要注意控制音量，不要旁若无人地大声说话、叫喊、嬉闹。女性和男士一起到商场购物时，尽量不要拉着男士去女性的私密商品处，这样会令男士尴尬，也会影响其他女性购买商品时的放松和随意。

和朋友一道购物时，不要只考虑自己，只让对方陪自己逛，要适当地为对方考虑，问问对方有没有想逛的地方，两个人是分开逛再会合，还是一人先陪另一人逛。

商场作为公共场所，在提供了休闲、放松、购物的功能时，购物者也应共同去维护商场的环境卫生，做到在商场里不随地扔垃圾或其他杂物。

试穿衣服时要小心谨慎，不要把口红、眼影等弄在衣服上。有些衣物是不能试穿的，如浅色衣物或者内衣，不要背着营业员偷偷试穿。试穿衣服后，要及时归还给营业员，不要随手一丢。如果不小心损坏了相关商品，要实事求是地照价赔偿。

挑选商品时，要轻拿轻放，看后放回原处。选购商品时，不要过分挑剔，对于自己不会购买的东西，不要一再地打扰营业员。购买水果、蔬菜时，不要翻来翻去不停地挑选，如果仅凭色泽就能分辨食物的好坏，请不要用力捏食物，这会损伤新鲜的水果、蔬菜。如果手上有污渍，则避免触摸商品，尤其是食品。

有的散装食品没有设置试吃的标志，不要盲目试吃。不要随意打开商品包装。

已经选好放在购物车里的商品，又不想要时，要尽量放回原处，不要随处乱放。如果是需要冷藏的食物，一定要放回冷藏处，如果到处乱放，而营业员也没有及时发现，食物就会变质，既增加了服务人员的工作量，也造成食物的浪费。

不要将手推车停在主要通道上，用完后应停放到指定的位置。结账时自觉排队。

带着孩子去超市时，注意看管好孩子，不要让他们到处乱跑，乱拿东西，防止损坏商品或者遇到危险。大部分商场都是禁烟的，即使没有明显的禁烟标志，也不要抽烟。

不管有没有购物成功，在离开时，都要向为你服务过的营业员真诚地道声“谢谢”，感谢他们的热心服务，不可一声不吭地转身就走。

需要退换商品时，要向商场方面说明退换的理由，并提供购买商品时的相关凭证，如购物小票或发票等。有些特价商品是不允许退换的，所以要在购买时看清说明，考虑周全。

二、宾馆礼仪

宾馆，又称酒店，它是指规模较大、设备较好、档次较高的旅馆。从广义上说，它属于公共场所；从狭义上说，它也是私人住所。宾馆礼仪，就是指入住宾馆所要遵循的行为规范。

1. 提前预订

需要住宾馆的时候，最好提前预订，告知宾馆服务员自己需要什么样的房间，哪天入住，打算住几天，等等。预订的方式也是多种多样，电话、短信、网络预订都可以，无论哪种方式，最好是预订房间后再打个电话给宾馆，以确认信息。

尽量按预定的时间到达宾馆，如果因为特殊原因要比约定的时间晚到，一定要提前打电话告诉宾馆，是继续保留，还是取消，如果不这样做，则很有可能会被宾馆取消预订。

2. 登记入住

这是住宿宾馆的第一步，也是与宾馆服务人员的第一次接触，有礼貌地登记、入住会让你在宾馆的住宿更加方便、舒适。

登记时要准备好所需的证件，如有预订，同时告诉工作人员相关信息。如果客人比较多，则耐心排队等候，不要焦躁地催促、埋怨宾馆前台接待人员，或者在大厅大声喧哗。

对所有的工作人员都要以礼相待，无论是在电梯，还是在餐厅，或是在大厅，在接受工作人员提供的各项服务时，要学会尊重、体谅他们。

严格遵守宾馆的规定，到房间后仔细阅读宾馆的各项介绍，在享受宾馆服务的同时，也要遵守宾馆的规章制度。

宾馆是给住宿者提供休息的地方，宾馆里的大厅、走廊、餐厅等是公共场所，在这些地方，不要表现得过于随便，不能穿着拖鞋、睡衣出现在这些场合，也不要大声说话和吵闹。

在宾馆住宿时，良好的个人卫生习惯显得十分重要。虽然打扫房间是服务员的工作，但也不要理所当然地不注意卫生，垃圾要扔到垃圾筒里，东西也要摆放整齐。用浴盆淋浴时，浴帘的下面要放在浴缸里，既方便服务员打扫，也防止因为地面水多而滑倒。

如果在宾馆连续住上几天，既是为了环保，节约用水，也为了减少服务人员的工作量，床单和牙具不必每天都换，需要更换时可按宾馆提示将指示牌放到指定处，这样的客人一定会得到宾馆的尊重和欢迎。

在房间看电视时，音量要适中，也不要太早太晚开电视，以免影响他人休息。

不要在客房招待客人，如果确实需要，那么注意人数不要太多，交谈的时间不要太久。到别人房间去聊天，也要把握时间，要注意交谈的音量，不要打扰到别的客人。

不要拿着宾馆的床单和毛巾擦皮鞋，不要在宾馆的房间内生火做饭。

3. 退房离店

提前电话告知宾馆前台退房，感谢他们的周到服务。

如果房间物品有损坏，要主动告知宾馆方面，如需赔偿，也要勇于承担。

洗发膏、牙刷、肥皂等免费一次性用品可以带走，但是有些物品是有偿使用的，如果盲目带走，结账时会令你非常尴尬。

三、影剧院礼仪

随着人们物质生活水平的提高，人们对文化生活的需求也日益提升，到影剧院看电影、看艺术表演的机会也越来越多了。电影院、剧院是比较高雅的文化场所，进剧院观看艺术表演、听音乐是一种高雅的艺术享受。因此，在影剧院观看演出的时候，要注意一些细节和礼仪，使自己的仪表仪态、行为举止与影剧院的氛围相协调。

要注意自己的形象。衣着要整洁大方，女性不可着背心、拖鞋或暴露的衣服，男士不能光着膀子。

应提前入场就座。晚到会影响他人观看，打断别人的思路。假如已经迟到了，则应该悄悄入场，走路要轻，姿势要低。自己的座位在中间时，要有礼貌地向已经就座的人示意，请其让自己通过。经过让行者时要与之正面相对，不能让自己的臀部对着让行者的脸。就座后摘下帽子，头部不要左右晃动，也不要不停地来回走动，以免影响后面的观众。不要把脚踩在前排座位背面，更不可脱掉鞋子发出刺鼻的气味。

保持剧场安静。不大声说笑，不交头接耳，对于已经看过的影片，不要主动讲解、介绍、评论，“剧透”很令人生厌。不在影剧院内接打电话，手机要调成震动或静音。

保持剧场卫生。不吃带皮、有声响或有异味的食物，饮料瓶等垃圾在离开时要带走。

有礼貌地适时鼓掌。在观看演出或者听音乐会时，要有礼貌地适时鼓掌，以表达对演员、指挥等所有演职人员的尊重和谢意。鼓掌要掌握好时机，不是随心所欲，想鼓就鼓。当演员首次出台亮相时应鼓掌，乐队指挥进场时应鼓掌，一个个高难度的动作完成时应鼓掌，一首动听的歌曲演唱完毕时应鼓掌，演出告一段落时应鼓掌，演出全部结束时应起立热烈鼓掌。观看演出时，鼓掌若不得当，会产生副作用。比如演员的台词还没说完，交响乐的一个乐章尚未结束时就贸然鼓掌，不仅影响演出，而且大煞风景。

不要随意拍照。在剧院看演出拍照是一件很忌讳的事情，一方面闪光灯可能会影响演员的表演，另一方面，拍照也涉及知识产权问题，国外的演出尤其重视这一点，所以尽量做到不拍照。

不要提前离场。提前离开是对所有演职人员的不尊重，如果是观看演出，则要在演出结束后报以热烈的掌声，等演员谢幕以后再退席。如果确实需要中途离开，离座时要弯腰行走，并对被挡住视线的观众表示歉意。

年轻情侣观看表演时不要把头凑得太近，以免影响后排人的视线。

四、舞会礼仪

舞会是现代社会交际的重要形式之一，也是一项高雅的社交娱乐活动。通过舞会可以结识朋友，加深友谊，缓解压力，陶冶情操，展示个人风采。所以，舞会礼仪不能忽视，得体的舞会礼仪能提高社交能力，让你在舞会上成为一个受欢迎的人。

1. 注重形象

男士参加舞会宜着西服套装，或长袖衬衫搭配长裤，女士参加舞会可穿中长袖的连衣裙或晚礼服。

女士参加舞会一定要佩戴首饰，如项链、耳环、手镯或发饰等，因为舞会的气氛一般比较热烈，而且晚礼服是盛装，所以舞会的首饰尽量选择那些贵重的珠宝，或者闪光的金属串链，它们会在灯光的照射下熠熠生辉。如果选择穿无袖的或者无肩带的礼服，最好着长手套。如果选择穿改良式的旗袍参加舞会，应把头发挽起来，并配上发饰。小手袋也是参加舞会必不可少的一件配饰。

拓展资源

视频讲解

参加舞会的女士一定要化妆，舞会的妆不同于舞台妆，比舞台妆稍淡，但是要略微比生活妆浓一些，这样在灯光下才会光彩照人，而不是惨淡无光。素面参加舞会是很失礼的行为。

舞会上通常不允许戴帽子、墨镜，也不能穿拖鞋、凉鞋、旅游鞋。

2. 邀请舞伴

按照惯例，在舞会上邀请舞伴时，男士应主动邀请女士。舞曲响起后，男士可先走到想邀请的女士面前，先跟与她一起在座的人点头示意，然后向想邀请的女士点一下头，或者欠身施礼，目视对方轻声说："请您赏光"或"可以请您跳舞吗"。女士不要轻易拒绝男士的邀请，如果对对方感觉不佳，或者身体原因实在需要拒绝，也要注意说话的分寸和礼貌，委婉地拒绝对方。不能无动于衷，不做回应，这样会令邀请的男士很尴尬。女士拒绝某一男士的邀请后，不要马上接受其他人的邀请，以免对前者的自尊心造成伤害。

一般情况下，舞会上女士是不用主动邀请男士的，但特殊情况下，需要请长者或者贵宾时，则可以委婉提出"先生，请您赏光"或"我能有幸请您跳舞吗"，男士一般不宜拒绝女士。

3. 注意事项

邀请好舞伴准备上场共舞时，男士应主动跟在女士身后，让女士选择跳舞地点。

下场后，不宜在舞曲未结束时先行离去，如果实在有事要中止共舞，男士可在原地向女士告别，或把女士送到原来的地方再离开。

不要总和一个人跳舞，按照规则，结伴而来的一对男女，只要一同跳第一支舞即可，从第二支曲子开始，大家应该有意识地交换舞伴，以便认识更多的朋友。

五、旅游礼仪

随着人们生活水平的提高，外出旅游变成了生活中很平常的事情。假期陪父母、带孩子、携好友外出旅游，欣赏祖国大好河山或到国外观光的同时，放松了心情，增进了感情，不亦乐乎。随着近些年媒体曝光的一系列旅游景点出现的不文明行为，如在文物上刻“某某到此一游”、让小孩随地大小便、不按规定排队而乱插乱挤等，人们越来越感受到做一个文明的旅行者是彰显中国人素质的重要窗口。那么，外出旅游到底应注意哪些细节呢?

1. 爱护公共设施

无论是大型的公共建筑、文物古迹，还是一草一木、一砖一瓦，都要珍惜、爱护。维护墙壁的干净、整洁，不在建筑物上乱写乱画、签名刻字，更不可因为喜欢或认为有收藏价值而将物品占为己有。

2. 保护环境卫生

游览时要备好垃圾袋，不要把果皮纸屑或其他杂物垃圾随手扔在地上，外出野餐或者野炊结束时，要把所有的垃圾收拾好处理干净再离开，带小孩的家长更不可让小孩随地大小便。营造舒适整洁的旅游环境，既能愉悦自己的心情，又能减轻工作人员的负担。

3. 遵守公共秩序

当游客较多时，有些景点会控制人数出入，此时一定要耐心排队等候，听从景点工作人员的安排。不能扰乱秩序，前拥后挤，私自插队。

4. 不得使用明火

很多地方都有明显的禁烟标志，有的景点严禁野炊、烧烤，因为使用明火可能导致火灾，应该自觉遵守规定。在一些人流量大的旅游景点抽烟是对周围人不礼貌和不负责任的行为。

5. 照相要守规矩

拍照时若有人妨碍镜头，应礼貌地请其让一让，或等其走开之后再拍照。如果要穿过别人的拍照地点时，应先示意或耐心等其拍照之后再通过。不要骑在景点的建筑物上、雕塑或者树木上照相。不允许拍照的地方，不要强行拍照，也不要偷拍。

6. 尊重当地习俗

在国外或少数民族地区旅游时，要尊重当地的传统习俗和生活中的禁忌，不要因为语言上或行动上的不慎而违反了当地的风俗习惯。

7. 遵时守信

如果是跟随旅行团外出游玩，一定要记好集合的时间和地点，在约定的时间到达约定的地点，按时集合，不要因为自己的不守时而影响整个团队。

六、医院礼仪

人一旦生病住进医院，最需要的莫过于亲人和朋友的关心、安慰。病人往往都是很脆弱的，去看望患者，送什么、说什么才能在不打扰病人的前提下给他以安慰和鼓励呢？

1. 选择合适的探视时间

医院不是 24 小时营业的超市，不是任何时候去探望患者都可以。不要在医生查房或是实施治疗的时间去探视，这时既影响患者治疗，也达不到探望患者的目的。休息对患者来说很重要，所以不要选择早晨、中午、深夜或患者的吃饭时间前去探望，最好的时间是下午 3 点到 5 点或晚上 7 点到 9 点，这些时段患者已结束了当天的治疗，又休息得比较好了，正盼望有人来说说话，你的出现，一定会让他很开心。

2. 送礼有讲究

到医院探望患者时，一般都会带一些营养品、水果、鲜花等礼品送给病人。送礼有讲究，一定要考虑患者的病情和需求，如果不慎送错，让患者吃错了食物，反而有可能影响病情。

（1）糖尿病患者适合送诸如蜂胶、花粉、蜂王浆等补品。忌送糖分高的食物，如巧克力、糕点、罐头、蜂蜜、苹果、哈密瓜、葡萄等。

（2）肝炎患者适合送龙眼、荔枝等温热的水果，大枣也是较好的补品。忌送梨、葡萄、柚子、石榴等寒性水果。

（3）胆囊炎、胰腺炎患者适合送含维生素 C 的水果，如猕猴桃、鲜枣、草莓、橙子等。忌送油腻的肉类，如猪蹄、肥肉、鸡鸭等，忌送高油脂的如核桃、腰果、花生、油炸食品。

（4）结石患者适合送阿胶、生核桃、黑木耳、西瓜。忌送菠菜、豆类、茶叶、李子、柿子等食物，因为这些食物的草酸含量过高，而结石病人的体内草酸过量。

（5）胃溃疡、十二指肠溃疡、胃酸过多的患者适合送木瓜，因为木瓜汁能保护胃壁，还可以送牛初乳、蛋白质粉、藕粉等营养品。忌送生冷水果及油炸食物，以免损伤胃黏膜而加重病情。

（6）哮喘患者宜吃一些能够化痰、润肺、止咳的水果，如橙子、香蕉、杏等，可多食蜂蜜。忌食酒类、刺激性、油腻肥厚的食物。

（7）冠心病、高血脂患者宜吃可以降血脂的食物，如燕麦、玉米、黄瓜、大豆、酸奶，橙子、柚子、苹果、桃、草莓等水果也可多食，在饮料的选择上，可以选择绿茶和红酒。忌吃动物油、动物内脏、蛋黄、蟹黄等。

（8）心力衰竭和水肿严重的患者适宜的水果有香蕉、橘子、枣子、番木瓜。忌食咸菜、腌制品、豆制品。

探望患者，鲜花常常是必不可少的，是不是所有的患者都适合送鲜花呢？不是。患呼吸道疾病的患者和对花粉过敏的患者就不宜送鲜花。如果是香味特别浓的花，对手术患者也不宜送，容易引起咳嗽。

鲜花也是一种语言，不同的鲜花代表了不同的含义。探望患者宜选择色彩鲜艳的剑兰、康乃馨、红掌等，或选择患者平时喜欢的品种，忌用白色、黄色的菊花或天堂鸟等。

3. 交谈应适度

很多人去探望患者时，总觉得不知道应该说些什么。不说，太沉闷；说多了，又怕说错，反而让患者伤心不快。与病人的交谈确实有技巧。

一般先问问患者的身体状况以及治疗效果，在患者讲述病情时，要认真听，不要心不在焉，左顾右盼。

要多对患者说鼓励、安慰的话，可向患者介绍周围其他朋友在这所医院治好的经验，增强患者与病魔抗争的信心。

如果是病情较重或者患了绝症的患者，不要在其面前提到真实情况，无论他自己是否知道实情。不要提及患者最难受的症状和他最在意的地方，比如看到患者脸色憔悴时，不能大吃一惊问道："您的脸色怎么这么难看？""您晚上是不是经常失眠？"更不要谈及最近朋友圈中的种种不幸，尤其是患病离世的事件，这会加重患者的心理负担。

如果谈到工作和家庭，不要按传统习惯说"安心养病，家里和单位都没问题"之类的话，这样会让患者觉得自己对家庭对单位是无关紧要、可有可无的。要多讲家里没了他是多么糟糕，单位离了他不行，要他赶紧好起来，不能老躺在医院……让患者觉得自己在家庭、单位和朋友圈中的地位很重要。

如果是多人一起探望患者，探视人之间不要长时间地谈话，以免冷落了病人。

看望患者时，应保持轻松、关切的表情，不要显得过于凝重、担心，看到患者治疗用的医疗器械，不要表现得很好奇惊讶，以免给患者造成压力。

要保持医院的安静，不影响医院的秩序和医生的工作，不打扰其他患者的休息和治疗。有些病房是禁止使用手机的，手机信号会影响医疗设备的使用，这时一定要遵守医院的规定。

【本章小结】

本章分别论述了在学校、家庭、交友婚恋、出行及公共场所等方面的礼仪。学校礼仪中，着重介绍了课堂礼仪，与老师、同学相处礼仪及在食堂、图书馆等校园公共场所的礼仪。家庭礼仪中不仅包括父母与子女、兄弟姐妹之间、夫妻之间等相处礼仪，待客礼仪也同等重要。交朋友、谈恋爱都有一定的技巧。出行时，要严格遵守行路礼仪，交通规则记心间。乘车、乘飞机等交通工具要有序上下，礼让他人。公共场所的行为既是个人形象的体现，也是素质高低、有无修养的体现。逛商场时，不乱丢乱放食品，遵守秩序是最起码的礼仪。去影剧院观看电影，欣赏艺术表演，注意保持影剧院的安静和环境卫生。外出旅游时，爱护公共设施，保护当地环境，彰显中国公民的素质。

【模拟实训】

1. 乘电梯有什么讲究？模拟乘坐扶梯和直升梯的情景。

2. 模拟课堂场景和家庭待客场景，同学分饰不同角色，感受不同场景应该注意的礼仪规范。

3. 观察商场、剧院、旅游景点等公共场所的不文明行为，谈谈各自的感受。

4. 班级举行小型舞会，同学们用礼仪规范自己的言行。

第四章 言谈礼仪

第一节 言谈礼仪概述

言谈作为一门艺术，也是个人礼仪重要的组成部分，每个人都应该了解言谈礼仪，掌握言谈礼仪，完成对自己品格的修炼。

第二节 言语交谈技巧

生活中我们往往注意说什么，却忽略了怎么说。有时同样的一句话，不同的人说，效果往往不同。或者同一人说同样的事情，但采取不同的方式，效果也会大相径庭。所以言语表达不仅要注重说什么，还要注重言谈的方式及技巧，好的内容还得要有好的形式承载。

情景再现

在一次小型联欢会上，观众席上有一位女士问赵本山："听说你在全国笑星中出场费是最高的，一场要一万多元，是吗？"这个问题让人为难：如果赵本山做出肯定性的回答，那会有许多不便，如果确有其事，他也就不好做出否定的回答。面对这样一个尴尬的问题，赵本山说："您的问题提得很突然，请问您是哪个单位的？"

"我是大连一个电器经销公司的。"那位女士说。

"你们经营什么产品？"赵本山问。

"有录像机、电视机、录音机……"女士答道。

"一台录像机卖多少钱？"

"四千元。"

"那有人给你四百元你卖吗？"

"那当然不能卖，一种商品的价格是由它的价值决定的。"那位女士非常干脆地回答他。

"那就对了，演员的价值是由观众决定的。"

名言警句

闻其声而知其风，察其风而知其志，观其志而知其德。

——《吕氏春秋》

一人之辩，重于九鼎之宝，三寸之舌，强于百万之师。

——《文心雕龙》

一个人的成功只有 15% 归结于他的专业知识，还有 85% 归于他表达思想、领导他人及唤起他人热情的能力。 ——戴尔·卡耐基

与人交谈，微笑是最好的语言，倾听胜过长篇大论。

良言一句暖三冬，恶语伤人六月寒。

言多必失，祸从口出。

语言是思想的外衣。

——熟语

意大利著名诗人但丁曾说：语言作为工具，对于我们之重要，犹如骏马对于骑士的重要。中国人讲究“听其言，观其行”，把言语谈吐作为考察人品的一个重要内容。言谈是思想的衣裳，在粗俗或优美的措辞中，展现不同的品格。一个成功者必定会在言谈中闪烁真知灼见，给人以深邃、睿智、优雅、得体之感。善于交谈的人，可以流利地表达自己的意图，将道理说得很清楚，让人欣然乐意地接受。所以，社交的成功，往往是言谈的产物。言谈作为一门艺术，也是个人礼仪重要的组成部分，每个人都应该了解言谈礼仪，掌握言谈礼仪，完成对自己品格的修炼。

孔子有云“辞达而已矣”，说的是言辞达意就可以了。言语交际的基本要求就是提醒说话方要从内心深处，站在对话方的角度关心他人的思想情绪，也是在强调通过文明礼貌的言辞用语将这份关心表达出来，其关键就在于尊重和谦让。

第一节　言谈礼仪概述

一、言语交谈的要求

（一）态度谦虚诚恳

谦虚是一种美德，是人类高尚的品质。古往今来，人们给予它崇高的赞美，古希腊哲学家苏格拉底曾说：“谦虚是藏于土中甜美的根须，所有崇高的美德由此发芽生长。”我国也有“谦受益，满招损”的古训。在言谈中，谦虚本身就是一种“礼”的表现。

只有在交谈中谦虚礼让，少说多听，先听后说，才能赢得对方的好感，给人以诚恳谦虚，可以信赖、合作的印象。因此，在陈述自己的意见和观点时，不妨多使用“我觉得怎样怎样”“以我之见”“似乎”“好像怎样怎样”等表达方式，可以让对方更容易接受，使谈话进行得更顺利。那么怎样才能在不同的社交场合、不同的环境、不同氛围下妥善地用言语表达自己谦虚诚恳的态度呢？

1. 转移对象，巧妙分散注意

当受到表扬和赞美时，如果你感到窘迫的话，不妨想办法转移人们的注意力，把表扬和赞美“嫁接”到别人身上。有一年的“八一”建军节，贺龙参加兴县的文艺晚会，一位“少年诗人”朗诵自己的新作：“我要讲一个英雄的故事，这个故事就是南昌起义，这个英雄就是贺老总！”刚朗诵到这里，突然有人喊：“小鬼你这话不对头，南昌起义怎么只有一个英雄！”说话的正是贺老总。贺老总把他叫到跟前，亲切地说：“小鬼，我告诉你，南昌起义的主要领导人是周恩来副主席，还有朱德、刘伯承、聂荣臻同志，那时我还不是共产党员呢，能算什么英雄呢？不过你朗诵得极有感情，回去好好改改，改好再朗诵，下次我一定还来听。”贺老总不让“少年诗人”歌颂自己，而是把歌颂的对象转向周恩来、刘伯承等人，充分表现了他谦虚、豁达、虚怀若谷的品质。

任何称赞和夸奖，都不可能毫无缘由，或是因为某件事或是因为某方面的成绩，这时你不妨像绘画一样，轻描淡写地勾勒一笔，则有四两拨千斤的效果。牛顿创建的“牛顿力学”闻名世界，当朋友称他为伟人时，他谦虚而真诚地说：“不要那么说，我不知道世人怎么看我，不过，我自己觉得好像一个孩子在海滨玩耍的时候，偶尔捡到了几只光亮的贝壳。对于真正的知识大海，我还没有发现呢。”牛顿把知识看成大海，把自己的巨大成就看成是几只“贝壳”，而且说得十分轻松，似乎他的成就连一个孩子都能取得，这就形象地表现了自己谦虚的精神，而且极富情趣。

2. 保持谦逊，获取他人肯定

面对别人的称赞，如果把自己说得一无是处，不但起不到谦虚的作用，反倒给人一种傲慢的感觉，正如俗话所说：“谦虚过度等于骄傲。”现实生活中，类似这样的人屡见不鲜，比如有人称赞某演员演技高超时，她竟不屑一顾地说：“这算啥！”言外之意，她的真本领还没有拿出来。相反，有人在称赞鲁迅先生是天才时，鲁迅先生说：“哪有什么天才，我是把别人喝咖啡的时间都用在工作上。”鲁迅先生否认自己是天才，却肯定自己珍惜时间这一优点，给人一种实实在在的感受。

3. 巧设比喻，妙用诙谐幽默

直言谦虚，固然可贵，但弄不好会给人一种虚假的感觉，特别是两个人之间，如果仅仅说“你比我强多了”这类话，容易产生嘲讽揶揄之嫌，遇到这种情形，不妨用比喻的方式，巧妙地表达自己的谦虚。一天，郭沫若和茅盾两位文学大师相遇了，他俩谈得非常愉快，话题很快转到鲁迅先生身上，郭沫若诙谐地说：“鲁迅先生愿做一头为人民服务的‘牛’，我呢？愿做这头牛的尾巴，为人民服务的‘牛尾巴’。”听说郭老愿做“牛尾巴”，茅盾笑着说：“那我就做‘牛尾巴’的毛吧！它可以帮助牛把吸血的‘大头苍蝇’和‘蚊子’扫掉。”郭沫若看着茅盾说：“你太谦虚了。”这两位文学巨匠围绕着鲁迅先生“牛”的比喻，充分展开联想，一个自喻为“牛尾巴”，一个自喻为“牛尾巴”上的“毛”，生动形象地表现出了两位大师谦虚博大的胸怀。

（二）表情亲切自然

谈话的目的是向人传递感情，在言谈中表情对传递感情十分关键。同情还是嘲笑？喜欢还是厌恶？信任还是怀疑？理解还是排斥？这一切都能从表情中找到答案，而无须言语。所以谈话时表情要亲切自然，让人感到一种亲和力。

首先，交谈时眼睛要看着对方。俗话说，眼睛是心灵的窗户，在某种情况下，一个眼神是最佳的辅助方法，它能抵得上千言万语。在注视他人时，视线的方向、注视的频度以及目光接触的时间长短都要适度。长时间盯着人的眼睛看，会让对方不自在，因此，除了关系非常亲近的人之外，一般连续注视对方的时间是在几秒钟以内，否则会引起对方的反感和不安。若学生对老师或下级对上级谈话时，注视对方的时间可适当延长一些，因为这是一种信任和尊敬的表示。

同时与很多人一起交谈时，不要只盯着某一两个熟悉的人交流，眼神要照顾到每个倾听者；当别人发表言论的时候，也要注意眼神的互动和交流。不要在听到某个话题的时候突然表现出惊讶或夸张的表情，这样会中断别人说话的思路，干扰交流的情绪。对于较为沉默的人，可以说些大家都能聊得开的话题，让其参与进来，或是谈到某个话题的时候，刻意征求询问他的想法，让在座的人都有发言的机会，这样会显得平易近人，一视同仁。

声音中包含着情绪，我们提倡带笑的声音，即微笑着说话。微笑时说话的声音甜美动听，也极具感染力。心情愉悦，声音听起来自然优美动听，所谓“言为心声”。而且情绪是会感染人的，你声音低沉时，对方也会不自觉地用低沉的声音回应你；如果你的情绪激昂，非常愉快，对方也会高兴地回应你。比如你情绪饱满地问对方：“哥们儿，吃了么？”对方也会轻快地回答你：“嘿，吃了！”

（三）语调平和沉稳

语调是人们感情流露的一个窗口，高兴、失望、信任、怀疑、紧张、悲痛、狂喜等复杂的感情都会在语调的抑扬顿挫、轻重缓急中表现出来，正如一年中有春风和煦、夏日炎炎、秋高气爽、冬雪飞扬一样。语调不但展现一个人的感情世界，也表露了他的社交态度。漫不经心、和尚念经的语调绝不会引起别人感情上的共鸣。因此，交谈时声音的大小、音调的高低、语气的轻重、语速的快慢都要遵循一定的规范。

语速适中才能显得沉稳。语速快，代表干脆、爽快，但也表示不耐烦、激动和紧张，可能让对方感觉到表达者的热情积极，但也容易认为他性格急躁；语速过慢，则给人的感觉是傲慢、没有诚意或反应迟钝；语速适中，平静中带有活力，有节奏感，容易让人感觉到表达者的自信从容。所以，说话速度不要太快或太慢。每个人都有控制语速的能力，一般情况下，语速保持在 220~240 字 / 分钟比较合适。

当然，也不是什么情况下都用一种不紧不慢的语速。谈论比较愉快的事情，就应该使用明快而爽朗的语调；谈论忧伤的事情，就应该使用低沉缓慢的语调；鼓励对方时，应该使用耐心、平和的语调；发牢骚、表示不满时，语调自然会高八度。只有轻重抑扬相结合，才便于在言谈中表达丰富多彩的内心世界，抒发真实情感。

通常情况下，音调低沉比嗓门尖锐要悦耳得多；委婉柔和的声调比僵硬的声调更容易打动人；发音缓慢比机关枪式的说话要易于让人接受；抑扬顿挫要比平铺直叙更吸引人。但不管怎样变换说话的口吻，给人的感觉始终应该是平和沉稳的，不疾不徐，张弛有度才能让人觉得大气从容。

（四）语言准确规范

这里的语言准确规范包含两层意思。

一层是指从语言学的角度来讲的准确规范。语言是人类交际的重要工具之一，它由语音、语汇、语法三个要素构成。语音是语言的物质外壳，语汇是语言的建筑材料，语法是语言的组合规律。所以，语言的准确规范既包括语音的标准，也包括措辞的准确和句子的流畅通顺。

20世纪30年代，山东军阀、山东省主席韩复榘在齐鲁大学的一篇充斥着不准确语言的演讲词，就令人啼笑皆非。原文如下：

诸位、各位、在齐位：

今天是什么天气呀？今天是讲演的天气，该来的都来了吗？没来的请举手吧！今天大家到得很茂盛，鄙人实在是感冒。

今天兄弟召集大家训一训，兄弟有说得不对的，大家应该互相原谅。你们都是文化人，都是大学生、中学生和留学生，你们这些乌合之众是科学科的，化学化的，都懂七八国英文，兄弟我是大老粗，连中国的英文都不懂。你们大家都是从笔杆子里爬出来的，我是那炮筒子里钻出来的。今天到这里讲话，真使我蓬荜生辉，感恩戴德。其实我也没资格给你们讲话，讲起来嘛就像对牛弹琴，也可以说是鹤立鸡群……

新生活还要搞体育，搞活动。刚才，进门哪里，一伙人抢一个球，（校长说是篮球赛）这就不对啦……没钱，上俺那儿去领一点嘛。多买几个球，每人发一个，省得你争我抢的，不成体统嘛。再就那个篮子，整个就是个漏的，丢一个，漏一个。再没钱，补一补篮子总会吧……

韩复榘明明是个世人皆知的大草包，却打肿脸充胖子，附庸风雅，胡言乱语，贻笑大方。

另一层是指讲话时运用的语言要能准确、恰当地表达出自己的想法或事实，不能随心所欲，信口开河，也不能似是而非，模棱两可。语言准确，有理有据，才能使人信服，而语言不准确，言不及义，则会漏洞百出。

有这么一个笑话，从前有个人给自己做50大寿，邀请了张三、李四、王五、赵六等前来赴宴。快到用餐的时候，发现赵六还未出现，主人开始有点着急，信口来了句："怎么该来的还没有来呀！"张三听到这句话后，心头暗想："这该来的没来，难道我们是不该来的？"于是拂袖而去。此时主人看到张三走了，而赵六还未到，又大叹一句："这不该走的又走了。"这时，李四又面露不悦，心想："张三是不该走的，那该走的难道是我？"于是也愤然离席。主人见此状，便摊开手对王五说："我说的又不是他，他怎么走了？"这时，王五更加不高兴了，便不辞而别。本来一场高兴的寿宴，最后因为说话不当，弄得不欢而散。

同样是赴宴，有位能说会道的人是这么招待客人的。首先来了位朋友，他上前寒暄几句，问道："你是怎么来的？"那人回答："我是坐轿来的。"他立马笑着回应："真是威风之至呀，果然讲究排场，里面请！"然后又来了位朋友，他也是这么询问，这人回答："我是骑马过来的。"他也是堆满笑容回应："真是潇洒之至啊，很有风度，来，里面请！"之后又来了位朋友，他还是这么询问，那人回答："我家离这比较近，我是走路来的。"他上前握着朋友的手说道："真是从容之至啊，既环保又健身，里面请！"而当第四位朋友来的时候，发现他每次都询问同一个问题，而且还能打里照外，面面俱到，于是他欲有意为难主人一下，于是，他回答："我是爬着过来的。"说罢想等着看主人尴尬的表情，没想到主人灵机一动，回答道："您真是稳当之至啊，别人看见都要给您让道，里面请！"听罢，这位朋友也十分高兴地入席了。

二、言语交谈的特点

1. 交流的双向性

美国语言心理学家罗西·萨尔诺夫说过“交流是双行道”，“没有回应的谈话是无效谈话，说话艺术最重要的应用，就是与人交谈”。交谈的过程，实质上是交谈双方相互发出信息与相互接收信息的过程，你说我听，我说你听，是一种双向交流，双方必须自始至终扮演既是听者又是说者的双重角色，而不是单单扮演说的角色或单单扮演听的角色。在言语表达过程中，双方都要自觉地围绕某一共同的话题，各抒己见，互相反馈。因此，交谈者不仅要会说还要会听，听说兼顾，互相配合，建立起和谐的“谈话场”，才能达到真正的交流。如果各说各的，互不相干，或只有一方说，另一方被动地听，交谈都无法顺利地进行。

2. 交谈的灵活性

虽然交谈有时会围绕某一话题进行，但并不意味着话题是一成不变的。随着交谈的深入，听说双方出于某种需要常常自由地转换话题，这就要求交谈者做到言随旨遣，并根据谈话的具体情况，及时调整自己说话的内容和方式，灵活地组织话语，以便获得较好的谈话效果。即使是遇到对自己不利的情况，也可以根据交谈的条件或目的，随机应变，摆脱窘境。至于日常聊天，话题更为自然、随意。交谈的灵活性除了表现在话题的变化上，也体现在地点的变化上，交谈既可在郑重的社交场合，也可在日常生活情景中，总之，交谈地点可以根据谈话双方来决定，灵活地变通。

3. 表达的口语化

交谈通常不需做书面准备，多半是边想边说，语言信息的传递非常快，说话人没有过多的时间对语言进行加工润色，一般采用通俗平易、浅白清晰、好说易懂的表达，不太讲究辞藻的华丽，所以口语色彩相当鲜明。主要表现在三个方面：一是句式短，话语简洁明快，容易上口入耳，方便信息快速传递；二是口语词多，如方言俚语、行话、流行语、网络语等；三是话语连贯性不强，甚至省略了某些内容。由于双方同在一个语境中，交谈的目的、内容都很明确，所以说话即使不连贯，有较多的省略语，双方也都能听得懂，即便是说错了或对方听不明白，也可以进行纠正、重复、解释和补充。

三、言谈内容的选择

交谈的内容是关系到交谈融洽，甚至决定交谈成功的关键性因素。选择好言谈内容，谈话时才能有话可讲，这是进一步交谈的基础，也是深入交谈的前提。对交谈内容的选择，也将集中体现交谈者的个人品位、兴趣、素养和社会阅历。交谈内容的选择应当遵循一定的原则和要求，要清楚哪些话题该说，哪些话题适合在什么场合说，哪些话题对什么人说。

如果双方提前已约定好交谈的主题，则适当寒暄之后，可很快进入主题。它适用于比较正式的交谈，如商务接洽、问题研究、工作探讨、征求意见等。

在双方没有约定交谈主题的情况下，可随意交谈，但要注意选择那些积极向上、轻松愉快、健康高雅以及双方都较熟悉又感兴趣的话题。

生活中经常会发现这样的人，他们能够很快地融入交际圈，在任何交际场合都有说有笑，与不同性格的人都能够攀谈几句，甚至令人有一见如故、相见恨晚的感觉，仿佛认识多年的老朋友，既赢得了人缘，也收获了想得到的信息，无形之中便抢得了“先机”。怎样才能做到选择合适的话题，迅速融入交谈的氛围，拉近彼此的距离呢？

（一）适宜交谈的话题

1. 选择对方感兴趣的话题

和陌生人交谈时，不妨从天气、籍贯、兴趣和衣着等方面着手。问这些问题不容易触及对方的敏感之处，远比问薪水、职位和年龄作为交谈的开端保险可靠。

例如“您是哪里人”或“听口音您像是南方人”等，对方介绍自己来自哪里后，如“湖南”，于是你就可以顺着湖南再往下说，“湖南是个不错的地方呢，不但自然风景优美，而且人杰地灵”，“是啊……”。或者如果对方的家乡你去过，就更容易打开话匣。又或者，你可以说：“今天天气真好，如果能爬山，一定很不错。”“你喜欢爬山？爬过哪些山呢？”“我曾爬过……”顺话找话，绝对能令你找到源源不断的话题，甚至觉得意犹未尽。

比如下文中的售货员就善于开启话题：

一位穿着典雅的青年女子在一个首饰店的柜台前看了很久，售货员上前问道：“请问这位女士，有什么我可以帮您的吗？”

“随便看看。”女士的回答明显缺乏足够的热情，可她仍然在仔细观看柜台里的陈列品。此时售货员如果找不到和顾客共同的话题，就很难营造买卖的良好气氛，可能会失去一笔生意。

细心的售货员发现了女士的裙装别具特色：“您这件裙子好漂亮呀！”“啊？”女士的视线从陈列品移开了。

“这种裙子的款式很少见，是在隔壁的百货大楼买的吗？”显然这是售货员设计的话题。

“当然不是！这是从国外买来的。”女士终于开口了，并对自己的回答颇为得意。

“是这样呀，我说在国内从来没有看到这样的裙装呢。说真的，您穿这套裙装，确实很吸引人。”

“您过奖了。”女士有些不好意思了。

“只是，对了，可能您已经意识到这一点，这条裙子要是再配一条合适的项链，效果可能就更好了。”聪明的售货员终于转向了主题。

“是呀，我也这么想，只是项链这种昂贵商品，怕自己选得不合适……”

“没关系，来，我来为您参谋一下……”

聪明的售货员由于成功地选择了话题，最终顾客在这家首饰店购买了自己满意的项链。

2. 寻找彼此共同的话题

当彼此都是初次见面时，如果有熟悉双方的朋友或亲戚在场，他们总会介绍一下双方，包括介绍双方的姓名、身份、职业、社会关系、个人兴趣爱好等，善交际者就会细心地挖掘对方和自己的共同之处，找寻共同的话题。即便没有中间人介绍，只要细心观察，也总能发现彼此之间的共性，因为每个人的心理状况、兴趣爱好、信念追求等，都会或多或少地表现在服饰、谈吐和举止等方面。

在火车站的候车室里，你总能看见几位素未谋面的陌生人有说有笑，走近细听，发现他们之间交流的话题大体是“听你的口音，你也是哪里哪里人”；“你也是在什么什么大学读书呀”；“你也喜欢某某某的书籍或音乐”；“你也喜欢某某品牌的香水呀”。这样的话题能轻而易举地寻找彼此的共同点，并且屡试不爽，说明共性的语料和兴趣爱好特别能抓住人“求同”的心理，一下拉近双方的距离，打开交谈的局面。

3. 寻找对方擅长的话题

与人见面前，最好先了解对方的个人资料，如生活背景、专业特长、家庭状况、从事的职业等，见面后的交谈便可围绕对方擅长和关心的话题展开。每个人只要谈到自己擅长的事物，一定会口若悬河，津津乐道。如对方是从事教育工作的，可以谈谈孩子的教育升学问题；对方是从事传媒工作的，可以谈谈当下火爆的电视节目和主持人；对方是从事经济工作的，可以谈谈股票和物价。这样不仅能让对方乐于交谈下去，而且自己也能从对方的话语中学到很多专业知识，丰富自己的内涵。

据说曾经在罗斯福总统手下任职的吉姆法雷，每当他与人初次见面时，总会问及对方的姓名、家庭、职业或是政见，并将这些牢记在心中。这样一来，即使过去了很长时间，当再次见面时，他也能清楚地叫出对方的名字，并且询问其家庭的近况，这种方法使他获得了很好的人缘。

4. 其他话题

格调高雅的话题，能体现个人的品位与素养。如可以谈一谈城市的建设、国家的政策、最近发生的新闻事件以及传统文化，等等。

轻松愉快的话题，能使彼此心情愉悦，乐意交谈。如最近看到的电视节目、热映的电影、读过的一本好书、盛大的体育赛事，等等。

时尚流行的话题，能体现生活情趣。如现在流行的服饰、手机、歌曲、网络上流行的词语、自驾游、健身，等等。

（二）不宜选择的话题

1. 易起争执的话题

在交谈中，首先应当遵循的原则是不与人发生争执，避免引起争论的话题。即使对于某个话题你有坚定不移的立场，如与交谈对象不一致也最好不要提及，或者选择适当的时间和场合再提，因为争执很容易造成敌对心理，尤其是交谈的双方人数较多的时候，会潜意识地进入

"竞争状态"，唇枪舌剑，互不相让，在这样的情况下，人很难控制自己的情绪，更不用说与人为善了。因此，在交谈过程中，若发现别人的意见与自己不统一或者唱反调的时候，应当考虑是否换一个话题，以转移对方的注意力。

2. 他人不熟悉的话题

对于他人不熟悉的领域或问题要尽量少谈，不要始终围绕一个高深的话题，大肆发表自己的观点，高谈阔论，喋喋不休，毫不顾及旁人的表情和反应，这样会让人感到厌恶、乏味，觉得你是在卖弄自己的学识，炫耀自己的财富或地位，也会破坏谈话的氛围。

3. 关乎他人隐私的话题

与人交谈时，不要散播他人的不幸遭遇，或是涉及他人隐私的话题，像"你怎么还没结婚？""她真的要离婚啦？"等诸如此类的话题，这样会让人觉得你是在嘲笑和讽刺别人。

4. 过多批评他人的话题

世上肯定没有一个人是愿意听人批评的，批评的话语说多了，容易让人产生逆反心理，甚至会充满仇恨和抱怨。因此要尽可能地赞美别人的工作能力和态度，比如像"你的口才真不错！""你太客气了，招待得太周到了！""您戴的这条项链真漂亮！"这类的语言，少说诸如"你怎么这么不会说话！""你太不会办事了！""你太不懂得尊重人了！"之类的话，即使觉得这些都是事实，也可采取另一种表达方式如"你的出发点是好的，但如果……表达，我觉得意思会更明确"，这样，更能够让人接受，彼此的心情才会愉悦，也才会有继续交谈的可能。

总之，言谈中要尽量注意六不谈：不非议党和政府，不涉及国家秘密与行业秘密，不非议交往对象，不背后议论他人，不涉及格调不高之事，不涉及个人隐私。

第二节　言语交谈技巧

生活中我们往往注意说什么，却忽略了怎么说。有时同样的一句话，不同的人说，效果往往不同。或者同一人说同样的事情，但采取不同的方式，效果也会大相径庭。所以言语表达不仅要注重说什么，还要注重言谈的方式及技巧，好的内容还得要有好的形式承载。

一、音质优美，音量适中

与人交谈，富有磁性或悦耳动听的声音往往具有强大的吸引力。经常听说有人特别喜欢某档广播节目，甚至到痴迷的程度，不是因为节目内容，而是因为主持人的声音和标准纯正的普通话。

说话声音太大，会显得很吵闹，听起来不舒服；而如果音量太小，别人听不清楚，又影响了信息的传递。一次，在一辆长途公共汽车上，有两位年轻女性，因为没有空座，就站在过道上。车刚启动，其中一位女子就开始向同伴诉说自己在家中怎样与婆婆“较劲”的事。但是说话的音量特别大，坐在旁边的一位中年女人扬起头看了她一眼，面露十分厌恶的表情。当汽车快到终点站时，她们下了车，全车的人都说：可算下去了，这一路，让她们烦死了，太没教养了。其实像这样说话音量大的人，在许多公共场所都能见到，他们不用扩音器，但很远就能听到他们在说什么，让你不能不听，不得不听，听得头疼、心累。

台湾著名作家刘墉曾这样说过：“人们的习惯常是环境造成的，同样一个人到中餐馆和西餐馆，讲话的音量就可能相差甚多。道理很简单！你在嘈杂的宴会上小声说话，人家能听得到吗？相对地，如果你到烛光轻音乐的西餐厅高谈阔论，能不引人侧目吗？说话要用多大的音量，全得看环境。你想说话有魅力，显示优雅的谈吐，先得自我检讨，说话的音量是不是恰到好处。”美籍华人靳羽西女士也提倡：说话时要声音压低，压低，再压低。

所以，我们要依据说话的环境调整自己的音量，要有一种强烈的自觉意识，要摸索自己说话时嗓子最舒适自如的状态。要保护好自己的嗓子，多喝水，少吃辛辣食物，少熬夜，更不要声嘶力竭地喊叫。

二、嘘寒问暖，打开话匣

说话人人都会，但是如何与人交谈时一开始就抓住对方的兴奋点，融洽两人第一次见面的气氛，让交流得以继续，让话题更加延伸，交谈双方就必须学会怎样寒暄、提问和倾听。

寒暄是指交谈双方在初次交往见面时相互问候、相互致意的应酬语或客套话。

翻看我国的历史长卷，在传统礼仪中，人们是非常讲究嘘寒问暖的，大到两国之间的交往谈判，小到两人之间的简单问候，寒暄都是非常必要的，它是交流破冰的法宝。它并不是一个简单的固定短语，这些话语就如“抛砖引玉”的这块“砖”，它抛出去引来的是初次见面合作的两国或者两人愉快洽谈气氛的那块“玉”。常见的寒暄方式主要有：

（一）简单问候式

简单问候式的寒暄是日常交际中最普遍、常见的初次交谈形式。交谈双方可以依据不同的场合、环境、对象、时间选择不同的问候。比如，在年龄辈分方面，面对少年儿童时可以问：“你今年几岁啦？”又或者问：“你今年上几年级？上小学还是初中？”与陌生人攀谈，一般不宜问对方年龄。如果聊开了，面对同辈可以问：“你应该跟我年纪差不多吧？”面对年纪或辈分稍长的人可以问：“您老今年高寿？”或“看您年纪，跟我爸妈应该是同一年代的吧？”对不熟悉的人可以问：“您在哪里高就？”或“听您口音，像是 ×× 人，那咱们是老乡啊！”面对关系密切的同事、邻里或者朋友，可作寒暄的话语就更丰富了。如果可以恰当地运用问候语，不仅可以拉近距离，还能融洽感情，为深入的了解作铺垫。

（二）言他求同式

两人初次见面，首先都会同时关注彼此间的共同点或闪光点，像两位气质很好的女子见面，她们会说“你今天穿的这条裙子真好看，既能展现你的身材，和你鞋子的款式也相当匹配”；“你也是啊，你看你的围巾也不错，我也想买一条，能告诉我这是在哪里淘的吗？”又像两同乡在异地遇见，攀谈时会说“北方的天气虽好，不过还是咱们家乡那边的环境更适宜”，诸如此类。像这类假借他物来彼此问候的话语也是日常生活中常用的寒暄方式。尤其是陌生人初次见面，一时找不到共同的话题，就可以找些关于天气、服饰、美食等与生活息息相关的话题来打破尴尬的场面。

（三）触景生情式

这类话语一般是针对具体的交谈场所和环境所进行的问候方式，比如对方正在品尝某种蛋糕，使用什么款式的产品，或者阅读什么类型的书籍等正在进行的某种活动以及将要进行的某种社会行为，都可以作为彼此寒暄的话题。像（在蛋糕店）“你也喜欢吃提拉米苏蛋糕啊？”（在工作场合）“这么敬业，还在加班赶材料啊？”（在公交车站见到了广告牌）“王菲要在长沙开演唱会啦！”等，像这类的寒暄方式，随口而来，因景生情，自然得体，很容易引起共鸣。

（四）仰慕称赞式

中国传统文化的熏陶和影响，造就了大多数中国人谦卑、内敛的性格，因此在交流沟通中，常常会碰到两人在互相恭维、互说谦恭的客套话，以表示仰慕对方的人品、学识、社会地位等。比如“某某先生/女士，我曾经拜读过您的大作，真是让我收获颇丰啊！”“久闻您的大名，今日能一睹您的尊容让我倍感荣幸”等，诸如此类的寒暄更显得礼貌、正式。有研究证实，能够让人们在最短时间内获得最大的满足感和幸福感的方式，就是收到最诚挚的祝福和称赞。每个人作为社会这个大集体的基本成员，都需要别人的肯定和承认，需要他人的赞美和夸奖，也许这在日常交际中实际意义不是特别明显，但它对情感诚意的引导、融洽氛围的营造、交谈主题的导入，都能起到非常重要的铺垫作用，但这种仰慕称赞一定要是发自内心的，否则会给人虚情假意的感觉。

寒暄虽称不上是公共关系中的独特领域，但它具有广泛的社会普遍性和历史存在性，是打开交谈之门的一把钥匙，但一定要把握分寸，合度适量。

三、语言规范，条理清晰

（一）语言规范

“语言规范”所包含的内容十分宽泛，通俗点说就是说话要讲究“规矩”，可以口若悬河，但不可信口开河，如果说话人想怎么说就怎么说，这就会在礼貌方面带来许多不必要的麻烦，还有可能影响交谈过程，达不到交谈的目的。“语言规范”主要体现在：

1. 语音清晰准确

中国地域辽阔，方言也很复杂，尤其是方言之间语音上的差异很大，如北方方言有平翘舌音之分，而湘方言中就几乎没有翘舌音。更何况还有很多同音字，表达不当时很容易产生误会，如“致癌”与“治癌”、“切忌”与“切记”。所以，与人交谈时要尽量做到：第一，遇到容易产生歧义的字词，应当适当解释或提醒；第二，与非本土方言区的人交流，尽量不使用方言，而用普通话，否则会让人有种不友好的感觉，误以为这个地方的人排外心理较重；第三，对要表达的内容中的关键地方，要尽量把语速放慢，让人能够听清楚，听明白。

2. 词语规范得体

辞令的修辞固然重要，但最基本的是浅显易懂，词能达意，便于理解和交流。因此，在词语的选择方面要以朴实自然为准则，避免过分缀文，让人误解你这是在卖弄学问，说话文绉绉。如果用典不当，用词有误，反而会贻笑大方。

在正式的公务场合要尽量避免使用方言词语和网络流行词语。同时措辞也要视交往对象和场合灵活得体，如对长辈要用“您”，常常使用“您好”“谢谢”“对不起”“再见”等礼貌用语。

3. 表达通顺明了

表达要完整，不多余、不废话、不错乱，符合语法规范，做到言简意赅，让听者感到轻松。同时我们说话的表达方式也要符合日常习惯，虽然有些语句从逻辑和语法上看并不一定很规范，但它们已经在长期的社会生活中流传下来，对于这类的话语，可以视作约定俗成的话语，如“打瞌睡”“养病”“恢复疲劳”等。另外，由于国籍、民族、地区或者信仰的不同，说话习惯也不尽一致，因此，说话者要入乡随俗，使说话的口吻和方式易于让对方接受。

（二）条理清晰

说话是一门艺术，不仅要让倾听者容易接受，更要让人心情舒畅，这就要求我们说话时应根据不同的目的和要求，该详则详，该简则简，言简意赅，一针见血，避免该详而不详的简缺，该略而不略的啰唆，注意说话的逻辑性和条理性。

大文豪马克·吐温就是位说话简练有力、极富逻辑性的人。有一个礼拜天，他到教堂去，适逢一位慈善家正用令人哀怜的语言讲述非洲的苦难生活，当慈善家讲了 5 分钟后，他马上决定对这件有意义的事情捐助 50 美元，可当听了慈善家讲了 10 分钟后，他决定将捐款减至 25 美元，当慈善家滔滔不绝，漫无边际地讲了半个小时后，他已经决定减到 5 美元，当慈善家又讲了一个小时，呼吁大家捐助时，马克·吐温就没捐钱。他这种做法似乎不太近人情，但细想起来也不无道理。鲁迅说过：时间就是生命，无端地空耗别人的时间，无异于是在谋财害命。慈善家无条理的滔滔不绝，致使他的形象一落千丈，令人烦厌，从而使其语言的效果也大打折扣。

怎么让说话变得有条理，又言简意赅呢？

1. 交谈要围绕主题展开

每次交谈都要有明确的主题中心，并使整个谈话围绕它合乎逻辑地展开，主次分明，层次井然，逻辑性强。可以围绕重点，把交谈的题材分门别类，充分细化，并设法形成一到几个高潮，塑造波澜起伏的情节，跌宕起伏，引人入胜，达成共鸣。这样既能使听众得到愉悦和趣味，又能一下抓住听者的注意力。

2. 用数字建立"思维路标"

开车因为有路标而不会迷失方向，说话也如同行车一样，为了"言之有序"，也应建立"路标"，尽量把要讲的内容归纳成几点，使说出来的话条理清晰，逻辑性强。可以用"第一""第二""第三"等序数做思维路标，也可用"首先""其次""最后"或"不仅……而且""一方面……另一方面……"等关联词做思维路标，将所讲内容按由浅入深、由简到繁进行排列。

3. 从内容中提炼关键词

当你要表达的内容比较多时，尽管你建立了思维路标，但听众并不一定都能记住，如果能从表述的每一点中提炼一个关键词，那接收的效果就会好多了。如当别人问"你为什么要选择这个专业"时，你可以从三个方面回答：首先是"喜欢"，其次是"适合"，最后是"圆梦"。这其中的"喜欢""适合""圆梦"就是三个关键词，下面的话就可以围绕这三个关键词展开了。这样，不仅使自己讲话时思路更清晰、表达更顺畅，也会让听的人更能抓住重点，便于记忆。

四、风趣幽默，文雅得体

幽默的谈吐是一种让人身心愉悦的说话方式，它是人们在长期的生产生活和语言交流中思想、意识、智慧和灵感的结晶，它是一种讨喜、可爱的性格，更是一种可贵、健康的品质。没有人会拒绝同幽默的人打交道，因为它可以帮助人舒缓情绪，释放压力，在笑声中获得前行的力量。如果你善用幽默，适当发挥，调节气氛，也许就能在人群中脱颖而出。当然，幽默也要得体高雅，视语境、视交谈对象适可而止。怎样使自己的谈吐幽默又得体呢？

（一）要有豁达开朗的人生态度

幽默既属于乐天派的人，也属于生活中坚强的人。幽默的谈吐建立在说话者思想健康、情趣高雅的基础之上，正如林语堂所言："凡善于幽默的人，其诙趣愈幽隐，而善于鉴赏幽默的人，其欣赏尤在于内心静默的理会，大有不可与外人道之滋味，与粗鄙显露的笑话不同，幽默愈幽愈默而愈妙。"有乐观的信念，才能"闲看庭外花开花落"，对任何不尽如人意的事泰然处之。在《李肇星感言录》中曾记录过这么一段，1989 年 10 月 31 日，我国领导人邓小平宴请美国前总统尼克松，当时外媒舆论嘲笑邓小平身材矮小，席间，小平同志说："中国人民取得现在的成绩不容易，我们还要艰苦奋斗几代人，才能使中国富强起来。我出生的那个年代老家很穷，家里条件不好，后来到法国勤工俭学，干活累，吃得又不好，所以个子长得小。个子小也没关系，个子小有个子小的好处，天塌下来有大个头顶着。”这种幽默、谦虚的态度更使人尊敬。

说话风趣幽默是一个人对待生活态度的真实写照，是对自身力量充满信心和肯定的客观表现。记得曾经听一位女性说她的求职经历，她满怀信心和憧憬地将自己的职业履历寄到某公司去应聘该公司的一个职位，收到的却是对方抱歉未录用的 e-mail，可是不知道是系统错误还是故意为之，对方发了两封邮件过来，她当时抱着最后一点点希望给人家回了一封信，她的这封信是这么写的：既然您对未能录用我感到如此遗憾和抱歉，为什么不再给我一次面试的机会呢？也许正是这封信起的作用，第二天她便得到了这个公司另一个职位的面试机会。

（二）要培养良好的人生修养和表达能力

幽默源自身边生活，它必须融合丰富的人文知识，再配上生动、活泼的表达方式。幽默不是毫无意义地插科打诨，也不是没有分寸的低级趣味，它是应时应景、入情入理的灵感迸发。古今中外著名的幽默大师，往往都是语言大师、演讲大师。爱迪生致力于制造白炽灯泡时，遇到的主要问题是如何发现一种有效的灯丝，从开始到成功试验了 1200 多种不同的材料，当试验到第 1201 种材料时，有人讥讽他：“你已经失败了 1200 次了。”爱迪生不但没有生气，反而幽默地说道：“你知道吗，我的成功就是发现了 1200 种不适合做灯丝的材料。”

（三）要培养敏锐的观察力和想象力

幽默是建立在对生活另类角度的体验和对事物细致入微的观察上，有敏锐的观察力和洞察力，有丰富的想象力，反应迅速敏捷是众多幽默者的特点。

湖南卫视主持人汪涵是一个很会幽默的人，请看他与妻子杨乐乐的一段对话：

汪涵：哎，乐乐，周卫星和何晶晶，你喜欢谁？

杨乐乐：我啊，两个都很喜欢啊！

汪涵：我就比较喜欢何晶晶。

杨乐乐：为什么？

汪涵：因为我就喜欢名字有叠字的人。

杨乐乐：……

短短的几句话，巧妙地传递了对妻子的浓浓爱意，更显出了汪涵的智慧，但这些首先源自他敏锐的观察力。

（四）要有好的心理素质和应变能力

杨澜是传媒界中能力突出又擅长幽默的主持人，她凭着开朗的性格，诙谐、智慧的语言征服了观众。记得有一次，她应邀去主持第九届大众电视“金鹰奖”的颁奖晚会，就在报幕完毕退场之时，不小心被台阶上的红毯绊倒在地，场内一片哗然，场面十分难堪。可她从容地爬起来，笑容可掬地说道：“真是人有失足，马有失蹄呀！我刚才狮子滚绣球的节目滚得还不够熟练吧？看来这次演出的台阶不那么好下呢，但台上的节目很精彩。不信，瞧他们的。”全场观众哄然大笑，继而为她良好的心理素质和机敏的反应热烈鼓掌，尴尬的场面就这样被轻松地化解了。

（五）要注意语言的分寸

说话诙谐风趣确实难能可贵，但切忌语出伤人或低级趣味。虽然我们不能保证幽默的语言都具有深刻的思想内涵，但笑话或者调侃之言一定要健康，切莫庸俗、轻浮，更不能成为嘲讽，比如有人喜欢嘲笑他人的生理缺陷或短处，像口吃、跛脚、晃脑等。凡是讥讽某一地区、某一种族、某一职业、某种残疾的笑话都违背了友善和照顾他人感受的原则，是一种人身攻击和侮辱，是不道德的行为。还有人对男女之间的话题津津乐道，谈话间眉飞色舞，甚至还附着动作，哗众取宠，这不但不能表现幽默的艺术，反而更显露粗鄙、浅薄、格调不高，难登大雅之堂。

央视某著名节目主持人曾在节目中开玩笑说："俗话说得好嘛，八百里秦川尘土飞扬，三千万懒汉高唱秦腔。"他话音一落，这句篡改过的俗语立即引起台下一片笑声，可也引起了许多观众和网民的不满，尤其引起了陕西人的强烈愤慨，大家纷纷用陕西经济发展指标来反驳"懒"，用空气质量报告来反驳"尘土飞扬"。在公共场合，面对全国的观众说有损于陕西人的话，这样的"幽默"显然是不妥的，既是对公众的不敬，也让自己陷入了尴尬的境地，以至于这位主持人不得不通过微博的形式向公众道歉。

所以，在人际交往中，幽默是心灵之间平和与欢乐的天使，是不可或缺的社交"润滑剂"。拥有幽默就能拥有友谊，能拉近彼此的心理距离，能营造欢乐和融洽的气氛。幽默更是一种能力，一种艺术，一种智慧，要学会适当使用，但不可滥用。

五、少说多听，神情专注

伏尔泰曾说过："通往内心深处的路是耳朵。"俗话也说："善言，能赢得听众；善听，才会赢得朋友。"交谈是有说有听的双向交流，要想深入了解说话者的内心世界与感受，就要学会倾听。倾听不仅是人们获得信息、汲取知识的重要途径，而且还是反馈信息的必要前提，把倾听同说话完美结合，才能使双方了解得更深入，气氛更融洽。

在交往中，只有少数人愿意真正聆听别人，更多的人喜欢把自己放在谈话主角的位置，如果把说话的机会尽可能地让给对方，并专注倾听，坦诚地同对方分享收获，分担他人的痛苦，表达信任，会使对方对你产生亲近感和信任感，因为对方觉得受到了你的尊重和认可。

善听，本身就是一种友好的表现，体现了一种修养，表示对对方的尊重。著名的心理学家卡尔·罗杰斯说过："在引发别人对我感兴趣以前，自己要先对别人感兴趣。"他能够接待各种类型的人，并且还能与之建立和谐的人际关系，其成功的秘诀在于，他对待每位来访者都会非常耐心地倾听对方诉说他们的心声和困惑，还能问别人乐于回答的问题，鼓舞别人谈论他们自己。倾听者的一个点头、一个微笑、一个眼神，都会使对方感到朋友的信任和知音的难得。

有人采访日本松下电器公司创始人松下幸之助时，要求他用一句话来概括自己的经营秘诀，他回答说："首先要细心倾听他人的意见。"善于倾听别人的意见、反映，从别人的话语中获悉情况，提取精华，从而受到启迪，开拓自己的思路，将有助于开展工作，取得事业的成功。

著名节目主持人董卿以优雅从容、大气谦和、知性亲切的形象征服了亿万观众，她的成功有很多因素，但其中重要的素质就是交流与倾听。为了"刨出"青歌赛选手身上的亮点、火花，她抛开编导的撰稿词，在台下与每一位选手聊天，耐心倾听他们的成长道路和心路历程，积累点滴，形成极有针对性和极富感染力的主持词，让选手们觉得亲切与自豪，也让观众深受感动，同时也带来了自己事业上的辉煌。

根据美国心理学家马斯洛创立的需要层次理论，被人尊重的需求是每个人的基本需求之一。充分聆听既是对讲话者的一种尊重，是起码的礼貌要求，同时，也是互动交流的基础。只有充分聆听，才可能有根据地进行回应，也才会更加激发说话者的兴趣，让交流形成良性循环，从而达到目的。

但是，充分聆听不是傻听，不是盲听，而是礼貌地听、积极地听、神情专注地听。当我们聆听时，要注意及时回答对方的提问，目光停留于对方的脸部，及时注意对方所指向的方向和位置，并且要不断地通过"是吗""对呀""能理解"等短语让别人知道你在聆听。必要时，应该适时打断别人的讲述，比如在他完成一段话，或者停顿下来时问一两个小问题。同时，要放下手中所有的工作和活动，不可不断地看表，或者不停地摆弄小物品。如果在吃饭，应该放下餐具，停止进食。目光不可飘飞，不可给人一心二用、三心二意之感。从举止方面，要避免抖动全身或身体的某个部位，不可双手抱头、叉腰，不可抓耳挠腮、哈欠连天，应该站有站相，坐有坐姿，落落大方，沉稳真诚，只有这样，才算真正做到了神情专注地聆听。

少说并不是没有观点，没有主见，而是在充分了解情况，仔细考虑清楚，理清思路后再说。一旦开口，要尽量做到言之有序，言之有物，言之有理。

六、巧用态势，加强互动

一个善于交际的人不但能够准确地理解他人"有声语言"所表达的意图，更可贵的是还能够抓取观察对方的"无声信号"所传递的信息，并且能在不同场合灵活地使用这些"信号"，这种所谓的"无声信号"就是人的态势语。

态势语是指用表情、动作或体态来交流思想、表达情感的"无声语言"。在人体语言学的研究中，研究者发现人与人之间的信息传播有 65% 的意义是用"无声语言"来传递的，这在交谈过程中尤为明显。

手势是人们日常生活中最常见也最好用的态势语，关键在于它是完全可见的表达方式，能够帮助说话方准确、细腻地传达各种信息，因而它能有效地结合并辅助"有声语言"而产生形象、生动的表达效果。在实际交往过程中，善谈者会通过到位的手势语向众人传递着有效的信息，使“有声语言”表达的重点能够表示得更鲜明、更突出、更生动、更形象。但要注意的是，手势语所突出的重点只能落在关键之处，画龙点睛，干脆明确，要而不繁，恰到好处，而不能每句话都配合运用，那样反而会喧宾夺主，使人眼花缭乱。

表情也是普遍使用的一种态势语，它是人们凭借眼、眉、嘴以及面部肌肉的变化等体现出来的一种内心感受，是人的情绪变化的寒暑表。它不仅能够很好地润滑、缓和人与人之间的关系，还可以迅速拉近双方的心理距离，营造融洽的沟通互动氛围。

表情语要根据不同的时机、场合、话题灵活运用。眼睛是心灵的窗户，人的各种复杂的内在感情都会从眼神的微妙变化中反映出来。要学会用眼睛说话，用眼神传意。比如与多人交谈时，说话者的视线要有意识地自然流转，尽量照顾到每个倾听者，与他人眼神的接触不能少于 1~2 秒，要让他人感到你看到了他，你是在同他说话，从而增进相互之间的感情联系，提高倾听人参与交谈的兴致。多人交流时目光不要只停留在某个人身上，让其他人感到被忽视。

【本章小结】

语言是人们日常生活中最重要的交际工具之一，所以言语交际礼仪是我们每天必须面对的，它体现了一个人的涵养和素质。本章着重介绍了言谈交际中应该遵循的各种礼仪规范，包括言语交谈的基本要求、言语交谈的特点、交谈内容的选择和交谈的技巧等，掌握这些有助于我们注重言谈的细节，提高沟通能力，顺利实现交流交际的目标。当然，言谈礼仪不仅仅是技巧，更是以文化素养为基础，“巧妇难为无米之炊”，所以，掌握言谈礼仪，要内外兼修。

【模拟实训】

1. 设想不同的说话场景，试试用不同的音量及语气说说下面的句子，体会不同的音量、不同的语气说同一句话的不同效果：

“你好”“走着瞧吧”“是吗”“我知道”

2. 同学之间互相练习，每个人说一段话，听听语速的快慢如何影响沟通的效果。

3. 一个班分成若干小组，大家装扮成不认识的人，模拟如何与陌生人聊天，展开话题。

4. 请找出三段你认为很幽默的对话，并加以分析。

5. 请评论一个当下的社会热点问题，注意说话的条理和语言的准确规范，时间不少于 3 分钟。

第五章 职场礼仪

第一节 实习礼仪

这种实习与实践，既是对所学专业知识的检验，是将理论与实践相结合的过程，更是了解社会，适应社会，完成由学校向职场，由学生到职员的顺利转变的过程。

第二节 求职礼仪

一封准备充分的求职信，可以大大提高求职的成功率。

第三节 面试礼仪

在用人单位仔细看过你的求职信和简历，或通过电话或视频对你的基本情况进行了解后，如果他们认为你基本符合他们的招聘条件，接下来就会安排面试，如何把握住这难得的机会呢，当然要做好各种准备。

第四节 工作礼仪

工作礼仪，是人们在工作场所应当遵循的一系列礼仪规范。

情景再现

王菁就读于国内某名牌大学，成绩优异，形象气质都非常好，毕业后如愿以偿地进入了心仪已久的知名公司工作，成了总经理办公室的一名工作人员，她非常开心，同学们也很羡慕她。

上班后不久的一天，王菁接到一个电话，电话刚响一声，她拿起电话就问："你找谁？"对方说："我是某某某，请告诉你们总经理，我一会儿去见他。"王菁回答说："他不在。"就挂了电话。过了一会儿，电话又响了，对方又打来电话，问总经理在不在，王菁一听，很不耐烦地说："我刚才不是告诉你了吗，总经理不在。"接着又挂了电话。

第二天，王菁被总经理叫到办公室，总经理问起昨天电话的事情，王菁如实说了。王菁没有想到的是，就因为这个电话，她失去了这份梦寐以求的工作。

原来，昨天打电话过来的是另一家大公司的王总，总经理曾几次请他来公司洽谈业务，可他都抽不出时间，昨天他正好有时间，准备过来见见面，于是，先给公司办公室打个电话，想告诉总经理自己一会儿就过来。由于王菁接的那两个电话，王总没有来，并且总经理再次请他，都被他婉言谢绝了，公司因此失去了一个大客户。

王菁失去了工作，她觉得委屈极了，不就是一个电话吗？我又不知道情况。

名言警句

与其做一个忙碌的人，不如做一个有效率的人。

"人"的结构就是相互支撑，"众"人的事业需要每个人的参与。

你可以选择这样的"三心二意"：信心、恒心、决心，创意、乐意。

没有不合理的职场，只有不合理的心态。

人生伟业的建立，不在能知，乃在能行。

第一节 实习礼仪

临近大学毕业，在走入社会前，大学生都会经历毕业实习，有的甚至在大学期间的每个寒暑假都会去参加各种社会实践，这种实习与实践，既是对所学专业知识的检验，是将理论与实践相结合的过程，更是了解社会，适应社会，完成由学校向职场，由学生到职员的顺利转型的过程。这个过程是否顺利，实习生的礼仪修养至关重要，甚至比专业技能还重要，人们普遍认为，做事先做人，情商往往比智商更重要。

一、实习准备礼仪

1. 思想重视

思想上应高度重视实习，不要抱着玩一玩的心理，更不要想着做不好就随时走人。只有思想上高度重视了，才会在行动上勤勤恳恳，虚心学习，不迟到，不挑三拣四，积极勇敢地面对各种困难和挑战，这样才能真正从实践中积累经验，得到锻炼，有所收获，而且为毕业求职留下好的口碑，打下好的基础。

2. 知识储备

一般而言，实习都是到与自己所学专业相关的单位，这时就要结合自己的专业，做好业务上的准备，了解实习单位的情况，熟悉业务内容，做到知己知彼。准备一份简单明了的简历，以供实习单位较全面地了解你的情况；准备一个和专业相关的作品集，以便实习单位更直观地了解你的专业水准；梳理大学四年所学的专业知识和专业技能，以便实习中娴熟应用。

3. 物质准备

根据实习单位的具体情况，准备所需要的物品，如通信工具、办公用品、笔记本电脑等。还要准备几套像样的职业装，从实习的第一天起，你就不仅仅是学生了，职场上要有职业形象，要做什么像什么。同时还要考虑交通问题，如果学校离实习单位较远，在经济条件允许的情况下，也许会需要在单位附近租房，无论怎样，务必保证上班不迟到，工作时精力充沛。

拓展资源

视频讲解

二、实习过程礼仪

1. 遵纪守法，注意安全

首先，必须遵纪守法，尤其要认真学习行业的法规，决不触犯相关的法律法规。

其次，严格遵守学校的实习纪律。在实习的过程中，认真观察，善于思考，谨言慎行，维护学校形象。不随意中断实习过程，与学校实习老师保持联系，服从学校实习老师的领导。及时汇报实习的相关情况，按照学校要求撰写实习日记，做好实习总结。

最后，遵守相关实习单位的规章制度和劳动纪律。如在实习场所注意安全，穿戴符合规定。有些场所着装必须符合生产实习的着装规范，如系全纽扣，扎好袖口，戴安全帽，长发女生必须将头发挽到工作帽中，等等。

从学校走入职场，社会经验不足，要加强自我保护意识，要明辨是非。不要轻信传言，不要误入传销等非法组织，更不要因为贪利而成为不法分子利用的工具，要学会用法律来保护自己的合法权益。

2. 文明礼貌，乐于助人

实习生作为基层的员工，要尊重实习单位的领导和其他员工，见面时主动热情地打招呼。别人工作忙时主动询问是否需要帮忙，力所能及地帮助他人不仅能为自己的形象加分，也能使自己的工作事半功倍。手脚要勤快，积极主动打扫办公室卫生，整理内务，烧水递茶等。文明用语常常挂在嘴边，多用“您”“请问”“谢谢”之类的礼貌用语。如果在工作中有小小的失误，要及时道歉，勇敢承认自己的错误，学会说“对不起”。

3. 虚心请教，取长补短

无论实习生在学校多么优秀，一旦走上社会开始实习，即是一个全新的开始。也许你的学习成绩很好，理论功底扎实，但你绝对缺少工作经验，俗话说，读万卷书，不如行万里路。所以，实习中一定要放下大学生的“清高”，对于业务上不明白、不清楚的地方主动自觉地向实习指导老师、有经验的师傅和同事请教，不能因为自尊心或虚荣心而不懂装懂，更不可常把“这个不是这样的……”“我们老师讲过，这个的原因是……”“我在大学里就是这样学的”等之类狂妄的话语挂在口头。当然，也不是一切都盲从，如果你的观点确实是正确的，你可以委婉地用探讨的口吻提出，相信你的诚心一定会打动别人。

4. 尊重隐私，谨言慎行

礼仪的核心是尊重，相互尊重是处理好人际关系的基础，在实习单位与同事更要相互尊重，搞好团结。首先，不拉帮结派，不形成小团体、小圈子，这是任何一个单位都非常重视的，因为它直接关系单位的氛围，影响单位的发展。其次，不随便评论人和事。实习生不要主动问同事的学历、工龄、待遇及家庭问题，不要在同事面前评论领导及其他人，对于单位的事情也不要妄加评论。最后，要乐观积极，少发牢骚。实习期间往往没有任何薪酬，却要做最基础的工作，所以要有充分的思想准备，即使遇到挫折或不公，也不要牢骚满腹，怨气冲天。

第二节 求职礼仪

一、求职信礼仪

在求职时，许多朋友只注重个人简历，而忽略了求职信。也许有人会问，我不是已经准备了简历吗？为什么还要准备求职信？求职信和简历不同，简历仅仅是你个人基本情况的介绍，它可以同时递交给多个用人单位，而求职信则包含你对所求职位的认识、向往，以及你渴望加入求职单位的心情等，它更有针对性。所以，求职信还是很有必要的。一封准备充分的求职信，可以大大提高求职的成功率。

1. 求职信应包含的内容

写求职信的理由，你想申请什么职位，你申请这个职位的原因，你毕业的学校及所学的专业，你的联系方式等，最后千万不要忘了致谢。

2. 写求职信的注意事项

第一，书写规范。求职信最好是手写，这不仅是对对方的一种尊重和礼貌，而且可以表明你诚恳的态度。一手或秀丽精致，或遒劲有力的字会为你的求职加分不少。即使字写得不是很漂亮，但只要很工整，也能表示你的诚意。现在用电脑打字越来越多，用手写字越来越少，手写一份求职信也能把你的长处显现出来。当然，如果你觉得自己的字实在拿不出手，写出来不能为你的求职加分，那就用电脑打印。

书写规范还包括措辞、格式都要准确无误。求职信不单单能体现出求职者的逻辑思维能力，也能体现出求职者的表达能力、文化素养，所以一定要注意措辞和语言。写完之后要多读几遍，不能出现错别字、句子不通等低级错误。求职信从头到尾要整洁，不要用涂改液，写错了字不要用透明胶粘掉继续写，哪怕你写到最后一行，有一个字写错了，也要重写，这关系到用人单位对你的第一印象，是否决定对你进行面试。

第二，谦恭有礼。多用“您好”“谢谢”这样的礼貌用语。招聘人员每天要阅读成百上千份求职材料，非常辛苦，多用敬辞和礼貌用语，会让他觉得温暖舒心，能感受到你是一个非常谦虚懂礼的人，这无形中会为你的求职加分。

第三，情真意切。在措辞当中，表明你希望得到这份工作的迫切心情，表明你热爱这个岗位的非常热忱的心态。语言真切朴实最好，不要使用过于华丽的辞藻，也不要急于在求职信中表决心，喊空洞的口号，如：“如果您给我这个机会，我将怎么怎么做”，等等，所有的承诺都必须是实实在在可以做得到的。

第四，言简意赅。求职信最好不超过五百字，一页纸即可，简简单单，不用阅读的人翻页。不要附加过多的材料和信息，求职信的作用只是为你争取一个参加面谈或面试的机会，更多的内容应该在简历中体现。过于复杂、冗长的求职信，会让人看不清重点，大大降低阅读效率，甚至弄巧成拙。

第五，突出个性。千篇一律、没有个性的求职信，直接造成了招聘人员的审美疲劳。要想在众多求职信中脱颖而出，个性是必不可少的。为你的求职信寻找亮点，也许只是诙谐的语言，也许只是别出心裁的开头和问候，也许只是新颖别致的版式设计。总之，你的求职信要能在成百上千封求职信中脱颖而出，让招聘人员眼睛一亮。

最后，求职信写成之后，不要忘了请身边有经验的老师、朋友多看几遍，看是否有纰漏和错误，以免当局者迷。

二、个人简历礼仪

写完了求职信，接下来要准备的就是个人简历。个人简历是求职者将自己的个人情况介绍给招聘单位的一种书面表达方式，它可以是表格的形式，也可以是其他形式。通过清晰明了的个人简历，不但能大体了解到求职者的基本情况和人生阅历，而且还能看出求职者的语言文字功底及综合素质，感受到求职者思维是否清晰，条理是否分明。一份良好的个人简历对于获得面试机会至关重要，因此，写好个人简历是求职成功的关键。

拓展资源

视频讲解

1. 个人简历包括的内容

首先是一些个人基本情况的介绍，比如姓名、性别、年龄、民族、政治面貌、电话号码、邮箱、求学经历、毕业院校、学位证书等，还包括学习成绩、外语水平、奖惩情况、工作经历，等等。

2. 制作个人简历的技巧

第一，简洁明了。个人简历如果太长，不仅会给人繁冗、拖沓之感，也会淹没简历中一些有价值的闪光点。每次的招聘，招聘人员至少要看成百上千份简历，据说看一份简历的时间不会超过 1 分钟。所以，一份内容完整、充实的简历两页到三页就足够了，要将内容分行列出，一定要短小精悍，言简意赅。

很多人求职的个人简历上附了大学和硕士期间的成绩单，在学校获得的荣誉证书等，其实没有必要附上这么多东西，在简历上列出获得的比较重要的荣誉即可。当然，具体情况也要根据求职的单位要求而定。

有的人在简历中把小学和中学经历都写了上去，其实这完全没有必要，除非你中学时代有特殊成绩，比如在奥林匹克竞赛中获过奖。一般来说，学习经历应该从大学开始写起，最多列出高中阶段的学习经历。

第二，重点突出。重点突出应因人而异，重要的是与所找工作完美结合。求职者首先需要仔细研究对方的招聘要求，然后和自己的求职意向作对比，找到两者相互匹配的地方。只有结合对方的招聘需求，有的放矢，才能写出一份重点突出的简历。

比如，一个美容院需要招聘一位经验丰富的美容院店长，招聘要求中需要应聘者有美容行业实习经验，首先需要的是一个合格的美容师或有美容院的管理经验，要求有领导能力，会带团队，对美容院要有极大的责任心，对美容师有一定的引导，对美容院要有长期的规划，等等。针对应聘的这个职位，求职者应在简历中着重突出以下能力：

（1）美容院详细的工作经验，以及自己从中获得的能力，尤其是领导能力以及处理冲突、管理美容师的能力。

（2）突出自己的核心技能。包括一般的美容技能手法、美容师培训资格证等。

（3）在自我评价中总结自己的工作资历以及能力技能，提高用人单位的关注度。

第三，目标明确。不一定要花很高的代价去制作非常精美的简历，过于花哨的简历，反而会给招聘方留下不稳重、中看不中用之感，弄巧成拙。关键是简历中要明确提出自己想要应聘的岗位和职级，让用人单位有针对性地考察你的条件。很多人在简历上附了漂亮的艺术照，这样也许能吸引眼球，但是对于很多岗位来说，一张专业、素雅的照片更能体现求职者的个人风格和干净利落的工作态度。简历主要看内容，而不是形式。不要撒谎、吹牛皮，简历里的资料必须是真实而客观的。

书写不清楚，格式不一致，纸张太差，打印走样等也是个人简历的大忌。

个人简历做好以后，求职信和个人简历放在一起，求职信上有称呼，有你想要申请某个职位的请求，再接着是个人简历，把它们附在一起，一定要带在身上。你去求职的时候，复印两到三份，甚至于可以更多，如果对方需要，多留几份，比如对方人力资源部需要，办公室也需要，做足这样的准备。千万不要当用人单位听完你的言语介绍，想看看你的简历时，你却没带。曾经有位学生在求职时因为没有带简历而被主考官认为是战士上战场没带枪，可见求职时带上个人简历的重要。

三、电话求职礼仪

现代通信技术发达，在求职的过程当中，还有一种情况不能忽视，就是电话求职礼仪。有很多招聘单位，没有时间首先跟你见面，而是愿意在电话里听你作一些简单的介绍，再决定是否见面。通过电话，对方可以了解你的谈吐，可以听到你的声音，可以听出你的普通话是否标准，甚至可以从你的表达措辞中感觉你的礼貌修养，通过这些，招聘单位足以初步判定你是不是他们想要的人。电话求职不同于面对面的求职，它有一定的局限性。首先你无法看到对方的表情、动作等身体语言，这令你不能很快判断出对方的反应，进而做出调整或改变。其次，你在通过电话表达自己想法的时候也因为缺乏和对方眼神等的交流，而很难进入状态，所以电话求职时应注意以下几点：

1. 选择通电话的时间

选择打电话的时机很重要，不恰当时机的一个电话，很可能导致你失去一个面试的机会。早上 8 点半以前，最好不要给求职单位打电话。因为有的人可能会晚到，或者对方刚到单位需要打扫一下卫生，整理一下办公室。所以，刚上班的半个小时，对方还没有进入工作状态，如果这时打电话，会让对方手忙脚乱。还有一种情况，假如对方一上班很快开始工作，那么此时会有部下来汇报工作或者请示今天的工作安排，这也让他无暇与你通话。所以，最好的打电话的时间是 9 点至 11 点之间。此外，中午一定不要给别人打电话，他有可能在吃饭，有可能在午休。在别人吃东西的时候给他打电话谈论工作的事情是不合适的，也不礼貌。如果他有午休的习惯，那更不应该在中午打电话，这会让他非常不悦，进而影响与你说话的口气，甚至会拒绝与你谈话。下午打电话最好是两点以后，对方已经午休结束，精神抖擞，开始进入工作状态了。

另外，不要打对方家里的电话。工作上的事情，就在工作的时候处理，不要把公事带到别人私人的时间和空间去处理。

2. 构思好通话的内容

通话过程是否顺畅直接决定你们的通话质量，也是求职者表达能力、沟通能力、逻辑思维能力等综合素质的体现。很难想象，一个用人单位会接受一个电话里连话都讲不清楚的求职者。要想做到通话顺畅，可以从以下几个方面准备。首先把你在电话里面要讲的内容想好，你大体上要讲些什么，你想告诉对方什么。然后，把这些内容分成几个方面，理清这些内容内在的逻辑关系，或者从这些内容里面提炼出几个关键词。最后，用一张纸写下来，也不用一字不漏地全写，写个提纲或几个关键词就可以了。这样在通话时就能做到心中有数，免得拿起电话啰唆了半天，对方也没能听明白你在说什么。当对方问你，你在讲什么，你的重点是什么时，就说明了你没有说到重点，没有做到言简意赅，此时也不要慌张，迅速调整心态，按照写在纸上的提示，依次把话说完。

3. 认真倾听对方的话语

电话中的沟通也是双向的，所以当对方表达自己的观点或提出问题时，要认真倾听。一定要在通话前就准备好纸和笔，快速记录下对方表达的内容，还可以在对方说完后向对方重复一下刚刚听到的内容，以免误解。

4. 实事求是地回答

面对对方提出的问题，一定要实事求是地回答，不要含糊其辞，也不要不懂装懂，也许对方早已掌握了真实情况，只是有意在试探你。当然，你可以表明自己虽然不知道这个问题，但愿意去了解和学习。

5. 注意通话时的个人形象

个人形象要通过待人接物的态度与表情展现出来，电话形象也不例外，虽然在打电话时，你的眼神、微笑、姿态、动作等对方完全看不到，但是仍然可以通过语气语调语言来传达你真诚、友好、亲切的态度。优雅的态度、甜美的微笑都能通过电话，给人如沐春风的感受。

在对方听完你所有的内容以后，一定要记得说：“谢谢您！”“非常感谢您！”“给您添麻烦了！”之类感谢的话。

四、网络视频求职礼仪

通过网络视频求职和招聘人才，是近年来兴起的一种方式。因为视频求职和面试既能够较直观地了解到真实情况，又省时省力省费用，时间的安排上也比较灵活，所以这种方式在不少大中城市较为火热。求职者把个人情况和才艺通过电视图像的方式录制下来，作为影视资料挂在网上向用人单位推荐，当用人单位有招聘意向时再约面试时间。所以采取视频求职时一定要注意视频的质量，画面和声音都要很清晰。要把自己所处的环境整理好，不要从画面中看出你生活的环境乱七八糟，任何一个细节的疏忽都有可能成为你获得面试机会的障碍。同时，还要多练习几次，多培养镜头意识，让对方看到你从容、大方、自信的一面。

第三节 面试礼仪

在用人单位仔细看过你的求职信和简历，或通过电话或视频对你的基本情况进行了解后，如果他们认为你基本符合他们的招聘条件，接下来就会安排面试，如何把握住这难得的机会呢？当然要做好各种准备。

一、面试前的准备

1. 研究对方，研究自己

《孙子兵法》中有一句话说得好：知己知彼，百战不殆。如果把职场比作战场，必须要知己知彼。比如你求职的是一个财务方面的职位，你要知道，对于财务方面的工作来讲，第一，要求你特别细心，主考官可能就会特别关注求职者是否很细心；第二，要求你坚持原则，主考官可能会要求你对国家相关的法律法规非常熟悉。所以要认真研究用人单位的考察点。

研究自己，仔细审视一下自己有什么长处，有哪些优势，有什么不足的地方。对所求职位所在的公司也都要查资料，做细致的了解，发掘自己跟公司一些吻合的地方等，一定要做足功课。

还可以找有经验的或业内人士反复设想用人单位有可能问及的问题，模拟面试现场，以求面试时更加胸有成竹。

2. 挑选服装，打造形象

衣着决定了第一眼的印象，所以选择一套合适的衣服去面试非常重要。凤凰卫视著名主持人曾子墨在自传《墨迹》中，描述了自己应聘美林时的情形，她在《“借”一身套装去面试》的一节中写道："做学生时，我从来都是T恤牛仔，外加一个大大的Jansports双肩背书包。为了让自己脱胎换骨，向职业女性看齐，到了纽约，一下飞机，我便直奔百货商店Bloomingdale……试衣镜里的自己果然焕然一新，看上去职业而干练。""第二天，穿着那套似乎专门为我订制、却又并不属于我的深蓝色套装，我镇定自若、胸有成竹地走进了美林的会议室。""握手告别时，在他们的脸上，我找到了自己要的答案：这个女孩，天生就属于投资银行。""后来，我知道了投资银行的确有些以貌取人，得体的服饰着装可以在面试中加分不少。"

曾经有一位人事总监说过这样的话："我认为你不可能仅仅由于戴了一条领带而取得一个职位，但是我可以肯定你戴错了领带就会失去一个职位。"显然，这位总监谈论的并不是领带的问题，而是面试者的着装问题。合理的着装不一定会为你加分，但糟糕的着装绝对会为你减分。

所以，在精心准备求职信和简历的同时，也要根据应聘单位的要求与特点认真准备合适的服装。

女性在求职的时候最好穿较为正式的服装，如套装等。职业套装更显女性的知性、优雅，而且体现出你对这份工作的重视。

男性在求职时也宜穿正装，一般以西装为主，深色和深蓝色最好，穿太旧或太新的西装都不太适宜。衬衫一般选择淡色系，如白色等，纯白色衬衫能传递真诚、干练、清爽的信息，容易获得对方的信任。浅蓝色的衬衫也是不错的选择，衬衫颜色越淡，底色越纯净，给对方留下的印象就越深刻，尽量避免条纹和有图案的衬衫。皮鞋的颜色应该与西装的颜色协调，黑色的皮鞋是最保守和百搭的颜色。鞋的清洁与否最能反映一个人的生活习惯，所以一定要保持皮鞋的整洁。着西服应该搭配深色的棉袜。

求职者在选择正装时要特别注意：

第一，衣服一定要剪裁合身得体。衣服过大会显得人没有精神，而过小的衣服会让自己无法保持肢体活动的自如。

第二，衣服的质感不能太差。在面料的选择上，一定要选不容易起皱的，否则同样会令自己显得很廉价。如果自己的经济能力还无法购置质量较好的套装，可以去租借。

第三，女性的裙子长短适中。过短显得不庄重，过长显得太老气，缺乏活力，一般而言，膝盖以上3~10 cm是比较合适的。

第四，注意整体的搭配。着套裙穿凉鞋显然不合适，穿西服内搭T恤也会很怪异。所以，要以套装为底色来选择衬衣、袜子、鞋子、配饰等，做到从上到下和谐统一。

化妆可以让女性更具魅力。略施粉黛，一张生气勃勃的脸会让面试官觉得你充满活力。如果你素面朝天地参加面试，会让对方觉得你过于随便；如果你过度打扮，浓妆艳抹，又会显得太做作。所以，一定要把握好化妆的度，让妆容符合你当天要参加的面试的场合，又能显示出女性的魅力。长发的女性在参加面试时应把头发盘起来，或梳理整齐扎起来。指甲和眉毛也要细心修剪，可以在指甲上涂上透明或肉色的指甲油，切不可太艳丽或太花哨。

男性无须化妆，但要把胡须剃干净，鼻毛不可外现。头发要清洗干净，整理好发型。

去面试前最好清洁口腔，或嚼一粒口香糖，以保证口腔清洁，口气清新。

二、见面时的礼仪

1. 遵时守信，切勿迟到

这是最重要的。你可以早到，但绝不能迟到。当然也不要早得太多，如果真的早到了很久，就先在外面周围走一走，而不要径直来到考场，早到的时间以十分钟为宜。万一迟到，一定要在路上就开始发信息或者打电话，说明你迟到的理由，因为有的迟到不是完全没有理由可讲的。例如，有一位小伙子，在去面试的路上，因为救车祸中受伤的乘客而耽误了面试时间，这样的迟到，我相信用人单位是可以体谅的。

2. 关闭手机，耐心等候

一旦走进候考室，一定要把手机关闭，这不仅可以让自己集中精力准备，也是考试的纪律。如果通知你是十点面试，但是到了十点前面的人还没有结束面试，你的面试就会往后推迟，这个时候要耐心等待，千万不要大吼大叫，发牢骚，讲怪话。

3. 敲门请示，轻进关门

来到考场外面，不管门是关着的还是开着的，都应先轻轻敲门，取得考官同意后再进去，进去的同时把门轻轻关上。做这些的时候要自然轻缓，动作连贯，落落大方，不要显得小心翼翼，缩手缩脚，扭扭捏捏，给人犹疑不定的感觉，更不可用脚去踢门。

4. 面带微笑，点头示意

进门后要跟所有的人打招呼，如果坐了很多人，你可以说："各位评审老师，你们好！"并且眼睛对所有的人都看一遍，再站到你准备面试的位置上去。如果面试老师示意你坐下，你可以就座；如果面试老师没有示意，你可以问评委老师："请问评委老师，我是坐着回答问题，还是站着回答问题？"而不是贸然地坐到椅子上。一定要面带微笑，不管妆容、服装如何，此时此刻，笑容是你最好的装扮。

5. 允后坐下，轻声致谢

得到面试官同意后再坐下来，坐的时候，女性要用手抹一下自己的套裙，从凳子的左侧落座。不要把凳子全部坐满，更不要整个人都靠到椅背上，坐下后保持背部挺直，可稍稍向前倾，切忌弯腰驼背。如果是面对面谈话，身体可适当倾斜而坐，手自然地放在腿上，膝盖并拢，双腿正放或侧放，双脚并拢或前后交叠。

6. 所带资料，双手奉上

所带的证书、资料等，不要盲目地首先直接递给面试官，最好是先问评委老师，要不要看这些资料，评委老师示意要看时再双手奉上。不要一只手递送物品或资料。

三、面试中的技巧

（一）面试中的礼仪

（1）实事求是，谦虚诚恳。

（2）条理清晰，言简意赅。

（3）从容应答，表达流畅。

（二）面试中常见问题回答技巧

正式进入面试后，面试官会问求职者各种各样的问题，这些问题的回答也许并没有一个确切的答案，但能不能令评委满意还是有很多功课可做，有很多技巧可掌握的。那么，面试中有哪些问题经常会出现，又该怎样回答呢？

1. 所有应试者都可能面对的问题举例

（1）请介绍一下你自己

这几乎是所有面试的必问题。其实关于这个问题在你的简历中已体现得很清楚了，但面试官不一定都看过你的简历，并且这时主考官更希望从你简单的回答和措辞中了解你的情况，感受你的态度。所以，你回答的内容一定要与个人简历相一致，要切中要害，不谈无关、无用的内容；条理要清晰，层次要分明。事先最好以文字的形式写好背熟，但表述时要尽量口语化，不显背稿的痕迹。

（2）请谈谈你的家庭情况

家庭情况对于了解应聘者的性格、观念、心态等有一定的作用，这是招聘单位问该问题的主要原因。在回答这个问题时，首先要简单地列出家庭成员，强调各位家庭成员的良好状况及他们对自己求学和选择职业的支持，尽量适时强调温馨和睦的家庭氛围，尤其是父母对自己教育的重视及自己对家庭的责任感。

（3）你认为自己有哪些优缺点？你认为自己最大的弱点是什么？

人无完人，不宜说自己没缺点，也不要把那些明显的优点说成缺点，客观回答就可以了，陈述优点时应尽量找与相关工作有联系的特质。也可坦率说出自己的缺点，但不宜说出严重影响所应聘工作的缺点，不宜说出令人不放心、不舒服的缺点。可以说出一些对于应聘岗位无关紧要的缺点，甚至是一些表面上看是缺点，从工作的角度看却是优点的缺点，如“办事比较急”，这虽然是缺点，但是说明你完成工作速度较快；“对工作中的困难，自己琢磨得多，向同事或领导请教得少”，这虽然是缺点，但是说明你独立完成工作任务的能力较强。

（4）你有什么业余爱好？

有些同学把招聘单位对爱好的询问简单地理解为想招聘特长生，这显然是个错觉。如果想要特长生，他们大可不必去综合性大学招聘，去体育代表队或文艺团体招聘岂不省时省力？其实他们的目的是想借此判断你的性格、涵养、为人以及品性。回答时不能说自己没有什么业余爱好，只爱好工作，也不要说那些庸俗的、令人感觉不好的爱好。如果说自己仅仅喜欢读书上网这样的爱好，会让面试官误以为求职者性格孤僻，不合群。

最好用一些需要毅力、社交、运动、合作的爱好来表明自己的阳光、开朗。比如你从6岁就开始弹钢琴，直到大学还经常在大型活动中表演，用人单位会对你的毅力及音乐修养肃然起敬。喜欢中长跑，而且成绩不错，这是有毅力、耐力、竞争意识强的特质，这种人往往能够忍受长时间工作。有的人会下围棋，经常看棋谱，说明爱动脑子，善于分析，逻辑性强。

（5）为什么来这里应聘？为什么选择我们公司？

面试官通过这个问题想了解你的求职动机、求职愿望及对这项工作的态度。建议从行业、企业和岗位再结合个人具体情况来回答这个问题。分析自己的志趣、专长所在，说明自己所学专业、工作经历以及对这项工作的期待和理想。说出该单位吸引你的地方，比如说规模较大，有发展前途，表达你想到该单位工作的愿望，如“我十分看好贵公司所在的行业，我认为贵公司十分重视人才，而且这项工作很适合我，相信自己一定能做好。”“我花费了很多时间考虑各种职业的可能性，我认为这方面的工作最适合我，原因是这项工作要求的许多技能都是我擅长的。举例来说……”

（6）你对这份工作了解多少？你的目标及前途打算如何？

最好事先搜集有关资料，做到心中有数，如应聘单位的历史、规模、影响力及应聘岗位的特点。可就进了该单位之后，如何实现自己的理想，表达出自己明确的人生目标及努力上进的精神，也显示对该单位的期望。当然，这些理想不是空想，也不是幻想，是实实在在可以实现的目标计划。

（7）何时可以正式上班？你希望在什么部门上班？可以加班吗？

斟酌自己的情况具体回答可以上班的时间，不要支吾。如果必须延后上班的日期，应说清楚时间和理由。最好说出两三个想去的部门或岗位，让对方有考虑的余地。

对于可否加班的问题，一般不可轻易否定，因为现在单位加班是常态，但可以表明自己会尽量提高工作效率，争取在工作的时间内完成工作任务，也可以实事求是地说出加班的限度。

（8）你希望的待遇是多少？

这是一个很敏感，也较难回答的问题。可尝试这样回答：首先要表明，你是因为喜欢这个工作，喜欢这个专业，喜欢这个职位，同时也喜欢你要来工作的这个单位才来应聘的，你是出自于对工作的热爱才来的。其次要表明，你刚参加工作不久，工作经验也不足，因为还没有开始工作，也并不知道自己能不能做好，能不能得到贵单位的认可，所以在工资待遇方面的期望值也不是特别高。最后要表明，贵单位在对你进行一段时间的考察之后，在确认了你的工作能力，确信你能够胜任这份工作之后，一定会给你一个恰当的待遇，相信贵单位一定不会亏待有能力、对单位作出了贡献的人。

（9）除了应聘本单位外，是否还应聘了其他单位？

回答时应考虑该单位是否有可能知道你还应聘了不同性质的工作，可能认为你志向不稳定的问题。同时，又不可一味否定，因为世界很小，这个单位有可能会知道你参加了其他单位的面试，说谎是大忌。

（10）对于这个工作，你有哪些可预见的困难？

一般问这个问题，面试者的希望就比较大了，因为已经在谈工作细节。但常规思路中的回答，又会被面试官“骗”了。当面试官询问这个问题的时候，往往有两个目的：第一，看看应聘者是不是在行，说出的困难是不是在这个职位中一般都不可避免的问题；第二，是想了解应聘者对困难的态度。其实，面试官并不一定要你具体说出每一个困难，所以，回答这个问题时不宜直接说出具体的困难，否则可能令对方怀疑求职者的能力，可以尝试迂回战术，说出应聘者对困难所持有的态度——工作中出现一些困难是正常的，也是难免的，但是只要有坚韧不拔的毅力、良好的合作精神以及事前周密而充分的准备，相信任何困难都是可以克服的。

2. 女性面试中常见难题举例

女性工作后常常面临结婚生子的问题，加之性别在某些工作中的特殊性，用人单位在聘用女性时，往往提出许多男性面试时不会碰到的问题。也正因为如此，人们往往觉得女性找工作更难，面临的问题更多。其实，掌握了相关的礼仪和回答技巧，很多难题也就迎刃而解了，甚至更显你的机敏和睿智。

（1）家庭和事业你觉得哪个更重要？

你最好抱着工作至上的态度，可以这么回答：我会结婚，但工作对现代女性来说非常重要，我认为女人最重要的是有独立经济能力，有自己的事业，有自己追求奋斗的目标，能够永远保持活力，这样更能赢得丈夫的尊重。当然，我也会尽量不把工作带到家里，在家做一个贤妻良母。

（2）婚后你是否计划在近期内生育？

你可以这么说：我很重视自己的事业，因此我的决定以不影响我的工作和公司的利益为前提，会理智地处理好这个问题。我相信我的丈夫是个明理的人，他一定会理解和支持我的。当然，我也相信公司是很人性化的，到了我应该生育的时候，公司也会为我考虑的。

（3）你对工作中要处理的琐事怎么看？

你可以这样回答：只要工作需要，哪怕是再不起眼的小事，我都会认真地做。从小事做起，更能磨炼人的意志，很多有大成就的人不都是从最基层做起的吗？

（4）你喜欢出差吗？如果公司派你到外地出差，你的男友不同意你去，你会怎么办？

考官提出这个问题，并不是真的想知道你喜不喜欢出差，工作需要时，你不喜欢出差也得出，考官的目的是想通过此问了解你的家人或者你的恋人对你的工作持何种态度。不少刚工作的年轻女性面对这一问题可能会马上回答：“我现在年轻，在家里坐不住，特喜欢出差，一方面为公司办事，另一方面又可以领略到美妙的自然风光。”而有一位女士是这样回答的：“只要公司需要出差，我会义无反顾。这两年因忙于求学和谋职，几乎没出过远门，出差很可能会成为我今后工作的一部分，这一点在我来应聘前，家人早就告诉我了。”两种回答都体现了不错的口才，但第一种回答在表达效果上要差一些，出差顺便逛逛风景名胜本在情理之中，可这样一表白，难免会让人对你产生将出差与游览主次颠倒的感觉；第二种回答妙在那位女士深知考官提问的目的，回答切中了要害。

（5）面对上司的非分之想，你会怎么办？

招聘女秘书，往往会问及这类话题，回答此类问题，最好委婉一些。有人在碰到这个问题时是这么回答的：“你们提出这个问题，我非常感激，这说明贵单位的高层领导都是光明磊落的人。不瞒诸位说，我曾在一家公司实习过一段时间，就是因为老板起了非分之念，我才愤而辞职的，而在当初他们招聘时恰恰没问到这个问题。两相比较，假若我能应聘进贵单位，就没有理由不去为事业尽心尽力了。”这位女士的应答就堪称巧妙，妙就妙在没有直接回答“该怎么办”，因为那是建立在上司“有”非分之想的基础之上的，而自己的回答中是认为上司不会有这种非分之想，所以不会有尴尬的情形出现。通过一个事例来表明自己态度的坚决，又没让问话者难堪。即使新老板确有投石问路之意，日后也不会轻举妄动了，因为你的回答中说到了曾经的“愤而辞职”，实际上就已间接地回答了这个问题。

（6）如果你的客户要你陪他跳舞，你会怎么办？

这是考官测试应聘者在压力下的反应能力。有的女性求职者听到这个问题，会觉得尴尬，甚至觉得主考官无聊。其实，在现代社会，在很多公司，这种情况都是会遇到的。你可以这样回答：“正常情况下，跳跳舞没有什么不可以。我相信在咱们这样的正规企业，不会碰上那种不三不四的人。而且，我也很乐意接受正直、善良的客户的邀请。”

准备了各种面试难题以后，自己在家里、房间里要模拟练习多次，可以请家长、同学、朋友来做主考官，把这些问题反反复复地练习，做到言简意赅，胸有成竹，表达流畅。

如果面试中遇到不懂或不会的问题，也不要紧张，坦率地回答“对不起，这个问题我不太清楚”“不好意思，这个问题我不太了解”远远比不懂装懂要好得多。如果没听清楚或不太明白问题的意思，也可主动发问：“您的意思是不是指……”或“对不起，我不太了解您的意思，请您再说明一下好吗？”

但不管回答什么问题，尤其是一些客观题，一定要以客观真实为前提，虚构事实，难圆其说，最终会搬起石头砸自己的脚。

四、面试后的礼仪

面试结束后，并不意味着可以松一口气，只等结果就行了。无论是否通过面试，或者只是得到模棱两可的回答，都要注意礼貌相待，并且要做好面试的善后工作。

1. 表示感谢

不管考官的态度如何，也不管刚刚自己的回答怎样，面试结束时一定要记得鞠躬，向所有的考官致谢，谢谢他们给了你展示自己的机会。不管对招聘单位满意与否，面试结束后的两天之内要写信表示感谢，也可以用短信的方式，将短信发给招聘单位的领导或主考者。

2. 询问结果

不是当场询问，一般情况下，面试结束后，考官要进行讨论，然后送人力资源部门汇总，根据每个公司的不同情况，选择时间公布面试结果。求职者在面试结果出来前一定要耐心等候，不要过早打听面试结果。可是过了公布结果的时间还没看到结果，你可以给主考官打个电话，询问面试结果，这个电话表示你对这份工作的期望和重视。

3. 做出选择

面试其实是一个双向选择的过程，用人单位不仅在选择求职者，同时求职者也在选择用人单位。在面试过程中，如果细心观察了用人单位的情况，面试结束后就会对用人单位的管理水平、工作环境等有个基本的了解。如果用人单位的情况不那么令人满意，作为求职者可以单方面放弃这份工作，所以要做出抉择，尤其是当用人单位给你录用通知后，拒绝一定要有礼貌，要说明理由，并且要诚挚地表示谢意和歉意，要善始善终。

第四节 工作礼仪

当你求职成功，开始走上工作岗位，这时你的角色已经完全转换了，由原来的学生变成了职场工作人员。

工作礼仪，是人们在工作场所应当遵循的一系列礼仪规范。

一、初入职场礼仪

初入职场，进入一个新的环境，一定要掌握一些必要的礼仪，既能充分表现你的修养，帮助你在职场建立良好的人际关系，也能避免因某些细小的失礼行为给自己带来困扰，给工作带来不便。

1. 仪容仪表得体

衣着往往决定了别人对你的第一印象，所以得体的衣着特别重要。

初入职场的女性在衣着方面不要过于前卫或过于保守，过于前卫是指把年轻人之间最流行的“松糕鞋”“多功能工装裤”“带字 T 恤”等和吊带衫、露背装、紧身裤这类过于暴露性感的衣服穿进办公室。过于保守又会显得太古板，太老气。所以，要选择合时宜的职业装。

男性则不可穿着背心、短裤、拖鞋走进工作场所。

当然，着装也不要过于正统、古板。看到电视剧中公司职员都穿深色套装，也效仿着买一套，这样并不能说明你就穿对了衣服。要留意公司的氛围，着装应该既适合自己的身材和工作性质，又符合公司的整体着装风格。如果大家都穿套装，你也必须穿套装。如果其他人着便服，你也要自然随意一些，不要太另类。

所以要经常留意身边大多数同事的着装，穿出正确的着装风格，从而帮助你尽快地融入工作团队。

要修饰自己的仪容，干净整洁是起码的要求。女性可以化淡妆，如果你的工作不是走T台，或是在聚光灯下，没有必要浓妆艳抹，发型要简单大方，刘海以不遮住眉眼为宜。男性则要把胡须剃干净，最好不留长发。

2. 从小事中学习

初入职场，很多大学毕业生在心态方面有些眼高手低，很多公司企业往往这样评价刚毕业的大学生："大事干不了，小事不愿干"。由于经验和阅历的不足，很多新人都是从"打杂"开始的，不要忽视整理文档、制作表格这样的小事。你的上司和同事通过你对待这些小事的态度，能看出你的学习和工作的态度，以及你工作的能力和方法等。所以初入职场，一定要多观察，勤动手，少发牢骚，从细小的地方开始学起，抱着"一屋不扫，何以扫天下"的心态来积极地做好每一件"小"事。

3. 做个执行职员

拿破仑将军曾经说过："行动和速度是一个人成功制胜的关键。"初入职场，应该尽最大的努力把一切落实到行动上去，少说多做，养成一种立即行动的习惯，做一个有执行力的人。很多成功人士之所以能取得巨大的成就，不是事先规划出来的，而是在行动中一步一步经过不断调整和实践做出来的。同样，只有具备了较强的执行力，职场新人才能尽快进入角色，在职场上立于不败之地。

4. 脚踏实地工作

对于新入职场的人来说，最重要的不是一个月拿多少薪水，而是在工作中能获得多少经验。所以，不要太在意自己的得失，不要太计较自己的待遇，要踏踏实实做人，勤勤恳恳做事，你做出的成绩，别人一定能看到，积累到一定的时候你也一定会得到相应的回报，所谓"水到渠成"。

二、与同事相处礼仪

与同事相处是否融洽和谐直接关系到自己事业的进步与发展，如何处理好与同事之间的关系，在职场中如鱼得水是一门不小的学问。

（一）"五要"礼仪

1. 要保持适度距离

有这样一个故事，有十几只刺猬冬天感到很冷，被冻得浑身发抖，为了取暖，它们只好紧紧地靠在一起，而相互靠拢后，又因为忍受不了彼此身上的长刺，很快又各自分开了。可天气实在太冷了，它们又靠在一起取暖。然而，靠在一起时的刺痛使它们不得不再度分开。挨得太近，身上会被刺痛；离得太远，又冻得难受。就这样反反复复地分了又聚，聚了又分，不断地在受冻与受刺之间挣扎。最后，刺猬们终于找到了一个适中距离，既可以相互取暖，又不至于被彼此刺伤。

刺猬法则强调的就是人际交往中的"心理距离效应"，人与人之间的距离由双方的人际关系以及所处情境决定，即你和对方是什么关系就要保持什么样的距离。

与同事相处，需要懂得如何与他们保持距离，做到不近不远，不亲不疏。如果和同事关系太远了，别人会认为你不合群、孤僻，不易交往，从而渐渐远离你；如果和同事关系太近了，不分彼此，亲密无间，容易被别人说闲话，而且也容易令领导误解，认定你是在搞小圈子，不利于团结。因此，与同事保持适当的距离是非常重要的。

2. 要尊重同事

无论同事年龄大小、家庭背景如何，都要一视同仁，平等相待，不可以"貌"取人，厚此薄彼。

3. 物质往来要清楚

借了钱物，一定要记得及时归还。俗话说"有借有还，再借不难"，即使是小的款项，也应记在备忘录上，以提醒自己及时归还，以免遗忘。向同事借钱、借物，适当地打借条也并不过分。如果所借钱物不能及时归还，应每隔一段时间向对方说明一下情况。在金钱、物质方面无论是有意或者无意地占他人便宜，都会引起对方心理上的不快，从而降低自己在对方心目中的人格。

4. 要关心同事

人都有遇到困难、遇到挫折而无助的时候，在同事困难时你给予对方恰当的关心问候，伸出你的援助之手，会令同事倍感温暖。有时一句寒暄温暖或关怀问候的话，也会令人受用不尽，并赢得同事的接纳与好感。

5. 要勇于认错道歉

与同事相处，共同做事，出现错误是在所难免的，一旦工作中出现错误，不要一味地查找客观原因，推卸责任，要学会主动承担责任，勇于承认错误，这样才能在职场中赢得信任与尊重。

（二）"五不要"礼仪

1. 不要唯我独尊

大家同在一个办公室，可每天打扫卫生、整理内务之类的小事你从来不主动去做，或者认为不屑去做，而是坐等别人的劳动成果。或总是指使别人去做这做那，别人嘴上不说，心里可都有数，天长日久，同事就会认为你太自私，只为自己考虑，没人愿意和你多来往。所以，办公室的事，也就是自己的事，要主动承担。

2. 不要牢骚不断

一边干工作，一边抱怨，一边做事，一边发牢骚，工作虽然完成了，却无法获得同事的好感。人们普遍认为，爱抱怨、爱发牢骚的人难以相处，同事不喜欢你也很正常。开心要做，牢骚满腹也要去做，既然要工作，为什么不高高兴兴地去做呢。

3. 不要总让同事请客

工作之余，同事难免聚餐，不要每次都是别人买单，自己却一毛不拔。最好的避免矛盾的办法是“AA 制”。男士请女士吃饭、喝咖啡等，是很有风度的表现，但必须是男士主动提出的，而不是女性要求的。有些女性却不懂得这个道理，她们不是以女性的魅力来唤起男士的主动、大方和潇洒，而是直接向男士提出要求，让男士左右为难。

4. 不要趾高气扬

作为秘书，和老板接触的机会自然多一些，也有一些人，家庭社会背景较好，经济条件优越，社会人脉发达，于是他们陶醉在这种角色中，得意洋洋。仗着和老板关系近，可以传达指令，就对其他人发号施令，颐指气使；仗着自己从小娇生惯养，或毕业于名牌大学，就目中无人，蛮横无理，这样只会坏了自己在同事中的声誉和威信，也会使自己的工作难以开展。

5. 不要打听传播个人隐私

在工作场所，有的人常常喜欢两三个人扎堆一起，打听别人隐私，津津乐道，讲得眉飞色舞，把自己的快乐建立在别人的隐私甚至痛苦之上，这是职场上很“八卦”的负面现象，应予杜绝。

（三）与领导相处礼仪

职场中，与领导相处的好坏直接影响着一个人在事业上的发展前途，如何与领导相处也成了一门不小的学问。其实，与领导相处也是一门艺术，只要掌握了一些原则，运用一定的礼仪规范，也可以与领导相处得融洽自如。

1. 调整好心态

和领导相处心态要放好，要尊重但不要畏惧领导。有些人平时说话很自信，但是一到领导面前顿感自卑，说话紧张，行为拘谨。这就是你把领导看得太重，从而造成了心理负担。不管与谁相处都要做到不卑不亢，大方自然。虽然你是刚刚毕业踏上工作岗位，没什么社会经验，但人格上是平等的。只要抱着学习的心态向领导请教、学习，就会轻松很多。

2. 维护领导形象

无论在什么场合，对内还是对外，都要尽力维护领导的形象。不议论领导，不当面顶撞领导，对领导的失误要理解包容。当领导有错误时，不要当众纠正，如果错误不明显，不妨“装聋作哑”，如果错误很严重，必须纠正，则要寻找合适的时机，以恰当的方式向领导指出。

3. 主动向领导汇报

有些人认为做好自己的工作就行了，没必要多和领导沟通，事事汇报。其实不然，经常与领导沟通、汇报工作既可以让领导知道你的工作进度与安排，有了问题还可以及时得到解决，避免造成失误。

4. 不替领导做决定

不要擅自替领导做决定，但可以引导领导说出你的决定。比如，当你向领导汇报一项工作时，不妨这么说：“李处长，您好！这件事情呢，经过我的调查和了解，我觉得有三种方式可以解决，这三种方式分别是……这三套方案各有利弊，由于我资历尚浅，也缺乏工作经验，请您做决定。”这样，无论领导定哪种方案，其实都是你已认可的方案。即使领导都不赞成，至少也会让领导感觉你认真思考了。

5. 不和领导开“黑色”玩笑

开玩笑是为了活跃气氛，拉近距离。然而一些带有人身攻击的“黑色”玩笑却让人烦不胜烦。与领导相处时尽量少开玩笑，否则，可能会弄巧成拙，适得其反。来了个客户找领导签字，领导签完字后，客户连连称赞领导的字漂亮，说：“您的签名可真气派！”你正好走进办公室，听到称赞声后，一阵坏笑：“能不气派吗？我们领导可暗地里练了三个月呢！”可想而知，领导和客户的表情有多尴尬。

三、办公室礼仪

办公室是日常处理事务的场所，办公室礼仪不仅是对公司和同事的尊重与认同，而且也是个人为人处世、礼貌待人最直接的体现。办公室礼仪要注意以下几个方面：

（一）电话礼仪

1. 接听电话礼仪

接听电话时一般都习惯右手拿话筒，但是与客户沟通时有必要做记录，这时最好左手持话筒，便于右手写字或操控电脑。接听电话时姿势要端正，不要趴在桌面边缘，端坐的姿势最有利于声音自然、气息流畅。

不要让铃声响得太久，这样对方会等得焦急；也不要铃声响过一下就马上接电话，这样会令对方措手不及；最好是铃声响过两下后拿起电话。

接电话时若周围吵闹声大，应示意其他人安静后再接电话。通话时与话筒保持适当距离，说话音量大小适度。不能嘴里含着东西接电话。有急事或要接另一个电话而耽搁时，应表示歉意。

电话接通后，热情问候并报出单位或部门名称，如：“您好！湖南大学总机！”如果对方打错电话，不要责备对方，更不要“啪”的一声挂断，知情时还应告诉对方正确的号码。如果对方所找的人不在，也不要立即挂断电话，应主动询问对方，是否需要留言或转达，并把要转达的内容做好记录，及时转达。

确认对方单位与姓名，询问来电事项，按5W/ 1 H的原则做好记录。5W，即Who，When，Where，What，Why；1 H，即How。

听对方讲话时不能一直沉默，要积极给予回应，表示你在认真听，否则对方会以为你不在听或没有兴趣。

如果不得不中止接听电话而查阅一些资料，应当动作迅速，或者有礼貌地征求对方意见说：“您是不挂断电话稍候片刻，还是过一会儿我再给您打过去？”

通话快要结束时，简要汇总和确认来电事项，并表示会尽快处理。

最后要感谢对方来电，说完“再见”后，最好待对方挂断电话之后再挂电话。

2. 拨打电话礼仪

选择适当的时间。选择对方正在工作的时间打电话，避开刚上班或临近下班的时间，因为这时打电话，对方往往刚到办公室或急于下班，很可能得不到满意的答复。公务电话应尽量打到对方单位，若确有必要往对方家里打时，应注意避开吃饭和睡觉的时间。

拨打电话之前，确保周围安静，嘴里不要含东西。内容较多时可先拟一个提纲，准备好说话的内容及措辞语气等，这样可以节省打电话的时间，提高电话沟通的效率。

对方接听后应首先通报自己的姓名、身份，必要时，先询问对方此时交谈是否方便，在对方方便的情况下再开始交谈。

交谈开始时可简单地寒暄，然后快速切入主题，不要东拉西扯，偏离自己要表达的内容。

万一打错电话，应向对方表示歉意，再挂断电话。

如果要找的人不在，而事情也不重要或不需要保密时，可请接电话者转达，或留下自己的联系方式，请对方回来后回电话。

控制通话时间，尽量把时间控制在 3 分钟以内，最好不要超过 5 分钟。如预计通话时间较久，应该提前预约。

文明用语很重要，打电话时“请”“谢谢”“给您添麻烦了”等礼貌用语要多说。

（二）介绍礼仪

1. 介绍的顺序

先将职位低的人介绍给职位高的人，然后将职位高的人介绍给职位低的人；先将年轻的人介绍给年长的人，再将年长的人介绍给年轻的人；先将自己公司的人介绍给外公司的人，再将外公司的人介绍给自己公司的人；先将男性介绍给女性，但是如果男性的年龄稍长或者职位较高时，则要先将女性介绍给男性；地位与年龄相仿时，将与你较熟的一方先介绍给你不太熟的一方。因为从礼仪的实质“敬”的角度，位尊者、年长者有先知权和主动权。

如果是你主持会议时介绍与会的来宾和领导，则按职务高低来介绍，先介绍职务高的，后介绍职位低的。当你不太了解职位情况，与会的兄弟单位又比较多时，也可自定介绍顺序，如“各位领导，各位来宾，今天的会议马上就要开始了，首先请允许我介绍今天与会的各位领导和专家，我首先介绍坐第一排的领导与专家，然后介绍第二排第三排的。坐在第一排我左手边第一位的是张厅长，第二位是马主任……”

2. 介绍时应注意的细节

自我介绍要尽量简洁。

介绍别人时，应该摊出手掌引导，如“这位是王主任”“这位是李小姐”，而不能用手指指着别人。

量词用“位”，而不是用“个”。

（三）接待礼仪

1. 来有迎声：请进、请坐、请喝水……

2. 问有答声：好的、马上办、一定转告……

3. 去有送声：谢谢、慢走、再见……

（四）办公室礼仪禁忌

1. 不要加入到任何“办公室帮派”

在办公室尽量不要议论单位同事，满意也好，不满意也好，都不要去议论。更不要拉帮结派，组织“小集团”，影响员工团结。作为员工，你要做的是尽力把自己应该做的那份工作做好。

2. 不要过分注意自我形象

一天到晚拿着镜子照，一天到晚画眉毛，补口红，只要跟别人说话，就不停地摸头发，捏衣角，办公桌上摆满了化妆品等，不但给人轻浮、工作能力低下之感，也影响办公室形象。

3. 不要滥用公共设施

办公室的一切公共设施都是为了方便大家，提高工作效率而设的，无论是电话机、传真机、复印机，还是桌椅板凳，都要爱惜。不要用办公室的设施做私事，不要拿着办公室的电话聊天、煲电话粥，既影响他人工作，又会给人留下爱占小便宜的印象。

4. 不要在办公桌上摆满零食

年轻人大都爱吃零食，并且以互换零食表示友好，只是要注意，工作时要把零食都收起来，不要放在办公桌上一览无余，更不要在有旁人和接听电话时，嘴里不停地嚼东西。

5. 不要形象不得体

不宜把露、透、短、紧的衣服穿到办公室里去，内衣若隐若现也是非常不雅观的。在办公室一般不要穿拖鞋。走起路来摇来摇去的耳环，叮当作响的手镯会分散他人的注意力，在办公室里也不宜佩戴。浓妆艳抹、夸张的亮彩指甲也不是办公室的妆容。坐在办公桌旁，却把脚架到办公桌上，嘴里叼着香烟，耳朵上夹着香烟，哈欠连连，嘴里不停地嚼着口香糖……这些都是办公室极不雅的形象。

6. 不要把办公室当家

有的人中午有在办公室午睡的习惯，于是把被子放在沙发上，拖鞋放在地上，下午还能看到中午睡过的痕迹。有人甚至把煲汤、煲粥的炊具放在办公室地上，从早上就开始炖中午吃的汤或粥，饭后也是将餐具随手一放，茶几上面，菊花、枸杞、红枣都摆在那儿。这样的办公室看不到你用心工作的痕迹，反而是生活化的气息特别浓。建议用一个柜子把生活用具装起来，中午午休用过的被子叠起来放进柜子里。办公室是工作场所，而不是你的家。

7. 不要高声喧哗

办公室是公共场所，在办公室里说话或者接打电话时，要看是否会影响周围同事的工作，尽量压低说话的声音，可以一手握听筒，一手遮在嘴前，不让声音扩散。如果要呼唤其他办公室的同事，也尽量到其办公室去叫，而不要隔着几间办公室，扯开嗓门儿就喊，让全办公楼的人都听到你刺耳的声音。

8. 不要借钱物不还

借用同事物品时，一定要提前打招呼，不要因为关系好就把别人的东西当自己的用。用完之后一定要放回原处，及时归还。借同事的钱一定要限时归还，常常借小钱不还，一定会给人贪小便宜的印象。

9. 不要偷听他人讲话

旁边的同事私下谈话，你却停下手中的工作，伸长两只耳朵偷听；领导进了隔壁办公室，你借故在走道上来回走动，希望透过虚掩的门听到点儿什么，这些都是很不光明磊落的行为，一定要避免！

10. 不要对同事的客人冷漠

同事的朋友或客户来了，同事不在，你应该倒茶让座，并告诉他同事的去向，大约什么时候回来，这样你的朋友来了，同事也会热情接待，同事之间才会形成和谐融洽的关系。

11. 不要经常迟到

经常拿堵车或者睡过了当迟到的借口，不仅会引起同事的反感，也让领导认为你凡事爱找借口，不能担当责任。既然知道上下班高峰期会堵车，为什么不早一点出门呢?

【本章小结】

本章共分四节介绍了职场礼仪。从实习开始，既要做好实习前的准备，也要注意在实习单位的礼仪。实习之后面临求职，求职礼仪包括了求职信礼仪、个人简历礼仪、电话求职礼仪、网络视频求职礼仪四个方面，这是进入职场前的准备，直接关系到能否顺利进入职场。求职信和个人简历是面试前的必要环节，一定要利用好，格式的规范，语言的准确，感情的真挚都是必不可少的。此外，也要突出个性，才能在众多求职信和简历中脱颖而出。面试礼仪一节中介绍了面试前的准备、见面时的礼仪、面试中的技巧及面试后的礼仪，这是求职的重中之重。尤其是列举的一些面试中常见问题的回答，希望对你的应聘有所启发。进入职场以后，角色发生了改变，工作礼仪与学校礼仪有很大区别，初入职场礼仪、与同事相处礼仪、办公室礼仪等都考验着职场中人。要避免成为人人都讨厌的那种职场中人。

【模拟实训】

1. 小刘是某名牌大学在校生，经老师推荐，在一家会计师事务所实习。上司给他安排一些基础性、事务性的工作，如整理材料、核对数字等，希望他尽快熟悉业务。可在小刘看来，这是“打杂”，不是“实习”，自己是名牌大学的高材生，应该从事专业性强的技术工作。于是，小刘便抱着“屈才”的心态开始工作，办事拖拖拉拉，应付了事，开会的时候却高谈阔论，希望被人关注，获得领导的赏识。可事与愿违，小刘不仅没有得到重视，反而“被”提前结束了实习。分析小刘实习失败的原因。

2. 每位同学虚拟一个自己想去应聘的单位，向这个单位写一封规范的求职信，不得超过五百字。

3. 为自己制作一份简历。

4. 模拟一次洽谈会现场，每个同学担任一次主持，介绍自己和各位来宾。

5. 模拟一个公司的招聘会现场，一组同学做面试官，一组同学做应聘者，练习见面礼仪和回答问题的技巧，完成一轮后互换角色。

6. 全班同学分成两组，一组同学扮演打电话的人，另一组同学扮演接电话的人，练习在职场中如何接打电话。

第六章 社交礼仪

第一节 会面礼仪

俗话说，良好的开头是成功的一半。所以，想事情得以顺利发展，就从见面礼仪开始。

第二节 拜访礼仪

拜访是亲自或派人到朋友家或与业务有关系的单位拜见访问某人的活动。人与人之间、社会组织之间、个人与组织机构之间都少不了拜访，通过拜访，人们可以互相交流信息，统一意见，发展友情。

第三节 馈赠礼仪

馈赠，是人们在交往过程中通过赠送礼物来表达对交往对象的尊重、敬意、友善、喜爱、祝贺、感谢、慰问、纪念、哀悼等情感与意愿的一种交际行为。

第四节 迎送礼仪

迎送，是指因公务活动而安排的迎接和送别。

第五节 通信网络礼仪

通信，旧称通讯，是指人们利用电信设备来进行信息传递的活动。

情景再现

飞机临起飞前，一位乘客请空姐给他倒一杯水吃药，空姐很有礼貌地说："先生，为了您的安全，请稍等片刻，等飞机进入平稳飞行后，我立刻把水给您送过来好吗？"

15 分钟后，飞机早已进入平稳飞行状态。突然，乘客服务铃急促地响了起来，空姐猛然意识到：糟了，由于太忙，她忘记给那位乘客倒水了。当空姐来到客舱，看见按响服务铃的果然是刚才那位乘客时，她小心翼翼地把水送到那位乘客跟前，微笑着说："先生，实在对不起，由于我的疏忽，延误了您吃药的时间，我感到非常抱歉！"这位乘客抬起左手，指着手表说道："怎么回事，有你这样服务的吗？你看看，都过了多久了？"空姐手里端着水，心里感到一丝委屈，但是，无论她怎么解释，这位乘客都不肯原谅她的疏忽。

接下来的飞行途中，为了弥补自己的过失，每次去客舱给乘客服务时，空姐都会特意走到那位乘客面前，面带微笑地询问他是否需要服务，然而，那位乘客余怒未消，摆出不合作的样子，并不理会空姐。临到目的地前，那位乘客要求空姐把留言本给他送过去，很显然，他要投诉这名空姐，此时空姐心里很委屈，但是仍然不失职业道德，显得非常有礼貌，而且面带微笑地说道："先生，请允许我再次向您表示真诚的歉意，无论您提出什么意见，我都会欣然接受您的批评！"那位乘客脸色一紧，嘴巴准备说什么，可是没有开口，他接过留言本，开始在本子上写了起来。

等到飞机安全降落，所有的乘客陆续离开后，那位空姐十分忐忑地打开留言本，却惊奇地发现，那位乘客在本子上写下的并不是投诉信，而是一封热情洋溢的表扬信。是什么使得这位乘客最终不仅放弃了投诉，反而选择了肯定表扬呢？

在信中，空姐读到这样一句话："在整个过程中，你表现出的真诚的歉意，特别是你的十二次微笑深深打动了我，使我最终决定将投诉信写成表扬信！你的服务质量很高，下次如果有机会，我还将乘坐你们的这趟航班。"

名言警句

交际场上的机智不能表现太过，也不能不予重视，因为这不仅牵涉到一个体面的问题，而且还关系到公务和政府。

——弗·培根

君子与君子以同道为朋，小人与小人以同利为朋。

——（宋）欧阳修

多赞美别人——不用花钱，就能使人快乐，何乐而不为呢？

人际关系的原则是：有舍才有得——你满足了对方，对方才会满足你。

现代社会是一个高度发展、融合的社会，随着社会的进步，人与人之间的交往也越来越频繁，越来越密切。如何在与他人的交往中体现出自己的风度与涵养，展现个人魅力？如何在社交场合中得到他人的尊重，成为一个受欢迎的人？社交礼仪可以帮您解决这些问题。

社交礼仪是指在人际交往、社会交往和国际交往活动中，用于表示尊重、亲善和友好的行为规范和惯用形式。社交礼仪是人际交往的润滑剂，它不仅可以体现一个人的学识、修养，也可以使人与人的交往与合作更加顺利、愉快。所以学习社交礼仪，提高礼仪修养，是每个人踏入社会前的必修课。

第一节　会 面 礼 仪

我们的工作和生活每天都离不开跟人打交道，见面时的一个微笑，恰当的言谈，得体的举止都会给对方留下美好的印象，从而使人有一种想进一步交往的欲望。俗话说，良好的开头是成功的一半。所以，想事情得以顺利发展，就从见面礼仪开始。

一、微笑礼仪

有人把微笑比作全世界通用的“货币”，因为它被世界上所有的人所接受，是表情中最能给人好感、增加友善和沟通、愉悦心情的表现方式。在世界美术史的殿堂里，名留史册的画家成百上千，传之后世的作品琳琅满目，但是堪称画坛巨作的却屈指可数，具有划时代意义的名作更是凤毛麟角，而在法国卢浮宫里，却陈列着一幅具有永恒魅力的作品，这就是达·芬奇的代表作《蒙娜丽莎》。蒙娜丽莎以其含蓄迷人的微笑，把人类的美升华到了一种光照寰宇的境界。

微笑是交际活动中最富有吸引力、最有价值的面部表情。无论是在办公室、在舞场、在谈判桌上，还是在周游世界的旅途中，只要你不吝惜微笑，往往就能够左右逢源，顺心如意。中国有句老话叫“一笑泯恩仇”，高度概括了微笑在人际交往中的巨大作用。世界著名的希尔顿酒店的创始人康纳·希尔顿，每当遇到员工时，都要询问这样一句话：“你今天对顾客微笑了没有？”他指出：“饭店里第一流的设备重要，而第一流服务员的微笑更重要，如果缺少服务员的美好微笑，好比花园里失去了春日的太阳和春风。”他将微笑礼仪的理念上升到公司的品牌文化，并贯彻到公司每位员工的思想和行为中，通过员工的“微笑服务”，创造了“宾至如归”的企业文化氛围，进而辐射到整个行业。

微笑是可以训练的，基本方法是每天对着镜子，心里想着愉悦的事情，目光友善，放松面部肌肉，嘴角微微上翘，让嘴唇略呈弧形，露出6~8颗门牙。不牵动鼻子，不笑出声音，不露出牙龈。微笑要诚恳、纯净、眼中含笑。

二、称呼礼仪

称呼是指人们在日常交往应酬中所采用的彼此之间的称谓语。称呼使用合适、得体，一方面能体现自身的教养，另一方面表现出对对方的尊敬。在日常生活中，一个称呼就能让对方感受到你的敬意和热情，所以，称呼他人一定要掌握好技巧，选择称呼要合乎常规，要区分场合，要入乡随俗，还要照顾被称呼者的个人习惯。

可以按职务来称呼，如张院长、李校长、赵书记、马处长等。

可以按职称来称呼，如孙教授、徐工程师等。

可以按行业来称呼，如罗老师、王会计、冯律师等。

还有两种泛尊称，称男性为“先生”，称女性为“女士”。但“先生”这个称呼有时也可以用在女士身上，人们习惯称杨绛为杨先生，称宋庆龄为宋先生。对女性用“先生”的称呼，是在她德高望重，人们极尊重她的情况下才使用。

称呼人时一定不要把别人的姓念错，如仇、解、任、单、尉迟等作为姓氏时极易读错。

有些称呼具有一定的地域性，如北京人爱称人为“师傅”，山东人爱称人为“伙计”，中国人习惯把配偶、孩子称为“爱人”“小鬼”。但是，在南方人听来，“师傅”等于“出家人”，“伙计”肯定是“打工仔”。而外国人则将“爱人”理解为“情人”，将“小鬼”理解为“鬼怪”“精灵”。不恰当的称呼极易引起误会，所以，使用此类称呼时一定要注意地域性，注意场合。

三、握手礼仪

握手礼是在一切社交场合最常使用、适应范围最广泛的见面致意的方式，它表示亲近、友好、寒暄、祝贺、感谢、慰问、道别等多种含义。通过握手，可以了解一个人的情绪和意向，还可以推断一个人的性格和感情，有时握手比语言传递的信息更丰富，更充满情感。

（一）握手的场合

握手的场合可谓多样，如迎接客人到来时，当你被介绍与人认识时，久别重逢时，偶遇熟人时，拜访告辞时，送别客人时，别人向自己祝贺、赠礼时，拜托别人时，别人帮助自己时都可以用。

（二）握手的姿势

标准的握手方式是：握手时，两人相距约一步，上身稍前侧，各自伸出自己的右手，四指并拢拇指张开，两人的手掌与地面垂直相握，上下轻摇，稍许用力，眼睛注视对方，微笑致意或简单地用言语致意、寒暄，一般二三秒为宜。

也会有人用双手与人握手，这种姿势是想向对方传递出一种真挚、深厚的友好感情。这种形式的握手有两种情形：第一，主动握手者的右手与对方的右手相握，左手移向对方的右臂，或轻拍右肩，这样，他伸出的左手可以向接受者传递出更多的关爱与鼓励；第二，被动握手者伸出双手握住对方的右手，这样，他的双手传递的是一份尊敬与仰慕。

（三）握手的次序

行握手礼有先后次序之分，次序主要根据握手人双方所处的社会地位、身份、性别和各种条件来确定，总的原则是位尊者有主动权。

职位、身份高者与职位、身份低者握手，应由职位、身份高者先伸手；女士与男士握手，应由女士首先伸手；已婚者与未婚者握手，应由已婚者先伸手；年长者与年幼者握手，应由年长者先伸手；迎客时主人应先伸出手与到访的客人相握；客人告辞时，客人应先伸出手与主人相握。

除了上述情况，握手的次序还应考虑以下情况：

（1）握手是上级先伸手，长辈先伸手，女士先伸手，主人先伸手，而下级、晚辈、男士、客人应先与对方打招呼、问候，见对方伸出手后，再伸手与之相握。若两人之间身份、年龄、职务都相仿时，可先伸手表示礼貌。

（2）男女初次见面，女方可以不与男方握手，互致点头礼即可；若接待来宾，不论男女，女主人都要主动伸手表示欢迎，男主人也可对女宾先伸手表示欢迎。

（3）一人与多人握手时，应是先上级、后下级，先长辈、后晚辈，先主人、后客人，先女士、后男士。

（4）若一方忽略了握手的先后次序，先伸出了手，另一方应立即回握，以免尴尬。

（5）在公务活动中，握手时伸手的先后次序主要取决于职位、身份；而在社交、休闲场合，则主要取决于年纪、性别、婚否。

（四）握手时的禁忌

不要用左手同他人相握。当自己右手脏或湿时，应亮出手掌向对方示意或者说明，并表示歉意。握手时不要把另一只手插在口袋里。

不要戴着手套与人握手，但女士穿晚礼服时戴镂空的蕾丝边的手套时可以与人握手。不要戴着墨镜与人握手，不要隔着人和别人握手。

行握手礼时不要左顾右盼，更不能一边握手，一边跟其他人打招呼。不要简单地只是碰触一下对方的手就分开，这是一种敷衍，是不礼貌的行为。

不要跨门槛握手，特别是在见面和告辞时。不要坐着与人握手，握手一般总是站着相握，除非年老体弱或行动不便，坐着握手是很失礼的。

握手时不要抢握，不要交叉相握，应待别人握完后再伸手相握。交叉相握不仅是一种失礼的行为，有的国家还视交叉握手为凶兆的象征，交叉成“十”，意为十字架，认为这种握手姿势会招来不幸。

四、介绍礼仪

在社交礼仪中，介绍是一个非常重要的环节，是人际交往中与他人进行沟通、增进了解、建立联系的一种最基本、最常规的方式。通过介绍，可以缩短人们之间的距离，帮助扩大社交的圈子，促使彼此不熟悉的人们更多地沟通，更深入地了解对方。

（一）自我介绍

1. 时间

这里的时间有两重含义：一方面要考虑什么时候做自我介绍合适，一般认为，把自己介绍给他人的最佳时机应是对方有空闲的时候，心情好的时候，有认识你的兴趣的时候或主动提出认识你的请求的时候；另一方面要考虑自我介绍大致使用多少时间，一般认为，用半分钟左右的时间来介绍就足够了，至多不超过 1 分钟，尤其是当自己的头衔比较多时更不要面面俱到，选最适合当时的社交场合的内容就可以了。内容太多，喧宾夺主，别人反而记不住，还会有炫耀之嫌。

拓展资源

2. 态度

作自我介绍时，态度一定要亲切、自然、友好、自信。介绍者应当表情自然，眼睛看着对方或大家，要善于用眼神、微笑和自然亲切的面部表情来表达友善之情。不要显得不知所措，面红耳赤，更不能一副随随便便，满不在乎的样子。可将右手放在自己的左胸上，让自己的心情尽量平复。

3. 内容

自我介绍时，主要内容一般由三大要素构成，即姓名、工作单位、担负的具体工作。依据自我介绍内容方面的差异，可以分为五种形式：

第一种为应酬型。它适用于一些公共场合和一般性的人际接触，只需要简单地介绍一下自己，往往只介绍姓名即可。

第二种为沟通型。它适用于普通的人际交往，但意在寻求与对方交流或沟通，是希望对方认识自己，了解自己，与自己建立联系而进行的自我介绍。内容上可以包括本人姓名、单位、籍贯、兴趣或是与交往对象有共同的熟人等。

第三种为工作型。它以工作为介绍的中心，以工作会友，其内容应重点集中于本人的姓名、单位以及工作的具体性质。介绍时，姓名应当全部报出，不能只说姓，或只说名。单位名称最好也要报全称，如报简称也要是大家耳熟能详的，不能令对方不解或引起误会。在单位有职务的要报出职务，如果职务较低或者无职务，可以简单说明一下自己从事的具体工作。

第四种为礼仪型。它适用于正式而隆重的场合，是一种表示礼貌友好的自我介绍，适用于讲座、报告、演出等正规场合。其内容除了姓名、单位、职务外，还应附加一些友好、谦恭的语句，如："大家好！在今天这样一个春光明媚的日子里，很高兴和大家相聚。请允许我作一下自我介绍，我叫 ×××，来自 ×× 大学，是 ×× 学院的教学副院长。今天，是我第一次来到美丽的青岛，这里美丽的风光一下子深深地吸引了我，我很愿意在这多待几天，希望和在座的各位多多交流。谢谢！”

第五种为问答型。针对对方提出的问题做出回答，这种自我介绍适用于应试应聘、公务交往以及普通的交际应酬场合。比如说，对方发问：“请问您贵姓？”回答：“免贵姓李，木子李。”

（二）为他人介绍

1. 介绍者礼仪

在公务交往中，介绍人一般由公关礼仪人员、秘书担任。

在社交场合，东道主、长者、主人、身份较高者或与被介绍的双方均有一定交情者都可以担任介绍人。

介绍前要了解双方是否有结识的愿望。介绍时语言要清晰明了，不要含糊其辞，以使双方记清对方姓名。

2. 介绍的内容

一般介绍：姓名、称呼。

正式介绍：姓名、称呼、工作单位、职务、关系、兴趣爱好。

在介绍彼此的姓名、工作单位时，尽量为双方找一些共同话题，以方便被介绍人之间快速找到谈话内容，如双方的共同爱好、共同经历或相互感兴趣的话题。

必要时，可以说明被介绍的一方与自己的关系，以便新结识的朋友之间相互了解和信任。

3. 介绍的顺序

总的来说，要遵循这样一个原则：受尊敬的一方有优先了解另一方的权利。

具体是：将年轻者先介绍给年长者，将地位低者先介绍给地位高者，将熟悉的人先介绍给不熟悉的人，将客人先介绍给主人，将后到者先介绍给先到者，将家人先介绍给同事、朋友，将未婚者先介绍给已婚者。社交场合应将男士先介绍给女士。如：“赵小姐，我给你介绍一下，这位是王先生。”但如果领导是男性，下属是女性，公务活动中还是应先将女士介绍给男士。

（三）集体介绍

集体介绍主要是在规模较大的社交聚会、公务活动、涉外交往活动，如大型宴会、婚礼、生日晚会、演讲、报告、比赛、会见、会谈等场合使用的介绍。

集体介绍一般分为两种情况：集体和集体，集体和个人。无论是哪种情况，介绍时都要讲究一定的次序。主要遵循以下几个原则：

1. 少数服从多数

当被介绍者双方地位、身份大致相等时，应先介绍人数较少的一方。

2. 强调地位身份

若被介绍者双方地位、身份存在差异，地位高者虽人数少，也应先介绍大多数人给少数人认识。两边都是单位的话，一般要把地位低的一方先介绍给地位高的一方。一般东道主是地位低的一方，客人则是地位高的一方，所以要先介绍东道主。

3. 只需单向介绍

在演讲、报告、比赛、大型会议时，往往只需要将主角介绍给广大参加者。

4. 省略式的介绍

若一方人数较多，可采取笼统的方式进行介绍，如：“这是我的家人”，“这是我的同学。”

5. 拟定顺序介绍

若被介绍的不止两方，则需要对被介绍的各方进行位次排列，可以事先向大家说明排列的方法，是以其负责人身份为准，还是以其单位规模为准，或者以单位名称的英文字母顺序为准，或者以座次顺序为准，等等。

（四）介绍的注意事项

介绍时一定要弄清彼此的关系，明确介绍的目的。

介绍时要注意言辞有礼，遵循平等的原则。

介绍时应避免使用推销式的介绍，不可这样介绍：“这位是王德贵先生，巨能有限公司的董事长，家产三亿元。”这种介绍有借朋友的身份来抬高自己的嫌疑，既失身份又失礼仪。

介绍时还应注意眼神的交流和手势的配合，避免嬉皮笑脸，仪态不端，当然可以适当风趣。

介绍时还要注意时间和内容的调整，介绍的内容可以根据不同的场合和情境加以调整。

介绍时，如果有名片的应该先递名片再作介绍。

五、名片礼仪

名片在现代社会生活中已经成为必不可少的交际工具，它可以使不相识的人相识，成为朋友，保持联系。名片又是一个人身份的象征，甚至是一个人的脸面。与他人交换名片时也有很多需要注意的地方，如果使用名片的方式不当，不仅会引起尴尬，甚至会影响自己在别人心目中的印象。

（一）名片的内容

名片的内容一般有姓名、工作单位、职务、职称、通信地址等，也有把爱好、特长等情况写在上面的，一般来说，要根据自己的需要选择名片上的具体内容。

名片上没有必要印照片，因为并不是所有拿到你名片的人，都会精心保存，一旦被丢弃，将会很尴尬。

文字要美观、简洁，突出姓名和头衔，职称不要超过两个。如果有对外业务，可印中外两种文字，正面为本国文字，反面为英文或其他外文。

女士的名片上一般不留家庭地址和住宅电话。

（二）名片的分类

名片可分两类：一类是社交名片，另一类是公务名片。一般来说，社交名片内容简单些，只印姓名及联络方式即可。公务名片内容需要更详细些，要包括姓名、单位及地址、职务或职称、办公电话、邮编、邮箱等。

（三）名片的设计

名片的语言讲究简洁明了，实事求是，反映出个人的基本情况，从而达到交际的目的。

现实生活中也可以看到有的名片语言幽默诙谐、新颖，别具一格。如：“您永远的朋友——××”，然后是工作单位和联系方式，名片没有任何官衔，语言简洁，亲切朴实。

还有人这样设计：“家中称老大，社会算老九，身高一七八，自幼好旅游，敬业精神在，虽贫亦富有，好结四方友，以诚来相求。”一首打油诗，言简意赅，风趣幽默。

著名剧作家沙叶新的名片就像一幅自己的漫画像：“我，沙叶新，上海人民艺术剧院院长——暂时的；上海人民艺术剧院剧作家——永久的；××委员、××理事、××顾问、××教授——都是挂名的。”

名片的设计上，除了文字外，还可借助有特色或象征性的图画符号等非语言信息辅助传情，增强名片的表现力。也可以在上面印单位的图像标记、公司的形象图案等，但不要太花哨，以免喧宾夺主。

（四）名片的递送

1. 递送名片的姿势

采用标准站姿，要用双手的大拇指和食指轻捏名片上端的两个角，名片的正面朝向对方。递向对方时，要简单地说一些诸如“初次见面，请多多关照”“非常高兴认识您”的应酬话，并且面带微笑，友善地注视着对方，目光不可游移或显得漫不经心。

2. 递送名片的次序

递送名片应按一定次序，一般是地位低的人先向地位高的人递名片，男性先向女性递名片，尤其在非公务场合，女性不应首先递出名片。如果对方不止一人，应先将名片递给职务较高或年龄较大者，或者由近至远依次递送，并且自己走到每个人身边双手奉上，切勿跳跃式地进行，以免对方有厚此薄彼之感。

3. 递送名片的时间

递送名片还应把握好时机，初次相识，自我介绍或别人为你介绍时可出示名片；双方交谈较融洽，表示愿意建立联系时应出示名片；双方告辞时，可顺手取出自己的名片递给对方，以示愿结识对方并希望能再次相见，这样可加深对方的印象。

（五）名片的接收

接受他人递过来的名片时，应尽快起身站立或欠身，面带微笑，用双手的拇指和食指接住名片的下方两角。态度要恭敬，使对方感到你对名片很感兴趣，同时说：“谢谢”“很高兴认识您”等客气话。接到名片时要认真地看一下，然后郑重地放入自己的口袋、名片夹或其他稳妥的地方。不要接过对方的名片后一眼都不看就随手放在一边，甚至会面结束时忘带走，也不要在手中随意摆弄，这些都是对对方不尊重的行为。

（六）名片的索取

1. 索取方式

社交场合中最好不主动向他人索要名片，如果需要，可选择一些委婉的方式索要。

方法一，主动递出。想索要别人的名片时，最省事的办法就是把自己的名片先递给对方。俗话说“来而不往，非礼也”，当你把名片递给对方后，对方不回赠名片是失礼的行为，所以对方一般会回赠名片给你。

方法二，虚心请教。在索取对方名片之前，稍做铺垫，以便索取名片。比如见到一位礼仪方面的专家时可以说：“认识您非常高兴，我对礼仪非常感兴趣，希望以后有机会能够继续向您请教，不知道以后如何向您请教比较方便？”前面的一席话都是铺垫，只有最后一句话才是真正的目的：索取对方名片。

方法三，直接询问。虚心请教一般是对地位高的人，对平辈、晚辈就不大合适。面对平辈或晚辈时，可以这样说：“认识你很高兴，希望以后有机会能跟你保持联络，不知道怎么跟你联络比较方便？”

2. 拒绝索取

当对方向你索要名片，你实在不想满足对方，也可以拒绝，但不可太直接。为了照顾对方的面子，你可以表达得委婉一点，通常可以这样说：“对不起，我忘了带名片。”“不好意思，我的名片刚才用完了。”“这样吧，请给我你的名片，以后我跟你联系。”但不可以在同一个交际场合满足张三索要名片的要求，却拒绝李四的要求，厚此薄彼是社交大忌。

（七）名片的放置

要把自己的名片放在容易拿出的地方，不要将它与杂物混在一起，以免要用时手忙脚乱，来回翻找却找不出来。

不要把名片到处乱放，这是对名片主人的不尊重，最好把名片收集在专门收藏名片的名片盒或名片夹里，再放在手提包里。

不要把别人的名片与自己的名片放在一起，否则，一旦慌乱中误将他人的名片当作自己的名片送给了对方，将会非常尴尬。

当名片收集得比较多后，要把不常用的名片分类整理后收入更大的名片册中，放在家里、办公室里，或将其存为电子文件以备不时之需。

（八）使用名片的注意事项

不可将自己的名片像发牌一样扔发给每个人，名片并不是见人就发，这样会显得太过随便，而且太过积极主动递送名片的女性也很难给人稳重、端庄之感；

不要用左手递名片；

不要用手指夹着名片给别人；

不要把别人的名片拿在手里把玩；

不要在别人的名片上做谈话记录；

不要在用餐时发名片。

第二节 拜访礼仪

拜访是亲自或派人到朋友家或与业务有关系的单位拜见访问某人的活动。人际之间、社会组织之间、个人与企业之间都少不了拜访，通过拜访，人们可以互相交流信息，统一意见，发展友情。

拜访有事务拜访、礼节拜访、私人拜访三种形式，无论是哪种形式，都应遵守一定的礼仪规范。

一、拜访前的礼仪

无论哪种拜访，都要提前与被拜访者联系，这是拜访前最基本的礼仪和礼貌。在预约方式的选择上，可以选择电话预约、短信预约、邮件预约，也可以选择当面预约。

如电话预约时，首先要简单地做一下自我介绍，避免对方听了半天还不知道你是谁。接着说明自己的目的，提出拜访的内容，与对方商量拜访的时间和地点。要留下自己的联系方式，万一对方临时有事，需要取消拜访时可以与你联系。

（一）拜访时间的选择

拜访的时间应该由双方商量来定，但是如果没有明确说明，拜访者在选择拜访时间时以不妨碍对方为原则。如果是到对方家里去，一定要避开吃饭的时间、午饭后的休息时间和晚上太晚的时间。一般情况下，下午三四点钟或晚上七八点是比较合适的。

如果是事务拜访，需要到对方的工作场所去，也尽量避开星期一和工作日上下班的时间。星期一大多数都要开例会，上下班时间会比较匆忙，没有心思接受拜访。

不能只在有求于人的时候才想到拜访，临时抱佛脚，往往难以达到目的。

（二）拜访地点的确定

1. 办公地点

到对方的工作场所去，如办公室等，一般用于事务性拜访。

2. 私人住宅

到对方家里去，常常用于私人拜访，或礼节性拜访。如过年过节了，到领导同事、亲朋好友家里拜访。

3. 休闲场所

双方约定到一些比较适合谈话、见面的场所，比如咖啡厅、茶馆等。这种场所适用范围比较广，既可以是私人拜访也可以是事务性拜访。

（三）拜访主题的明确

去拜访之前，要想好拜访的主题和拜访的目的，见面时稍作寒暄后应尽快谈起拜访的内容和目的，这样既提高效率，节约时间，也可以避免拜访时东拉西扯，语无伦次，冲淡主题，或无话可说，冷场尴尬。

二、拜访中的礼仪

1. 遵时守信

预约好后就要守时，既不能随意更改时间，也不能迟到或太早到，准时到达最好。如果怕路上堵车，路况不好，最好提前出发。尽量不要太早到，太早到会让对方措手不及，但如果早到了，可先在外面稍做准备，待约定时间快到时，再准备敲门。

2. 举止文明

敲门时力度适中，声音太小，对方可能听不见，声音太大，又显得太粗鲁。先敲三下，如果没有回应，则稍等一小会儿再敲。千万不要用脚踢，用拳捶，或是用手掌“啪啪啪”乱拍一气。如果可以使用门铃，恰当的做法是，轻轻地按一下，隔一会儿再按一下，不要手不停歇地按个不停。如果门是虚掩的，此时也应敲门，告诉对方：有客人来了，而不是推门就进。

要重视仪表仪容，穿戴要整洁大方，既是对对方的尊重与重视，也是注重自身形象的表现。

如果是到对方家里拜访，进门后要换鞋，把自己的包或礼物放在主人指定的地方，然后再向主人问候。不要忘了与其家人打招呼问候，特别是家里有长辈的时候。

主人没有请坐之前，不要擅自坐下。落座时要稳重，注意坐姿，不要显得过于随便，或是东倒西歪，像是在自己家一样。主人给你递茶水时，要微微起身，双手接过，并表示感谢。

不要轻易翻动主人的东西。没有主人的邀请，不要主动到别的房间参观。如果是第一次拜访或者主人家里刚刚装修过，则要表示夸赞，这也是打开话匣的好方法。

3. 及时离开

拜访时间不要太长，谈话不要冗长、啰唆，如果对方显然已经没有了继续谈话的意愿，开始起身收拾东西或频频看表，此时一定要及时离开，不管拜访的目的是否达到。如果一味逗留，只会给人留下拖沓、不识时务的印象，反而影响拜访效果。

第三节 馈赠礼仪

馈赠，是人们在交往过程中通过赠送礼物来表达对交往对象的尊重、敬意、友善、喜爱、祝贺、感谢、慰问、纪念、哀悼等情感与意愿的一种交际行为。它作为社交活动的重要手段之一，从古到今都受到人们的普遍青睐。

馈赠作为一种非语言的重要交际方式，是以物的形式出现，以物表意，以物传情，礼载于物，情寄于物。得体的馈赠，恰似无声的友谊使者，使交际活动锦上添花。

但是，馈赠并不是简单的送礼物给对方就可以了，只有在明确馈赠目的和种类，选对馈赠礼品，遵循馈赠礼仪的前提下，才能真正让馈赠在交际中发挥重要作用。当然，我们在本节中提到的馈赠不是功利性的行贿受贿，行贿受贿是违法行为，要坚决杜绝。

一、馈赠的目的

任何馈赠都是有目的的，了解馈赠的目的有助于正确选择馈赠礼品，能使馈赠效果事半功倍。

1. 以交际为目的的馈赠

顾名思义，这种馈赠是为了一定目的而进行的，它有两个特点：一是送礼的目的与交际目的一致；二是礼品的内容与送礼者的形象一致。

2. 以维系和巩固人际关系为目的的馈赠

这类馈赠，即为人们常说的“人情礼”。在人际交往过程中，无论是个人之间，还是组织机构之间，都是以感情为纽带维系的。人与生俱来的社会性，要求人们必须重视关系和感情，如何维系和巩固人际关系，馈赠就是很好的办法。这种目的的馈赠，强调礼尚往来，以“来而不往非礼也”为基本行为准则。因此，这类馈赠，无论从礼品的种类、价值的轻重、档次的高低、包装的优劣、蕴含的情义等方面都呈现多样性和复杂性。

3. 以酬谢为目的的馈赠

这类馈赠是为答谢他人的帮助而进行的，因此在礼品的选择上非常关键，既要强调其物质价值，也要符合对方的心意。礼品的贵重程度，首先取决于他人帮助的性质。帮助的性质分为物质的和精神的两类，一般说来，物质的帮助往往是有形的，能估量的；而精神的帮助则是无形的，难以估量的，然而其作用又是相当大的。其次取决于帮助的目的。是慷慨无私的？还是另有所图的？还是公私兼顾的？这点非常重要。如果对方是慷慨无私，既能看出他的人品，也能在礼物的选择上适当放松要求；如果是别有所图，就要弄清楚所图什么，不要贸然送礼；如果是公私兼顾，也要想明白，摸清对方心理，才能“有的放矢”，选择正确的礼物。再次取决于帮助的时机。一般情况下，危难之中见真情，越是在自己危难时刻得人帮助，馈赠的礼品也应越丰厚贵重。所以，得到帮助的时机是日后酬谢他人的最重要的衡量标准。

4. 以公关为目的的馈赠

是一种为达到某种目的而用礼品作为馈赠形式进行的活动。这种馈赠，表面上看来不求回报，而实质上其索取的回报往往更深地隐藏在其后的交往中，或是金钱，或是权势，或是其他功利，多发生在对经济利益、政治利益的追求和其他利益的追逐中，这种馈赠往往会有行贿受贿之嫌，一定要慎重处理。

二、馈赠的类型

1. 公务性送礼

这是一种组织机构送礼的方式，通常挑选具有一定纪念意义、民族特色，或具有某些艺术价值的物品，也可以是本单位所在地的特产或自己单位生产的产品，重在让对方记住这次公务活动，回忆时心情愉悦。如一次产品研发会在湖南召开，湖南的湘绣颇具特色，作为东道主，送给与会代表一件湘绣制品，既轻巧便于携带，又具地方特色，还具有纪念意义。

2. 个人间送礼

礼尚往来，礼轻情意重，重在双方情谊，重在送礼的心意和方式。

3. 精神礼品

可以是寄明信片、发礼仪电报、代订报刊、点歌、赠送鲜花等方式，让受“礼”者觉得很温暖。当送礼者经济条件有限，受礼者经济条件很好的情形下特别适合选择这种类型。

三、馈赠的艺术

让对方愉快接受馈赠并不是件容易的事情，即使是精心挑选的礼品，如果不讲究赠礼的艺术和礼仪，也难以达到馈赠的预期效果。

拓展资源

视频讲解

1. 礼品的选择

如同见什么人说什么话一样，礼品也是因人而异的。

选择礼品要考虑与受礼者的关系，一般不轻易送过重的礼物，否则会使对方产生不安的想法，或引起“重礼之下，必有所求”的猜测，应本着“交浅礼薄，谊深礼重”的一般礼俗。

选择礼品要认真、心诚，心存“敬重”之情，能够体现自己所倾注的时间、才智和精力。

选择礼品要考虑受礼者的情趣、爱好、年龄、环境等因素，还要考虑一定的民俗禁忌。一般来说，对家贫者，实惠实在是首选；对富裕者，精巧精致是首选；对恋人、伴侣，纪念性是首选；对朋友，趣味性是首选；对老人，实用是首选；对孩子，启智新颖是首选；对外宾，特色是首选。

2. 礼品的包装

一份好的礼品如果没有精美的包装会大打折扣，不仅降低了礼品的内在价值，也很难起到寄托情谊的作用。精美的包装不仅使礼品看起来更高雅，更显档次，也能体现出赠礼人的文化水平和艺术品位，更使礼物显得神秘。所以，一个好的礼品包装，既有利于交往，又能引起受礼人的兴趣和探究礼物的好奇心理，令双方都觉得愉快。当然，内容与形式也要统一，包装的费用比礼品的价值还高，喧宾夺主，那就大可不必了，所以包装要与礼物对等。

3. 赠礼的时间

送礼的时间通常选在相见或道别时；较为重大的节日时，如春节、中秋；对方有喜事时，如乔迁、晋升、生子等。但为了不让对方觉得你太功利，也可以选择平时送礼，因为过年过节送礼的人很多，你送的东西很可能就湮没在成堆的礼物里面，对方根本注意不到你，也就谈不上对你有特殊印象了，送礼的作用也许就大打折扣。所以，过年过节要送，平时也可送，比如你出差或旅游回来，约对方一起吃个饭，喝个茶，然后在这个过程中把从外地带回的有特色的礼物送给对方。

4. 赠礼的场合

赠礼场合的选择十分重要，一般情况下，不在公共场所赠礼，不在人多的场合赠礼。

当对方很忙时，可以直接把礼物送到办公室去，但是礼物一定不能外露。另外，要在只有你和对方的时候，才把礼物拿出来，如果对方身边有其他人，礼物一定不能送出。如果送礼物时被办公室其他人看见，难免会给对方惹来闲话，对方为了避免这种嫌疑，多半会拒绝你。

为了减少对方的尴尬，也可以利用快递公司把礼物送到办公室或对方家里，但是一定要给礼物做个精美的包装，并写上一张心意卡。

在一群人中只给某一个人赠礼是不合适的，因为那会使受礼人有受贿和受捉弄之感，而且会使没有受礼的人有受冷落和受轻视之感。但如果是礼轻情意重的特殊礼物，也可以在大庭广众面前赠送，如一本特别的书，一份特别的纪念品等。

所以，在赠礼场合的选择上，要多用心观察对方，观察周围，甚至可以示意对方，让对方来选择场所。

四、接受馈赠礼仪

任何人都可能是赠礼人或受礼人，在接受别人合理合法的赠礼时，如何做才能让双方皆大欢喜，也是有讲究的。

1. 坦然接受礼物

一般情况下，别人赠送礼物都是真心实意的，对于这样的礼物，最好不要拒收，否则，会使赠礼者产生不愉快的想法。即使你对送的礼物并不十分称心，也不能表现在脸上。接受礼物时要双手接过，同时说上几句感谢的话，如“让你费心了，谢谢”“谢谢你的礼物”等等，不要一边说“我受之有愧”“这样的礼物我不能收”之类的话一边收下，显得虚情假意，一般不宜反复推辞，硬是不肯收。

2. 当面打开礼物

中国人的习惯是不当面打开礼物，而是等客人离开后再打开，随着与国际接轨，越来越多的人选择在收到礼物时当面打开，表达自己的喜悦及喜爱之情，这样的方式更人性化，更能让赠礼者感到受尊重与重视。所以，在收到礼物时，应尽可能地当着对方的面将礼物打开。启封时动作要有序、缓慢，不要乱扯、乱撕，拆封后要赞美礼物，表示很喜欢这样的礼物。

3. 酌情还礼

不是所有的收礼都要还礼。如果送礼物给你的人不在你原定的送礼计划之内，最好不还礼。如果有人真心感谢你而送礼，也不必还礼，你一旦还礼反而无法实现他感谢的心愿。

第四节 迎送礼仪

迎送，是指因公务活动而安排的迎接和送别，迎送礼仪是在迎送活动中应该遵循的言行规范。迎送活动是社交活动中最常见的活动之一，迎送活动看起来简单，却往往能从细微之处体现组织形象、人员素质等，所以，掌握迎送礼仪是每个职场人的必修课，尤其是从事公关接待工作的人。

一、迎接礼仪

通常，迎接客人的来访，要主随客便，凡事应考虑周全，要尽最大的努力接待好对方，给人一种宾至如归的感觉，从而促使宾主双方的关系得到进一步发展。

拓展资源

视频讲解

（一）准备的礼仪

对比较正式的接待而言，准备工作是整个接待工作的重要环节，通常要做好以下四个方面：

1. 了解客人情况

首先要充分了解客人的单位、姓名、性别、民族、职业、级别、人数等。同时，要掌握客人来访的意图，了解客人在住宿和日程上的要求和安排，了解客人到达的日期、所乘车次、航班和到达时间，以便组织好相关部门和人员做好接待的各项准备工作。

2. 确定接待规格

按照身份对等的原则安排接待人员，对较重要的客人，应安排身份相当的人出面迎送。也可根据特殊需要或关系亲疏程度，安排比客人身份高的人破格接待。对于一般客人，可由公关部门派有礼貌、言谈流利的人员接待。

3. 布置接待环境

良好的接待环境是对来宾的礼貌和尊重，接待室的环境应该明亮、安静、整洁、幽雅。室内可以适当点缀一些花卉盆景、字画挂饰，增加雅致的气氛，可以准备一些茶饮水果，让客人尽快消除旅途的疲劳，甚至文具用品、餐巾纸等都应准备齐全。还可以在客人下榻的宾馆挂上欢迎横幅，每个客房准备一些水果，在果盘边放上欢迎卡。

4. 做好迎客安排

安排好迎客车辆，预先为客人准备好住宿及膳食。若对所迎接的客人不熟悉，应准备好接站牌，若有需要，还可准备鲜花、欢迎横幅等。

要通知所有出席迎接仪式的各位领导按时出席。还应预先打印好日程安排表，以便迎接时分发到每位参加迎送活动的宾主手中，让大家清楚整个行程安排。

（二）接待的礼仪

对于如约而至的客人，特别是贵宾或远道而来的客人，表示热情友好的最佳方式是指派专人出面，提前到达双方约定的地点，恭候客人的到来，着重注意以下四个方面：

1. 标志清晰

在环境嘈杂的地点，如火车站、飞机场，迎接素不相识的客人时，最常用的方法是使用接站牌，在上面清晰地写上“热烈欢迎某某”或“某某单位接待处”等。在单位上，也应在客人可能去到的地方设置醒目的标志，如电梯间、楼梯间、厕所、会客室等。

2. 迎客热情

与客人见面时，要面带微笑，热情握手，主动寒暄，首先问候“一路辛苦了”或“欢迎您来到我们公司”等，然后向对方做自我介绍，并递送名片。

3. 茶点招待

在我国，通常以茶水、点心、瓜果等来招待客人，茶水饮料最好放在客人的右前方，点心水果最好放在客人的左前方。上茶时，主人应待客人入座后，取出茶杯，当面将茶杯烫洗消毒，再放入适量的茶叶沏茶。端茶时要一手握杯柄，一手托杯底，不要用手抓住杯口。要从客人的左边为客人奉茶，茶杯放到桌上后，要顺势将杯柄拨向客人右手方。为客人奉上水果时，应先将瓜果洗净，再给客人递上水果刀削皮，如代客人削皮，一般将果皮削到手指触碰到的果肉为止，以保持水果的清洁卫生。

4. 陪同访问

如果客人的行程中有参观访问，那么接待方应该尽量安排专人陪同。陪同客人参观、访问、游览时，应事先熟悉情况，安排好行程，应时刻注意照顾好客人，提醒客人注意路况。陪同过程中产生的费用应尽量由主人支付，以示客气。

（三）排序的礼仪

在正式的公务接待中，无论是行进中还是乘车，又抑或是会议室，都存在排序的问题，到底怎样排序才符合礼仪规范呢？不同的情形要有不同的处理。

1. 行进中的排序礼仪

多人并排行进时，内侧高于外侧，中央高于两侧；前后行进时，前面高于后面。

上下楼楼时，不要并排走，遵循礼仪中“右上右下”的原则，让有急事的人可以从楼梯的左侧通行。上楼梯时前方为上，下楼梯时后方为上，但如果客人中有穿套裙的女性，上楼时不妨让她走在最后。

出入房门时，房门朝内开，则主人先进后侧身压住房门示意客人“请进”；房门朝外开，则主人拉开门后在外侧身压住房门示意客人“里面请”。当然，如果室内黑暗，不管门朝哪个方向，陪同者都需先进房间开灯后再请客人进入。

引导客人乘坐直升电梯时，如果电梯内无人操作，接待人员应先进入电梯，一手按住开门键，另一只手按住电梯门的一边，防止客人被门夹住，并对客人礼貌地说“请进”。待客人全部进电梯后，接待人员选择要去的楼层。电梯到达后，接待人员应一手按“开”键，一手做出“请”的动作，让客人先出电梯。待客人走出电梯后，接待者要立即走出电梯，在前面引导方向。如果电梯是有人操作的，接待人员应让客人先进电梯，后出电梯，自己则是后进先出，以便引路。

2. 轿车座位排序礼仪

轿车的座次排序不能一概而论，要根据驾驶人、车型、安全系数、嘉宾本人意愿的不同而不同。

第一，根据驾驶人决定。当主人亲自驾驶轿车时，一般前排座为上，后排座为下，以右为上，以左为下，最尊贵的座位是副驾驶座，这个位置一定不能空着，要有人相伴。如果是专职司机驾驶时，仍讲究右尊左低，因为右边上下车比较方便，但座次就变成了后排为上，前排为下，最尊贵的座位是副驾驶后的座位。

第二，根据轿车的类型而定。吉普车大都是四座车，不管由谁驾驶，吉普车上座次由尊而卑依次是：副驾驶座，后排右座，后排左座。因为吉普车底盘高，功率大，主要功能是越野、减震，坐在前排比在后排更舒适。

多排座轿车，指的是四排及四排以上座次的大中型轿车，不论由谁驾驶，都以前排为上，后排为下，以右为尊，以左为卑。

第三，从安全系数上考虑。从某种意义上说，安全，是乘坐轿车应当首先考虑的。在轿车上，后排座位比前排座位要安全得多，最不安全的座位，是副驾驶座，最安全的座位，是驾驶座后面的座位。当主人亲自开车时，之所以副驾驶为上座，这是因为它表现出对主人的尊重，也显示出自己与主人同舟共济。

第四，由嘉宾本人意愿决定。通常，在正式场合乘坐轿车时，应请尊者、女士、来宾就座于上座，这是给予对方的一种礼遇。然而更重要的是，既然这样，就要尊重嘉宾的意愿和选择。即嘉宾坐在哪里，就认定那里是上座，即使嘉宾不明白座次，坐错了地方，也不要指出或纠正，更不要强行让嘉宾变更座位。

3. 会客室的排序礼仪

（1）主宾双方面对面而坐。这种就座方式主次分明，很适合公务会客。（图 6-4-1）

如果安排一个位置面对着正门，一个位置背对着正门，这时讲究“面门为上”，即面对着门的位置是尊贵的，这个位置应请客人就座，背对着正门之位由主人就座。

如果双方都侧对着门就座，这时讲究进门后“以右为上”，即进门后右侧的座位请客人就座，主人应坐在进门的左侧。

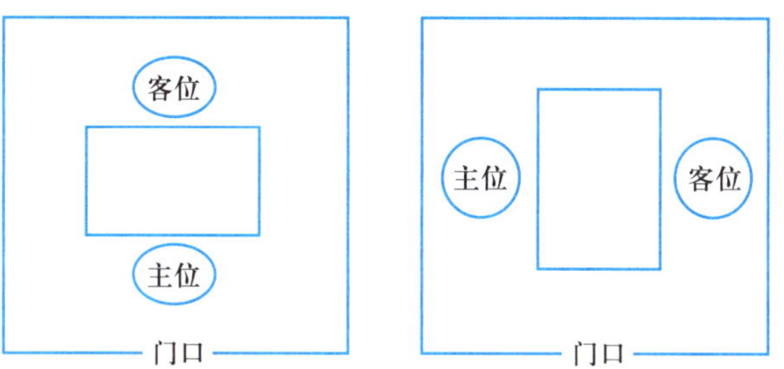

图 6-4-1 主宾双方面对面排序

（2）主宾双方并排就座。这种就座方式意味着双方“平起平坐”，地位相仿，关系密切。（图 6-4-2）

如果双方同时面门而坐，这时注意“以右为上”，即主人要请客人坐在自己的右侧，其他人员可以分别在主人或客人的一侧，按身份高低依次就座。

如果双方同时侧对着门而坐，这时的规则是“以远为上”，即距门较远的座位为上座，较为尊贵，应该让给客人，距离门近的位置为下座，主人自己坐。

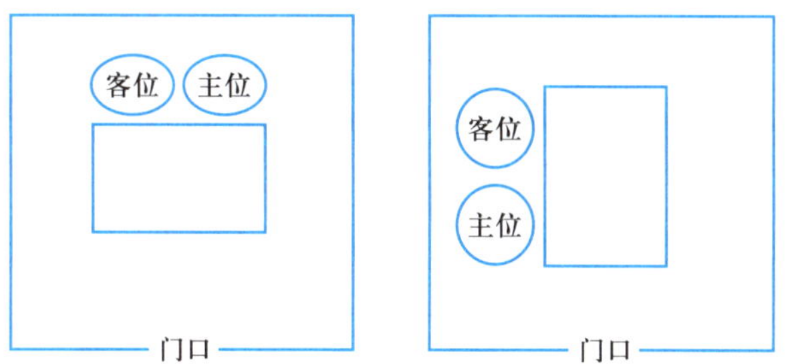

图 6-4-2 主宾双方并排排序

（3）居中式排位。这种情况实际上属于主宾同侧就座的一种特殊情况。

多人并排就座时，讲究“居中为上”，即最中央的位置为上座，请客人坐。其他人员按照职位高低，从中间到两侧，依次就座。

（4）主席式。这种就座方式主要用于较为正式的场合。

主人一方同时会见两方或两方以上客人时，主人面对正门而坐，其他各方客人应该在主人对面背门而坐。

（5）自由式。有时候客人很多，很难分出主次，座次不好排列，这时各方自由就座即可。

4. 主席台的排序礼仪

中国的政界历来崇尚“左为尊”，所以主席台就座的领导如果是单数，则居中者职位最高，紧挨居中者左边的为第二，紧挨居中者右边的为第三，其他依次向左右两边排列。如果是双数，如六位，那从观众的角度往台上看去，从左往右第三位职位最高，第四位第二，第二位第三，第五位第四，以此类推。

5. 会议室的排序礼仪

（1）按照身份与职务的高低顺序排列。如接待几个来自不同类型的代表团时，确定礼宾秩序的主要依据是各代表团负责人职务的高低。

（2）按照来宾的姓氏笔画排序。社交活动中，如果双方或多方的关系是对等的，可按参与者的姓名或所在单位名称的汉字笔画多少排序；当两者姓名或单位名称的第一字笔画相等时，可按第一笔笔画的先后顺序排列，当第一笔笔画相同时，可依第二笔，以此类推；当两者第一个字完全相同时，则用第二个字进行排列，以此类推。

（3）其它排列方式。除了上述方式外，也可按照来宾接到活动通知后回复邀请函的顺序或到达活动地点签到的先后顺序进行排列。

6. 谈判时的排序礼仪

（1）双边谈判（图 6-4-3）。使用长桌子或椭圆形桌子，宾主双方分别就座于桌子两侧。当谈判桌横放时，面对门的一方为上，应该让客方就座，背对着门的一方为下，应该主方就座。

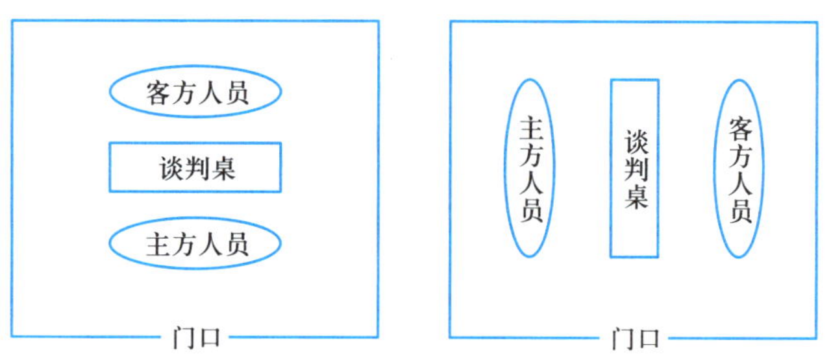

图 6-4-3　双边谈判排序

当谈判桌竖放时，应以进门的方向为准，右侧为上，客方就座，左侧为下，主人就座。

谈判时，主谈人员在自己的位置就座之后，其他工作人员遵循右高左低的原则，按照职位高低自近而远依次在主谈人员两侧就座，翻译人员就座于主谈人员的右侧位置。

（2）多边谈判。自由式：即事先不用正式安排座次，各方谈判人员自由就座即可。主席式：需要在谈判室内面向正门设置一个主席位，由各方代表发言时使用。其他各方人员，一律背对正门、面对主席位置就座。各方代表发言后，须下台返回原位就座。

7. 签字时的排序礼仪

（1）并列式：主要用于只有两方的签字仪式。签字桌在室内面门横放，出席仪式的双方全体人员在签字桌后并排站立，双方签字员居中面门而坐，客方居主方之右。

（2）主席式：主要适用于多边签字仪式。签字桌仍然在室内横放，签字席设在桌后，面对正门，但只设一个，并且不固定就座者。举行签字仪式时，所有各方人员，包括签字人在内，都要背对正门、面对签字席就座。签字时，各方签字人员应按照事先规定的先后顺序走上签字席就座签字，签字以后返回原位就座。

二、送别礼仪

送别是接待中的最后环节，如若处理不当，将影响整个接待工作的效果，也会直接影响到今后的交往。

1. 婉言相留

不管接待什么样的客人，当客人准备告辞时，都应该婉言相留。送别客人时，应在客人起身后再起身相送或相留，以免有逐客之嫌。送别时应与客人握手道别，并送客人到门外或楼下，用热情友好的言语欢迎客人下次再来。目送客人渐行渐远，一直到看不到客人了方可回转，以免客人回头再次致谢时看不到主人而深感失落。

2. 安排交通

客人准备离开时，应按迎接时的规格对等送别，安排好送别人员，做好交通方面的安排，切不可虎头蛇尾。如果已帮客人购买了车票或机票，应将客人送至车站或机场。如果客人来访时馈赠了礼物，那么在送别客人时，也应根据实际情况回馈相应规格的礼物给客人。

第五节　通信网络礼仪

通信，旧称通讯，是指人们利用电信设备来进行信息传递的活动。通信手段已由最初的书信，发展到了当今社会的电话、电子邮件、微信，等等。通信礼仪，通常指在利用上述各种通信手段时所应当遵守的礼仪规范。

一、书信礼仪

现在网络、电话越来越方便，使用书信的人越来越少了。先进的科学技术给我们带来了便捷生活的同时，也会有一些小小的遗憾。与电话、邮件、短信相比，书信具有易保存、更正式的优点，同时书信往来也是一种非常珍贵的回忆。

此外，书信的部分礼仪在电子邮件往来中仍然适用。

书信由笺文和封文两部分构成。笺文是写在信笺上的文字，即寄信人对收信人的称呼、问候、对话、祝福等，笺文是书信内容的主体。封文是写在信封上的文字，即收信人的地址、姓名和寄信人的地址、姓名等，封文是写给邮递人员看的，使邮递人员知道信从哪里来，寄往哪里去，万一投递找不到收信人，还能将信退给寄信人。完整的书信应该是笺文封文俱全，并且将笺文装入写好封文的信封内，然后将信封口封好寄出的。

（一）笺文礼仪

笺文由三部分组成，每一部分都有其礼仪规范。

第一部分是开头，包括称谓、提称语、起首应酬语。在使用称谓时要注意，对于有亲属关系的长辈，不可直呼其名。给朋友写信时，不要连名带姓都写上，只写名字即可。给德高望重的人写信时，要使用敬称。但应注意，“您”字用于多数时一般不加词尾“们”，可称“您俩”“您二位”“您仨”“您诸位”。提称语紧接在称谓之下，是请收信人察看信件的用词，根据收信人与写信人之间的关系而使用，如“父亲大人膝下”中的“膝下”二字就是提称语，写给平辈的信，一般使用“台鉴”作为提称语。起首应酬语类似于谈话时的寒暄，多用来表达问候与思念，如“很久不曾联系，一切可好？”“一切可好？甚念。”

第二部分是正文，这是书信的主体部分，即写信人要说的话。它可以是禀启、答复、劝谕、抒怀、辞谢、致贺、请托、慰唁，也可以是叙情说理、辩驳论证等。这一部分，动笔之前，就应该成竹在胸，明白写信的主旨。若是信中同时要谈几件事，更要注意主次分明，详略得当，最好是一件事一个段落，不要混为一谈。

第三部分是结尾，包括结尾应酬语、结尾敬语、署名、日期。结尾应酬语应精练，多为表达祝福、期许之语。结尾的敬语是笺文结束时向看信人表达礼貌的意思，一般顶格写。最后是署名和日期。

（二）封文礼仪

封文是写给邮递人员看的，所以封文应该是用邮递员的口吻来写，可用“马梅教授收”“田文波董事长亲启”等表述，不可写“姚小平妈妈亲启”“赵志刚叔叔收”。

寄信人一栏也不可空着或用“内详”字眼，这样既不便于邮递员在信件没有送达时退回，也是一种不礼貌的行为。

拓展资源

视频讲解

二、电话礼仪

生活中你是否遇到过这种情况：夜深人静，却被刺耳的电话铃声吵醒，睡意全无；周末在家休息，却接到来自客户的电话，好好的休息日泡汤；在办公室写材料，同事却在煲电话粥，令你不胜其烦；逢年过节，收到很多祝福短信，却都没有落款，即便有落款，却不是发信人的落款，而是陌生人的姓名……

现代人的生活已完全离不开电话。有人做过这样的调查，询问一百个人，出门时必带的三样东西是什么，多数人把手机放在三样之首。所以，电话礼仪也就成了生活中的日常礼仪，它不仅是个人形象的体现，也是组织、集体形象展现的窗口，更是一个人社交能力的反映。

（一）拨打电话礼仪

1. 择时

早上 8 点之前，晚上 10 点以后，中午午休时间不要给人打电话。有公事尽量打对方的办公电话，如果有紧急的事情确实需要打对方家里电话，则要在电话中说明，因事情紧急，情非得已，打扰了，请对方谅解。尽量缩短通话时间，理清条理，长话短说，无话不说。

2. 步骤

首先要称呼、问候对方。其次要简单地自我介绍，如果是公事电话，要报自己的单位、部门、姓名等，如果是私人电话，也要介绍自己，不要想当然地认为对方应该知道你是谁，更不要让对方来猜。再次，要说明打电话的目的。最后是道别，道别时注意挂电话的顺序，位尊者先挂，放下话筒时动作一定要轻缓。

（二）接听电话礼仪

接听电话一定要及时，遵守铃声不过三的原则，即三声之内要迅速接电话。也不能太快，铃声刚响一下就拿起电话，会令对方措手不及，有时也很容易掉线。如果被找的人不在，可适当做记录，并及时转告他。

如果正接电话时又有电话进来，则应请正通话的一方不挂线稍等，待跟后打电话的一方说明后再继续通话，遵循先来后到的原则。

（三）手机使用礼仪

不要把手机挂在腰间或胸前，可放在包里或拿在手上，坐下与人交谈时可放在旁边的茶几上或桌上。

1. 接打电话礼仪

要保持手机畅通，更换了号码要及时告知别人，不要等别人打你电话时，传出来的声音是：您拨打的电话已停机。

在马路上不要边走边打电话，这会分散你的注意力，也会影响你的视线，极有可能造成交通事故。

在电梯内不要打电话，电梯内是一个小型的公共场所，你旁若无人地说话，既是一个噪声源，也让身边同乘电梯的人感觉不舒服。

在会议中、参加重大活动时、和别人交谈时，最好把手机调到静音或者震动，必要时还应关闭手机，这样既显示了对别人的尊重，也不会打断交谈者或讲话者的思路，手机铃声响个不停，肯定会引起别人的不快。学生上课时最好关闭手机，这既是对老师的尊重，也利于自己集中精力学习知识。

此外，在病房、飞机上、开车时、加油站中也不要接打电话，容易引起事故。

在任何公共场所，接听手机时都不要旁若无人地高声说话。

2. 手机短信礼仪

人们已越来越喜欢用短信来互致问候或交流事情。短信是通过手机等移动设备向对方发送文字、图片等符号性信息的交流方式，省时省力，又可传情达意、联络感情，但应注意以下几点：

（1）祝福短信最好是自己编写的。哪怕只是几个字，也是你的心意，表示你的诚意。不要克隆别人的短信，更有甚者完全转发别人的短信，连落款的名字都没去掉，这样的短信发出去只会弄巧成拙。

（2）短信中应有称谓和落款。很多人发短信喜欢群发，于是省略前面的称谓，这样是不礼貌的，尤其是对长辈和领导的短信，更要用尊称。最后宜署上自己的名字，你不能要求每个接收你信息的人都能记住你是谁。

（3）不要转发强迫性短信，有的短信如：“你若将这条短信转发给你的十个好友，你将幸运连连；如果不转发或删掉，你会倒霉不顺。”这是极不礼貌也不道德的短信，要坚决抵制！

（4）及时回复来信。来而不往非礼也，所以收到别人的短信应及时回复，哪怕只有“谢谢”两个字也是你的礼貌，告诉对方你已收到短信，表示你的重视。

3. 微信礼仪

微信，是腾讯公司研发的一种手机交流应用软件，可以与人发送语音短信、文字和视频，正如其广告所言，它已成了当今社会人们的“一种生活方式”。如今，人们在节假日登门造访已不多见，但微信 24 小时嘟嘟的提醒声却已司空见惯，由此可见，人们沟通交流的方式习惯正在日益改变，那么微信的礼仪规矩也应运而生。

（1）不要影响他人。使用微信的人越来越多，而且大多都是朋友之间使用微信，许多人看到好的文字图片就忍不住要转发给朋友分享，但很少有人对这些内容进行仔细审阅，这些内容并不是适合给每个人阅读，转发过多容易使人厌烦。

（2）不要公群私聊。微信里有组建群聊的功能，能把许多人放在一个讨论组里，相互聊天交流，大家可以共同谈谈同一个问题或话题，确实拉近了大家的距离。但不要把群聊当成是与群里某一成员的私人聊天会所，这会引起其他人的不悦。

（3）不要谈论敏感话题。言论自由无可非议，但也应遵循法律的规定和道德原则。在微信群中要尽量少谈涉及政治、民族、宗教等方面的敏感话题，避免给自己或他人带来麻烦。

三、电子邮件礼仪

电子邮件又称电子邮箱，它是一种用电子手段传送信息的通信方式。一封完整的电子邮件，由标题、称呼和问候、正文和附件、署名和日期等几个因素构成。

1. 标题

是一封邮件的眼睛，它应该起到提纲挈领的作用，通过标题可以看出邮件的主要内容，以方便收件人判断邮件的轻重缓急，所以，邮件标题不能用太大或太空的话。而且，切不可空着标题一栏不填，这是不礼貌的行为。标题要言简意赅，不要有错别字。

2. 称呼和问候

邮件的开头一定要有称呼和问候，能表现出发邮件人的谦虚有礼。如果对方有职务，可以按照职务来称呼，如李经理、王会计；如果对方是特定的职业，也可以按职业来称呼，如张教授、何医生；如果弄不清楚如何称呼对方，对女性称呼女士，对男性称呼先生。问候更不能少，简单的“你好”“您好”都可以。

3. 正文和附件

邮件正文要简明扼要，不可长篇大论，最好不需要收信人拖滚动条看完。正文多用短句，不使用过长或晦涩难懂的词和句子。如果正文内容较多，则应该用附件将情况说明清楚。使用附件时，应在正文中对附件做简要说明，同时也是提醒收件人查看附件。附件的命名简单明了，要能体现附件的主要内容。如果附件过多，最好进行打包，压缩成一个文件后发送。

4. 署名和日期

邮件结尾应有署名，也可以适当加上公司、电话等信息。一般来说，署名的字号应比正文略小一号，在名字的下一行还应注明日期。

发送邮件时最好一次把事情说完，不要发完邮件后才想起来还有事情没有说，再发补充，或者说明，这会给人留下办事毛躁的印象。

写完邮件后多检查几遍，语句是否通顺，是否有错别字，特别是英文单词，一定要进行拼写检查。

礼貌用语适当多用，如“请”“谢谢”之类的词要经常出现。

发送后应在“已发送”中确认，避免被退信而不知，耽误正事。

不提倡使用自动回复，这有可能被视为无礼，因为它会给人居高临下的感觉。

四、网络礼仪

习近平总书记指出：“我们要本着对社会负责，对人民负责的态度，依法加强网络空间治理，加强网络内容建设，做强网上正面宣传，培育积极健康、向上向善的网络文化。”作为当代大学生，有责任、有义务带头坚持营造风清气正的网络空间，维护网络安全。所以了解和掌握网络礼仪很有必要。

网络礼仪也可称网络规则，是保障网络世界正常秩序的基本规范。适当的网络规范是必要的，因网名虽可用假，但背后上网的是有感情有思想的人，别人仍能从很多细节中感受到你的人品和修养。

1. 真诚友善，宽以待人

网络生活最显著的特点就是虚拟性，可以在未见其人、未闻其声、未知其名的状况下，让五湖四海的人聚在一起进行交流，并且有较为充分的言论自由，但这并不意味着可以随心所欲、为所欲为，网络世界是虚拟的，但是礼仪是真实存在的。真诚是人际交往的基本准则，网络世界同样适用，在网络生活中真诚待人更能体现人格。

在网络上与人交流时，对方若问低级的问题或与你观点不一致时，应克制情绪，给予宽容和理解，选择适当的方式回应，不要讥笑嘲讽，更不要谩骂，伤人自尊。

2. 互相尊重，慎独自律

不同的网站和论坛有共同约定的规则，也会有各自的特点。与不同网络社区的人交流，应首先熟悉规则，了解情况，尊重他人的习惯、风俗和喜好，不能触犯民族和宗教的禁忌，也要充分尊重他人的生活和交往习惯，不做令他人反感的事情。若是网站的建立者或管理者，应用广阔的胸襟和谦虚诚恳的态度对待网友，要维持秩序，树立健康、文明的形象。尊重自己和他人的隐私，一般情况下不要随意公开他人的真实姓名、地址、电话等个人资料，避免给他人带来伤害和损失。

网络生活的多样性、虚拟性很容易让人误入歧途，在目不暇接、流连忘返之时，很容易落入他人圈套，跌进陷阱。因此，人们在畅游网络虚拟世界的同时，一定要保持较强的自律意识，抵挡住诱惑，才不会做出伤人伤己的事情。

3. 用语规范，目的明确

词汇是语言中最活跃的要素，是社会生活最直接的反映，而网络又是人气最旺，信息量最大，思想最活跃，观点最复杂，传播速度最快的平台。因此，近些年网络用语也成了语言中的独特现象，经常引发社会热潮。网络用语即多在网络上流行的非正式语言，多为谐音词、缩写词，也有象形字词，以及在论坛上流行的经典语录。流行的不一定就是正确的，所以，我们在网上交流时，应尽量使用合乎规范的语言，自觉捍卫语言文字的纯洁性、科学性，营造规范的用语用字氛围，以免造成交流受阻。

因学习和工作而去浏览网页海量信息时，要有明确的目的，直奔主题，不要漫无目的地闲逛。要明辨是非，尤其不能登录色情或反动的网站。不要传播和发送对未经证实、已经过时、来源不明的消息。

【本章小结】

随着经济的发展，社会的进步，人们频繁地参加社会活动，社交礼仪也越来越受到人们的重视。本章详细介绍了社交活动的会面礼仪、拜访礼仪、馈赠礼仪、迎送礼仪、通信网络礼仪。会面时，不要小看了一个微笑、一个称呼、一次握手，这往往是拉近人与人之间距离的良好开端。如何递送名片、接收名片、保存名片、索取名片，都蕴藏着学问。拜访别人前一定不能忘了预约之礼，拜访时要选择好礼物，不可空手而去。在馈赠时要分清楚馈赠的目的、种类，在馈赠时要讲究一定的艺术，让双方都感到愉悦。迎送中要注重迎来送往的规格和流程，不能以过高或过低的规格来安排迎送，否则会让对方无所适从或觉得受到了怠慢，也不可虎头蛇尾，有始无终。通信网络礼仪主要介绍了书信礼仪、电话礼仪、短信礼仪、微信礼仪、邮件礼仪、网络礼仪，这些看起来并不起眼的行为，却往往能看出一个人的素质涵养。总之，在社交活动中熟练掌握社交礼仪，能让自己和他人在愉悦的环境中进行交往，从而达到各自的交往目的。

【模拟实训】

1. 一个班分成若干小组，假设两组的同学之间是陌生人，模拟握手、称呼、相互介绍、交换名片的过程，看看有哪些地方还做得不妥。

2. 一个班分成两个大组，一组作为邀请方，一组作为受邀方，两组分成若干小组，分别扮演不同身份、地位的角色，双方身份、地位基本对等，模拟迎接送别活动，掌握迎送礼仪。

3. 设置几种不同的场景，让同学们分别使用书信、电话、短信、微信、邮件等通信方式与人交往，检查礼仪规范与否。

4. 假设你已大学毕业五年，教师节回母校登门看望你的专业老师，你该怎么做?模拟场景练习。

第七章
餐饮礼仪

第一节　宴请礼仪

宴请的种类可以按形式来分，也可以按宴请的目的来分。

第二节　中餐礼仪

在中餐宴请中，常常采用圆桌布置，圆桌的摆放不同，位次的尊卑也不同。

第三节　西餐礼仪

西餐文化源远流长，讲究规矩，注重礼仪，所以，了解一些西餐方面的礼仪知识是十分必要的。

情景再现

从没有吃过西餐的阿伟，终于有机会体验一把。可是这一顿他吃得并不开心，还成了大家茶余饭后的笑柄。

原来，当服务员问阿伟“牛排要几成熟”时，阿伟不懂什么意思，于是随口说了句“五成熟”。服务员把五成熟的牛排放到阿伟面前后，阿伟左手拿刀切着牛排，刚放到他嘴里就被直接吐到了地上，还不停地大声喊叫服务员说：“你们这肉还带着血怎么就端上来了，是不是厨师偷懒了？”偶尔还做着犯呕的动作。和他一起就餐的人都觉得好丢脸，但是碍于面子没有直接指责他，可从此以后，只要吃西餐，大家就十分默契，再也不邀请阿伟了。

名言警句

在宴席上最让人开胃的就是主人的礼节。

——莎士比亚

或饮食，或坐走，长者先，幼者后。

——《弟子规》

中国有一句古话“民以食为天”，可见，对于大多数中国人而言，吃饭是第一要务。随着人际交往的日益密切，宴请更是成了人们迎送宾客、结识新友、畅叙感情、增进交流等社交活动的重要形式，正发挥着无可替代的交往交流的作用，所以，餐饮礼仪也成了人们顺利交往的必备。

第一节 宴请礼仪

一、宴请的种类

宴请的种类可以按形式来分，也可以按宴请的目的来分。

（一）按宴请的形式分，大致可分为宴会、招待会、茶会和工作餐

一般根据宴请的目的、宴请的对象以及经费开支等因素来决定用哪种宴请形式。

1. 宴会

宴会是属于较为正式而隆重的招待，是主人请宾客吃饭、喝酒，一般是正餐，出席者按主人安排的席位就座，有服务员顺次上菜。

宴会有国宴、正式宴会、便宴、家宴之分。

按举行的时间，又有早宴（早餐）、午宴、晚宴之分。

宴会的隆重程度、出席规格以及菜肴的品种与质量等要根据宴会的种类而有所不同。一般来说，晚上举行的宴会比白天举行的宴会更隆重。

（1）国宴。国宴是国家元首或政府首脑为国家的庆典，或为外国元首、政府首脑来访而举行的正式宴会，因而规格最高，程序、安排、礼仪上都有十分严格的要求。宴会厅内悬挂国旗，安排乐队演奏国歌及席间乐，席间有致辞或祝酒词。

（2）正式宴会。正式宴会除不挂国旗、不奏国歌以及出席规格不同外，其余安排大体与国宴相同。有时也安排乐队奏席间乐，宾主均按身份排位就座。对餐具、酒水、菜肴道数、陈设，以及服务员的装束、仪态都会有相应的要求。通常菜肴包括汤和几道热菜，中餐一般用四道，也会视用餐的人数而定，但均为双数，西餐用二三道，另有冷盘、甜食、水果。席间一般用两种酒，一种甜酒，一种烈性酒。如有条件，餐前可先在休息室稍事叙谈，通常上茶水、果汁等饮料，如无休息室也可直接入席。餐后一般不再回休息室座谈，也不再上饭后酒。

（3）便宴。便宴，即非正式宴会，常见的有午宴、晚宴，有时也有早上举行的早餐。这类宴会形式简便，可以不排席位，不作正式讲话，菜肴道数也可酌情，但仍需双数。便宴较随便、亲切，宜用于日常好友交往。

（4）家宴。即在家中设便宴招待客人，西方人喜欢采用这种形式，以示亲切友好。家宴往往由主妇亲自下厨烹饪，家人共同招待，气氛温馨融洽。

2. 招待会

招待会是指各种不备正餐，形式较为灵活的宴请形式，备有食品、酒水饮料，通常都不排席位，可以自由活动。常见的有：

（1）冷餐会，又称自助餐。这种宴请形式的特点是：不排席位，菜肴以冷食为主，也可用热菜，连同餐具陈设在餐桌上，供客人自取。客人可以自由活动，可以多次取食。酒水可以陈放在桌上，也可以由招待员端送。冷餐会在室内或在院子里、花园里都可举行，可设小桌、椅子，自由入座，也可不设座椅，站立进餐。根据主、客双方身份，冷餐会规格隆重程度可高可低，举办时间一般在中午 12 时至下午 2 时、下午 5 时至 7 时左右。这种形式常用于官方正式活动，以宴请人数众多的宾客。

（2）酒会，又称鸡尾酒会。这种招待会形式较活泼，便于广泛接触交谈。招待食品以酒水为主，略备小吃，不设座椅，仅置小桌或茶几，以便客人随意走动。酒会举行的时间也较灵活，中午、下午、晚上均可，请柬上往往注明整个活动延续的时间，客人可在其间任何时候到达和退席，来去自由，不受约束。

鸡尾酒是用多种酒配成的混合饮料，酒会上不一定都用鸡尾酒，但通常用的酒类品种较多，并配以各种果汁，不用或少用烈性酒。食品多为三明治、面包、小香肠、炸春卷等各种小吃，以牙签取食。饮料和食品由服务员用托盘端送，或部分放置小桌上由宾客自取。

近年国际上举办大型活动采用酒会形式日渐普遍，庆祝各种节日，欢迎代表团访问，以及各种开幕、闭幕典礼，文艺、体育招待演出前后往往举行酒会。自 1980 年起我国国庆招待会也改用酒会形式。

3. 工作餐

工作餐是现代人际交往中经常采用的一种非正式宴请形式，有的甚至由参加者各自付费，采用 AA 制，大家利用进餐时间，边吃边谈工作中的问题。按用餐时间分为工作早餐、工作午餐、工作晚餐。

在代表团访问中，往往因日程安排太紧而采用这种形式。这种用餐一般只请与工作有关的人员，不请配偶。双边工作进餐往往排席位，尤以用长桌更便于谈话，其座位排法与会谈桌席位排法相仿。

（二）按宴请的目的来分，宴请也可以分为三种

1. 礼节性质的宴请

为迎接重要的来宾或政界要员的公务性来访，为庆祝重大节日或重要的仪式而举行的宴会，这种宴请有一定的礼宾规格和程序，有较严格的礼仪要求。

2. 交谊性质的宴请

主要是为了沟通感情、表示友好、发展友谊而举行的宴请，如接风、送行、告别、聚会等。

3. 工作性质的宴请

主人或参加宴会的人是因为工作关系而举行的宴请，以便在餐桌上商谈工作。

二、宴请的原则

宴请通常遵循国际通用的“五 M”的原则。

1. Meeting——约会

首先要确定宴请的时间，时间要尊重对方的选择。

2. Money——节俭、务实

强调宴请的花费，要量力而行，不要铺张浪费。

3. Menu——菜单

注意选择菜品，要考虑被宴请人的喜好、习惯、禁忌等，不可自作主张。

4. Medium——介质，即宴请的环境

环境很重要，它决定了宴请的档次和水准。

5. Manner——举止

宴请是一种较高档次的交往活动，参加宴请一定要注意自己的行为举止。

三、宴请的准备

宴请对宾客而言是一种礼遇，必须按照规格及有关礼仪礼节的要求来准备。

1. 宴请的目的和对象

宴请的目的不是单一的，它可以是为某一个人，也可以为某一件事。较为正式的如为感谢对方的帮助，为某人的到任或者离任，为某项工程的动工或竣工，等等；不太正式的如朋友间的宴请，领导与下属之间加深印象、拉近距离的宴请，老同学的聚会，等等。

宴请的对象是指请哪些人，请多少人，请什么人来作陪，等等。

明确了宴请的目的和宴请的对象之后，如果是比较正式的宴请，则要准备邀请函，被邀请人的姓名、职务、称呼，甚至对方是否有配偶参加都要核对准确。

2. 宴请的形式和规格

宴请的形式和规格，在很大程度上取决于当地的习惯做法。一般来说，正式、规格高、人数少的以宴会为宜，人数多则以冷餐会或酒会更为合适，妇女界活动则多用茶会。

目前各国礼宾工作都在简化，宴请范围趋向缩小，形式也更为简便。酒会、冷餐会被广

泛采用，而且中午举行的酒会往往不请配偶。不少国家招待国宾宴会只请身份较高的陪同人员，不请随行人员。我国也在进行改革，提倡多举办冷餐会和酒会以代替宴会。

3. 宴请的时间和地点

宴请的时间应尽量满足主、客双方的需求。

宴请地点的选择要按活动性质、规模大小、形式、客人意愿及实际可能而定，选定的场所要能容纳全体人员。举行小型的正式宴会，在条件可能的情况下，宴会厅外可另设休息厅，又称等候厅，供宴会前简短交谈用，待主宾到达后一起进宴会厅入席。

社交活动中的用餐不再仅仅是吃饭而已，它是以联络感情、沟通信息为目的的，那么用餐地点的选择就非常重要，它直接影响着用餐的效果，选择用餐地点时要结合考虑环境、卫生、交通三个方面的因素。

就餐环境要优雅、安静，宴请不仅仅是吃东西，也是“吃”文化，如果就餐环境乱糟糟，档次很低，即使菜肴再美味，也让人没有心情，而好的就餐环境可以让人心情愉悦，使宴请锦上添花。宴会环境包括室内场地大小、室内陈设和装饰、餐厅灯光、色彩等因素，在选择用餐地点时都要考虑到。

外出用餐时，人们最担心的就是是否卫生、健康，所以在选择宴请地点时，一定要考虑到卫生的因素。如果就餐环境脏乱差，不仅影响食欲，也影响就餐人的心情。

宴请时还要充分考虑宴请地点周围的交通是否便利，停车是否方便。如果兴致勃勃地来到一家餐厅，但由于没有车位，来回转上很多圈，未免让人扫兴，也很浪费时间。

4. 请柬的制作和使用

请柬一般被广泛应用在档次很高、精心安排组织的大型宴会中。请柬上要写清楚宴请的名义、时间、地点，有的还要对服装进行要求以及是否需带伴侣。如果是招待会，则要写上开始和结束的时间。

如果多桌宴会对赴宴者的座次有要求，还应在请柬上注明对方所在的桌次，并在宴会厅悬挂桌次排列示意图，或安排引导员引导来宾就座，或者在每张餐桌上摆放桌次牌。

国际上习惯给夫妇两人送一张请柬，在国内需要凭请柬入场的场合注意要给每人都送一张。请柬的送达至少要提前三天或更早，以便被邀者做好各种准备。

第二节 中餐礼仪

一、席位礼仪

在中餐宴请中，常常采用圆桌布置，圆桌的摆放不同，位次的尊卑也不同。

（一）桌次礼仪

由两桌组成的小型宴会，餐桌的排列分为横排和竖排两种形式。

横排时，由面对正门的位置来定，以右为尊，以左为卑，即右边的桌子要比左边的尊贵（图 7–2–1）。

竖排时，讲究以远为上，以近为下。这里的远近，是以距离正门的远近而言的，即距离正门远的桌子比距离正门近的桌子更尊贵。（图 7–2–2）

由三桌或三桌以上组成的宴会，也叫多桌宴会，它的排列方法除了要注意“面门定位，以右为尊，以远为上”外（图 7–2–3），还要兼顾其他各桌与主桌距离的远近。一般来说，距离主桌越近，桌次越高；距离主桌越远，桌次越低，这种规则也称为“主桌定位”（图 7–2–4）。

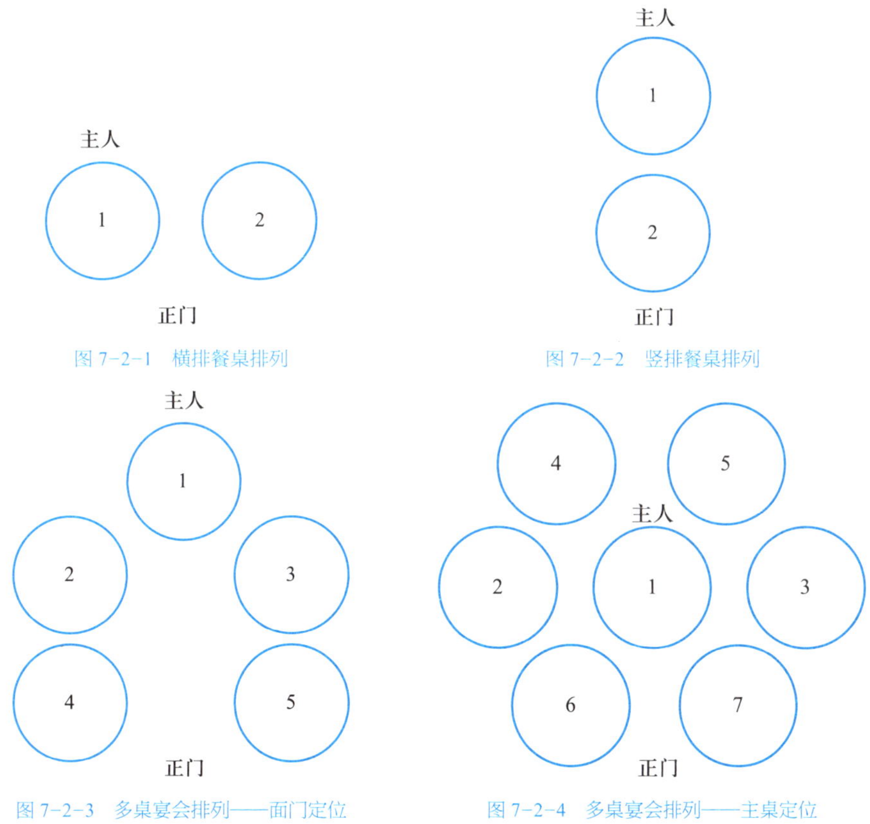

图 7–2–1　横排餐桌排列

图 7–2–2　竖排餐桌排列

图 7–2–3　多桌宴会排列——面门定位

图 7–2–4　多桌宴会排列——主桌定位

在桌子的选择上，所用桌子的大小、形状要基本一致。除了主桌可以略微大一些以外，其他各餐桌都应大小一致。

（二）位次礼仪

宴请时，除了桌子的位置有尊卑高低之分外，每张餐桌上的具体位次也有主次尊卑。具体排位时应注意以下几点：

第一，主人大都面对正门而坐，并在主桌就座。

第二，举行多桌宴请时，每桌都有一位主人的代表在座，也称各桌主人，其位置一般应与主桌主人同向，有时也可以面向主桌主人。

第三，各餐桌上位置的尊卑，应根据其距离该桌主人的远近而定，以近为上，以远为下。

第四，各餐桌上距离该桌主人距离相同时，以右为尊，即以该桌主人面向为准，他的右边为尊，左边次之。

根据上面四点，圆桌位次的排列可以分为两种具体情况，它们都和主位有关：

第一种情况：每桌一个主位的排列方法。特点是每桌只有一名主人，主宾在主人右首就座，每桌只有一个谈话中心（图 7-2-5）。

第二种情况：每桌两个主位的排列方法。特点是主人夫妇在同一桌就座，以男主人为第一主人，女主人为第二主人，主宾和主宾夫人分别在男女主人右侧就座，每桌客观上形成了两个谈话中心（图 7-2-6）。

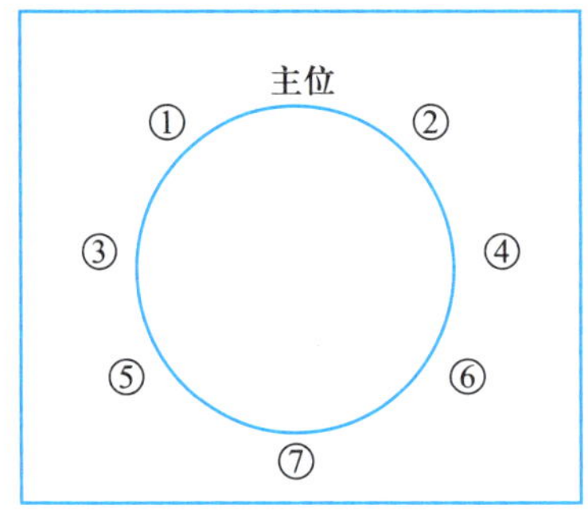

图 7-2-5 每桌单主位排列方法

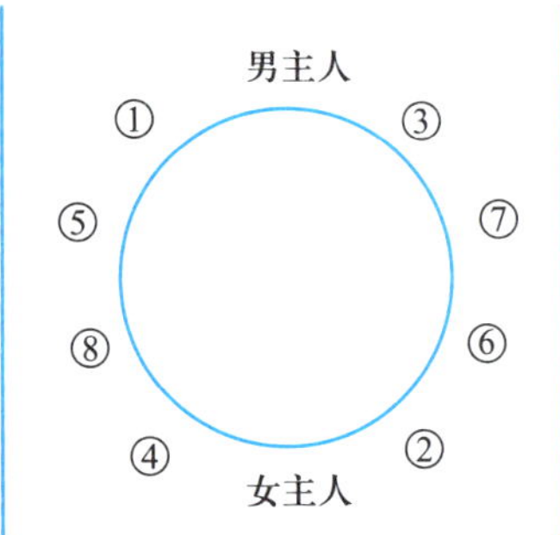

图 7-2-6 每桌双主位排列方法

如果主宾身份高于主人，为表示尊重，也可以安排在主人位子上坐，而主人坐到主宾的位子上。

为了便于来宾准确无误地找准自己的位置就座，除引导人员和主人要及时加以引导指示外，应事先放置醒目的个人姓名座位卡在每位来宾所属座次正前方的桌面上。举行涉外宴请时，座位卡应以中、英文两种文字书写。中国的惯例是，中文在上，英文在下。必要时，座位卡的两面都书写用餐者的姓名，使对面的人也能看到，以方便互相认识。

二、点菜礼仪

请人吃饭，往往觉得点菜是一件难事，如何让所有用餐的人都吃得满意，吃得舒服，确实很有讲究。

首先要充分考虑到宴请的对象，再来决定点哪些菜。一般来说，要优先考虑三类菜肴：一类是有中国特色的菜肴，如炸春卷、狮子头、宫保鸡丁等，这些具有中国特色的菜很容易受到外国客人的喜爱；第二类是有本地特色的菜肴，这一招在宴请外地客人时比较适用；第三类是本餐厅的特色菜。

点菜时不仅要考虑口味，还应注意菜肴搭配。如一桌菜通常会有汤、热菜、凉菜，品种上包括肉类、海鲜、素菜，这六个要素的搭配必须均衡合理，做到烹饪方法不同，菜品不重复。比如点了鱼汤，就不再适合点清蒸鱼、糖醋鱼及其他鱼。在热菜和凉菜的搭配上，以热菜为主，凉菜为辅。

菜品的数量不能过多或过少，应以吃饭人数为基准，略微多 1~2 个菜为宜，同时也要注意数量要双不要单。比如，四人以下，点三菜一汤较为合适，六人时点七菜一汤，多于八人时，按照人数加二的数量点菜比较合适。

点菜时也可参考季节，尽量点当季菜。虽然现在交通发达，加之大棚的普及让很多菜四季都有，但时令菜的新鲜和营养是大棚菜无法替代的。如早春时节的香椿、春笋，夏天的苦瓜、苋菜、莲子，秋天的百合、菱角、莲藕，冬天的大白菜、莴苣，等等。点些时令菜，不仅可以显示出点菜人的水平，也能让客人尝尝“鲜”。

点菜时还有一项不可忽视的因素要考虑，那就是用餐人的年龄和性别。老年人一般牙齿不好，应点一些易咀嚼的菜；儿童肠胃功能较弱，宜点一些好消化的菜；为女性则点一些养颜滋阴的菜，如百合、木瓜等，可以适当点一些甜品。

颜色也是点菜时要考虑的，要注意桌上菜肴色彩的搭配，尽量让菜品的颜色和品相丰富多彩，红的辣椒、绿的黄瓜、黄的玉米、白的莲藕……看上去赏心悦目，秀色可餐，能增加食欲。

点菜还有禁忌，比如穆斯林不吃猪肉，信奉佛教的人通常只吃素。各个地方的人在饮食偏好上也有不同，湖南人爱吃辣，山西人爱吃酸，四川人爱吃麻，江浙人爱吃甜，北方人爱吃面食。点菜时要把宾客的禁忌、喜好充分考虑到，尽量让桌上的每个人都能找到喜欢的菜肴。

三、餐具礼仪

中餐使用的餐具通常有筷子、勺子、碗、碟和辅助餐具如杯子、盘子等，这些餐具在使用时都有一定的礼仪规范。

（一）筷子

筷子是中餐中用来夹取食物的主要餐具。一双筷子要整齐摆放在筷子架上，不要让筷子一根横放，一根竖放或交叉摆放。要让同一桌的筷子长短、粗细、款式一致。

一般人都习惯用右手握筷，所以筷子通常都摆在客人就座的右边。筷子的正确握法是以拇指、食指、中指三个指头的前部共同捏住筷子的上部分约三分之一处。使用筷子有很多禁忌，下面列举十忌：

忌舔筷：夹菜前将筷子放入嘴中舔舐，或当牙签；

忌迷筷：举筷不定，不知夹什么菜好；

忌脏筷：用筷子在盘里翻捡夹菜；

忌指筷：拿筷子指人；

忌泪筷：夹菜时不干净，菜上挂汤淋了一桌；

忌插筷：将筷子插在饭菜上；

忌粘筷：筷子上还粘着东西又去夹别的菜；

忌连筷：同一道菜连夹三次以上；

忌敲筷：用筷子敲击餐具或桌面；

忌分筷：将两根筷子分放在餐具左右，具有分离的含义，只有在吃绝交饭时才这样摆放。

（二）勺子

中餐的勺子以短柄瓷质为主，主要用来喝汤和羹，有时也可以用勺子辅助筷子取菜，但尽量不要用勺子单独取菜。

用勺子取食物时，不要过满，以免洒出来弄脏餐桌或自己的衣服。在舀取食物后，可以在原处停留片刻，汤汁不再往下流时，再移回来享用。

用勺子取食物后，要立即食用或放在自己碟子里，不要再把它倒回原处。如果取用的食物太烫，不可用勺子舀来舀去，也不要用嘴对着吹，可以先放到自己的碗里等凉了再吃。

当菜碗中摆放了公勺时，要用公勺取菜，但不要忘了放回去。

（三）碗

碗主要用于盛放主食，或者羹、汤。要用筷子或勺子取碗内的东西吃，不可端起碗往嘴里倒食物，更不能去吸碗。碗如果暂时不用，不可以盛放杂物。不要把碗倒扣过来放在桌上。

要注意端碗的姿势，不可用手掌托着碗，也不要把碗抱在胸前。

（四）盘子（碟子）

在餐桌上使用的盘子通常比较小，又称作碟子，也有的称骨碟。它起到一个中转的作用，可以暂放从餐桌上取来的菜肴，也可盛装骨头等弃物。

不要一次性夹放太多菜放到盘子里，这样会显得要大吃一顿，显然失礼。不要将食物的残渣、骨头、刺吐在餐桌上，而应用筷子夹着轻轻放在盘子前端。如果盘子堆满了弃物，则要请服务员及时更换。

（五）其他

1. 湿毛巾

比较讲究的正式宴会在餐桌上放有两条湿毛巾，一条餐前用来擦手，另一条餐后用来擦嘴。也有的是由服务员餐前递送，看到客人用脏后不断更换。餐前的湿毛巾是用来擦手的，只用来擦手，不能擦脸、擦汗；结束前的湿毛巾是用来擦嘴的，所以也不能用来抹脸、抹汗，更不要往湿毛巾上吐脏物。

2. 水盂

有时在吃中餐时需要直接用手抓食物，比如吃海鲜或带壳的食物，遇到这种场合桌上往往会摆上一个水盂，为了消毒和美观，会在水盂中放几片柠檬，水盂里的水只能用来洗手。洗手时注意动作要轻柔，不要让水溅出，洗过手后用毛巾擦干，不要甩干。

3. 牙签

牙签主要用来剔牙，有的食物也需要使用牙签。不要当众剔牙，如果非要剔的话要用手或餐巾遮住嘴巴。剔出来的东西千万不要拿来看或再次放入口中，也不能随手乱弹或随口吐出。不要叼牙签，否则会让人觉得玩世不恭和粗野。

四、用餐礼仪

（一）喝汤礼仪

喝汤时不能发出咕噜咕噜的声响，有些人对此不太注意，不以为意，但实则是十分粗鲁、缺乏教养的表现。

不可对着热汤吹气，应该用汤勺舀出部分盛入碗中品尝，待汤羹稍许降温后，用汤勺舀取一勺轻轻对着汤勺吹，慢慢送到嘴边咽下。

不可直接端碗一饮而尽，此举虽豪迈，但实为不雅，而且与正式宴会的品位格格不入。正确的做法应该是用左手端碗，右手持汤匙舀汤喝。

（二）饮酒礼仪

酒在宴会中能起到开胃助兴的作用，尤其跟相应的美味菜肴搭配后，相得益彰。正式的中餐宴会上一般饮用白酒或葡萄酒，其中葡萄酒多用红葡萄酒，因为红色代表喜庆，其味道也较为甘甜。因此，餐桌上通常会摆放着大小不等的三种杯子，从左至右，依次是白酒杯、葡萄酒杯和水杯。

1. 斟酒礼仪

正式用餐前，主人为表示对来宾的敬重和友好，会亲自斟酒，应注意当场启封，斟酒时一视同仁。要按照顺时针的方向，先为尊者和嘉宾倒酒，所斟酒量要适度，除白酒外，其他酒不必斟满。为他人斟酒之前，要充分尊重对方的意愿，如果对方因信仰、习惯或身体健康等缘故不能喝酒，可为其提供饮料或茶水代替，不要非让对方喝酒，毕竟祝酒干杯需要两相情愿。

2. 受酒礼仪

主人斟酒时，客人应端起酒杯致谢，可起身站立或欠身点头致谢，也可使用“叩指礼”，即右手拇指、食指、中指一起，指尖朝下，轻叩桌面以示谢意。不要左右躲藏，敲击杯口，实在不能喝酒，可礼貌地向主人说明原因，不要将酒倒入他人杯中，这也是失礼之为。

3. 敬酒礼仪

宴席间的相互敬酒是用餐时必不可少的环节。饮酒前，主人通常会说一段祝愿或祝福类的话语，对来宾表示欢迎，祝酒词越精练越好，切忌长篇大论。如果是正式的祝酒词，应选择在宾客入席后和用餐前开始。

敬酒可随时在用餐过程中进行，敬酒时，敬酒之人应起身站立，面朝被敬之人，右手端持酒杯，或以左手托扶杯底，面带微笑，眼神柔和，并致以简短的祝福。

敬酒前应充分考虑好敬酒的顺序，分清主次，应以年龄长幼、职位高低、宾主身份为先后顺序，特别是跟不熟悉的人在一起，最好事先打听对方的身份和称呼。与人碰杯时，应将自己的酒杯低于对方的酒杯，以表示尊敬之意。与对方距离较远时，可以用酒杯轻磕桌面，表示相互碰杯，但如果是向长辈或职位高的人敬酒，应该端杯走到他跟前。

不论在哪种场合饮酒，都应该保持适量原则，努力保持风度和仪态，切忌争强好胜、非一醉方休不可。饮酒超量，很容易伤身，而且容易引起事端，出洋相就十分失礼了。

一定遵循“喝酒不开车，开车不喝酒”的原则。

（三）品茶礼仪

喝茶是中国人自古就有的习惯，在许多正式宴请的场合，饭前餐后，喝茶是必不可少的，所以，品茶礼仪也是宴请礼仪中的重要组成部分。

1. 斟茶

泡茶是品茶过程中很讲究的阶段，主人最好不当着客人的面用手取茶冲泡，应该用茶勺舀取茶叶，或用茶罐盖轻磕茶罐将茶叶倒入茶壶或茶杯。

要充分考虑宾客的喜好，条件允许的话，可以事先多储备几种茶叶供宾客选择，询问宾客有无禁忌，如果宾客回答“随意”的话，应尽量选择茶味适中或具有特色的茶叶。如果对方不喜欢喝茶，可以询问宾客是否喝其他饮料。通常，不习惯喝茶的人，也应及时向主人说明。

看茶时，应当遵循“茶不宜满，七分最好”的原则。水温不能太烫，避免宾客喝茶心切或不小心打翻而被烫伤，茶不宜冲泡太久，茶叶不宜太多，否则泡出来的茶比较浓厚、苦涩。

一般待客时，可由晚辈为宾客奉茶，待见重要客人时，主人应该亲自奉茶。而在工作场合待客时，一般由秘书来为宾客上茶。宾客较多时，应遵循先客后主、先主宾后次宾、先长辈后晚辈、先女后男的原则，也可以将茶水全都泡好，随宾客自取。

为宾客斟茶续水时，不要妨碍他人，应一手拿起茶杯，在远离宾客身体、座位和桌子的地方把水续上。如果是围坐在桌旁喝茶，则应示意对方即将续水，请宾客注意茶壶。

2. 品茶

若奉茶的是身份高者或长辈，应起身站立，双手捧接。对方为自己续水时，也应以礼相待，面带微笑，点头示意，并说“多谢”。端茶时，应用一只手持握杯把，另一只手托住杯底或杯口，不能直接用手拿握杯口或端起杯底。

品茶时，应小口细心品尝，每饮一口茶后，茶水应在口中稍停留片刻再吞咽，这样才能品出茶叶的香味，同时，还应称赞茶味的香浓可口，不可一饮而尽，也不能喝出“咕咚”的声音来。茶水太烫时尽量不去吹，应放置待其自然冷却再喝。不要用手去掏杯中的茶叶嚼吃。

（四）应注意的细节

用餐时，如果不知道自己该坐哪个座位，最好等主人指引后入席，以免坐了不该坐的位置；

菜上来后要等主宾夹第一筷后，众人才能动筷；

吃饭时细嚼慢咽，不可狼吞虎咽或发出很大的响声；

让菜不布菜，可以为别人推荐好吃的菜，但不要自作主张，硬给别人夹菜；

尽量让餐桌中间的转盘顺时针方向转动；

不要用自己的筷子去捞汤中的食物；

不要高谈阔论，唾沫四溅；

不要当众修饰仪表，如整理头发、化妆补妆、宽衣解带、脱袜脱鞋等，如确实有需要可以去化妆间或洗手间整理；

不要碰到自己喜欢的菜就拼命夹很多，而不考虑别人用过没有。够不到的菜，可以请人帮助，不宜起身甚至离座去取。

第三节 西 餐 礼 仪

随着东西方文化的不断渗透与交融，吃西餐也成了我们日常生活中一件很平常的事。西餐厅一般比较宽敞，环境幽雅，桌与桌之间离得较远，所以相对中餐厅更安静，更便于交谈。因此，在宴请中，西餐颇受现代人的青睐，尤其是年轻人和出国留学回来的人。西餐文化源远流长，讲究规矩，注重礼仪，所以，了解一些西餐方面的礼仪知识是十分必要的。

一、西餐特点

“西餐”，是我国对西方国家菜肴的统称，但各地还是有些差异。一般粗略分可以分为两类：一类是以英、法、德、意等国为代表的“西欧式西餐”，又称“欧式西餐”，其特点是选料精纯，口味清淡，以款式多、制作精细而享有盛誉；第二类是“东欧式西餐”，也称“俄式西餐”，其特点是味道浓，油重，以咸、酸、甜、辣皆具而著称。此外，还有在英国菜基础上发展起来的“美式西餐”也有其特点，并且日益风行。细分可以按国别分为英国菜、法国菜、俄国菜、美国菜、意大利菜以及德国菜等，各国菜系自成风味，其中尤以法国菜最为突出。但不管是何种风格的西餐，与中餐相比，至少具有以下几个显著的特点：

1. 讲究营养，注重搭配

西餐极重视各类营养成分的搭配组合，充分考虑人体对各种营养，如糖类、脂肪、蛋白质、维生素和热量等的需求来搭配菜肴。

2. 选料精细，用材广泛

西餐烹饪在选料时十分精细、考究，而且用材十分广泛。如美国菜常用水果制作菜肴或饭点，咸里带甜；意大利菜则会将各类面食制作成菜肴，各种面片、面条、面花都能制成美味的席上佳肴；而法国菜，选料更为广泛，诸如蜗牛、洋百合、椰树芯等均可入菜。

3. 讲究调味，强调色泽

西餐烹饪的调味品大多不同于中餐，如酸奶油、桂叶、柠檬等都是常用的调味品。法国菜还注重用酒调味，在烹调时普遍用酒，不同菜肴用不同的酒做调料，德国菜则多以啤酒调味。在色泽的搭配上则讲究对比、明快，因而色泽鲜艳，能刺激食欲。

4. 工艺严谨，器皿讲究

西餐的烹调方法很多，常用的有煎、烩、烤、焖等十几种，而且十分注重工艺流程，讲究科学化、程序化，工序严谨。烹调的炊具与餐具均有不同于中餐的特点，特别是餐具，除瓷制品外，水晶、玻璃及各类金属制餐具占很大比重。

二、席位礼仪

（一）基本原则

1. 恭敬主宾

在西方宴会中，主宾是极受尊敬的，即使宴请的宾客中有身份、年龄高于主宾的，主宾也仍是邀请方关注的中心，在安排座次时，主宾通常紧靠着主人就座。

拓展资源

视频讲解

2. 女士优先

在西餐礼仪里，往往是女士优先。排列位置时，一般是女主人为第一主人，而男主人为第二主人。

3. 距离定位

西餐桌上席位的尊卑，是根据其距离主位的远近决定的，距主位近的位置要高于距主位远的位置。

4. 面门为上

按西餐礼仪的要求，面对餐厅正门的位置要高于背对餐厅正门的位置。

5. 交叉排列

西餐排列座位时，讲究交叉排列的原则，即男女应当交叉排列，熟人和生人也应当交叉排列。在西方人看来，宴会是拓展人际关系的场合，交叉排列的用意就是让人们能多和周围客人聊天认识，达到社交目的。

（二）位次排列

西餐的位次排法与中餐有一定的区别，中餐多使用圆桌，西餐则以长桌为主。长桌的位次排法主要有以下两种方式：

（1）长型桌排列时，男女主人分坐两头，门边男主人，面门一端女主人，男主人右边是女主宾，女主人右边是男主宾，其余依序排列。（图 7-3-1）

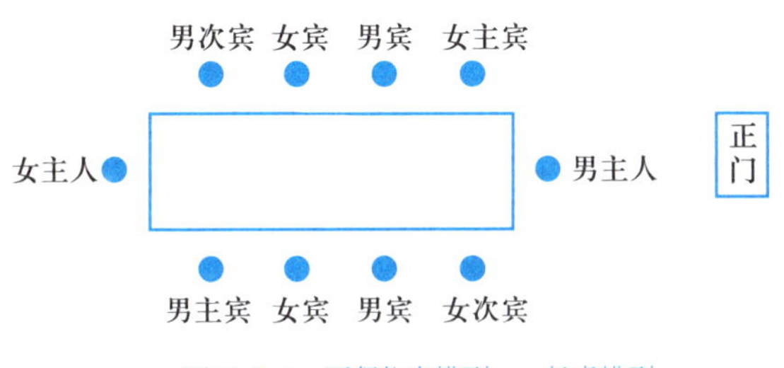

图 7-3-1　西餐位次排列——长桌排列

（2）桌子是 T 形或门字形时，横排中央位置是男女主人位，身旁两边分别是男女主宾座位，其余依序排列。（图 7-3-2）

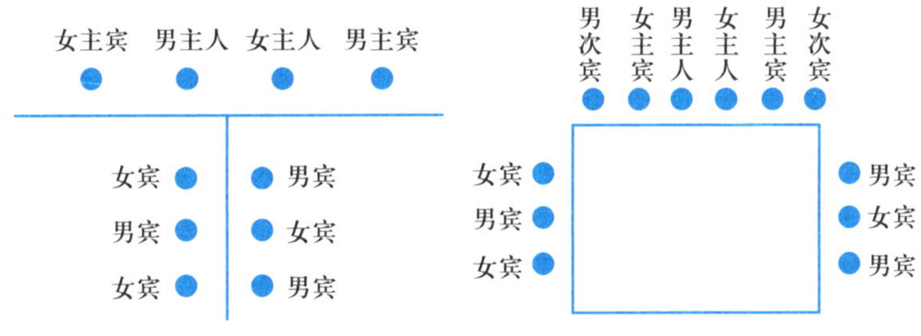

图 7-3-2　西餐位次排列——T 形、门字形排列

三、餐具礼仪

（一）餐具的种类及摆放

西餐所用的餐具主要是刀叉、餐匙、餐巾等。

在正规的西餐宴会上，通常都讲究吃一道菜换一副刀叉，品尝每道菜肴时，都要使用专门的刀叉，不可乱用。根据食物的不同，刀叉的形状也不同，有吃鱼专用的刀叉、吃肉专用的刀叉、挑抹黄油专用的餐刀、吃甜品所用的刀叉等。

刀叉的摆放一般是餐刀在右，餐叉在左，均是纵向摆放在餐盘的两侧，供用餐者方便使用。叉如果不是与刀并用，叉齿应该向上。如果不懂哪种形状的刀叉的使用，只要记住依次从两边由外侧向内侧取用即可。（图 7-3-3）

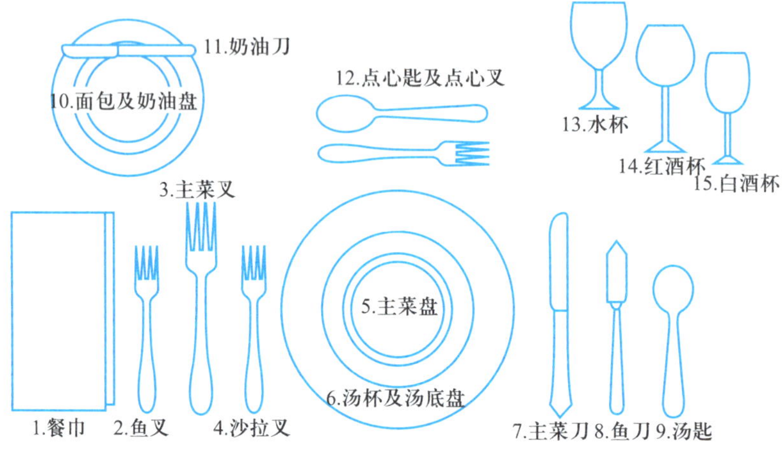

图 7-3-3　西餐餐具摆放礼仪

（二）刀叉的用法

1. 刀叉的区别

西餐的主要工具是餐刀和餐叉，这两样既可以配合使用，也可以单独使用。餐刀主要用来切割食物，可分为三种：一种是带小锯齿的，用来切割肉类食物；另两种也带锯齿，刀较大者是用来将大片蔬菜切成小片的；小巧型的，刀尖是圆头，顶端上翘的小刀，是用来切开面包，挑抹果酱或奶油在面包上用的。

餐叉是用来叉起食物的，可以单独用于叉餐或取食，也可以用于取食头道菜和馅饼，还可以用于取食那些无须切割的主菜。

2. 刀叉的握法

用刀时，应将刀柄的尾端置于手掌之中，以拇指抵住刀柄的一侧，食指按在刀柄上，其余三指则顺势弯曲，握住刀柄。持叉应尽可能持住叉柄的末端，叉柄倚在中指上，中间则以无名指和小指为支撑。

3. 刀叉的使用

刀叉的使用一般有两种方法：一种是英式法，一种是美式法。

英式方法是要求用餐者在吃饭时，始终右手持刀，左手持叉，边切割边取食，将食物叉起时，叉尖是朝下的。美式方法是用餐者右刀左叉，一次性把餐盘中的食物全部切成小块后，将刀放在盘子上，注意刀刃要朝内，然后叉子从左手换到右手，用叉子叉起已经切成小块的食物食用，吃的时候叉尖朝上。但无论哪种方法，都不要用刀挑食物吃，动作要轻缓，不让刀叉磕碰牙齿或餐盘发出声响。

在西餐宴会上，客人很少直接传唤服务员，受过训练的服务员会根据用餐者刀叉使用所传达的讯息去为客人服务。比如餐盘中的食物还未吃完，要继续用餐，则应将刀叉分开呈三角形摆放；而如果餐盘的食物已经吃完，还想添加饭菜时，则应将刀叉分开呈八字形摆放；如果已经用好餐，虽然盘中还有食物，但已经不想再吃了，那么，可将刀叉一起纵向摆放在餐盘上，服务员看到这些，会过来收拾刀叉和餐盘的。

（三）餐匙的用法

在正式的西餐宴会中，每套餐具中会摆放两把或两把以上的餐匙。这里主要介绍两种餐匙，一种是汤匙，一种是甜品匙，两者形状不同，用途也完全不一样。较大的是汤匙，它一般纵向摆放在用餐者的右手边；较小的是甜品匙，它一般横向摆放在吃甜品专用刀叉的正上方。

在使用餐匙取食时，动作要干脆，不可将甜品或汤羹来回翻搅，一旦舀出部分品尝时，要一次性吃完，切忌一餐匙的食物，反复品尝几次。使用餐匙时，要尽量保持餐匙的干净，不要弄得匙面和匙柄到处是食物。餐匙除了可以喝汤和吃甜品外，不可直接舀取其他菜肴。使用餐匙后，应将它放回原位，不可放在甜品或汤碗中。

（四）餐巾的用法

餐巾看似普通，在餐桌上却发挥着多重作用。不同的餐巾可以根据宴会的性质叠成不同的图案，如扇形、皇冠形、长方形等，形状各异的餐巾可与就餐环境相得益彰。一般餐巾会放置在水杯中，也可平放在用餐者左侧的桌面上或底盘上。

餐巾一般是在开始用餐时取用，先将餐巾对折，将褶线朝向自己，平铺在并拢的双腿上，主要是为了防止进餐时掉落的菜肴、汤汁弄脏衣物，不能将餐巾当作围兜系在身上或裤腰上。用完餐后，餐巾可用来擦拭嘴巴，一般是用餐巾的末端顺着嘴唇轻轻擦拭，弄脏的地方可向内侧翻卷。餐巾还可以在剔牙的时候作为遮挡，剔出来的食物残渣可直接包在餐巾上，并将餐巾向内折起。特别值得注意的是餐巾不可用来当毛巾使用，不能擦汗，也不能擦脸，更不能用来擦拭餐具。

在西方的宴会上，餐巾就是用来擦拭之用，宾客尽量不要拿出自己的手帕或者纸巾来代替餐巾，这不仅违反用餐的礼仪，而且还会让主人觉得这是在嫌弃餐巾的卫生。离席的时候，应将餐巾脏的一面朝餐桌，用盘子或刀具压住餐巾的一角，让其从桌沿自然垂下，这样比较雅观。

四、用餐礼仪

（一）用餐场合

1. 鸡尾酒会

鸡尾酒会的形式比较活泼、简单，也方便人们进行交流。宴会上主要用酒水来待客，备上些许小食品，如面包、点心、蛋糕等。服务生端着托盘，把饮料或点心拿给顾客。国际上许多大型活动都会使用鸡尾酒会的形式招待客人。

在鸡尾酒会上，最好手中揣着餐巾，以便随时将手擦干净。左手持着酒杯，见到熟人或打招呼的人，随时要伸出右手与之相握。

2. 晚宴

在西方，人们习惯将正式宴会安排在晚上 8 点后举行，举行这类宴会，说明主人对宴会很重视，或庆祝某个重大节日，或庆祝某项活动，或欢迎某位重要人物。正式晚宴一般要事先排好座次，并送出请柬。宴会上还有小型乐队进行现场演奏，主人与宾客间会相互祝酒、致辞。

另外一种是家庭便宴，这种宴会气氛亲切友好，一般邀请的都是主人的亲朋好友，地点选择在家里，因此，服饰、餐具、布置都较为随意。

按照西方的习惯，晚宴一般都会邀请夫妇一同出席。

3. 自助餐

自助餐是招待会较为常见的宴会类型，可以是早餐、中餐、晚餐，也可以是茶点。饭菜会一一装盘放在餐桌上，供客人自行挑选。举行的地方可以在室内，也可以在室外，比如花园里、院子里，如果邀请的人数较多，自己又难照顾周全时，自助餐是最佳的选择。

参加自助餐的宴会，需要遵循“少吃多跑”原则，一次不要取用太多食物，可以多跑几次，取食物时要排队等候。用完餐后，要将餐具放回到指定的地方，以减轻主人的工作量。

（二）餐桌礼仪

1. 入座礼仪

入座是西餐礼仪的第一步。在比较正式的宴会上，应从椅子的左边入座，首先站立在座位的左边，左脚先往前迈出一步，然后右脚迈至椅子前方，最后左脚往右迈一步，这样简单的三步就是最标准的入座姿势。如果你的座位在最左边靠墙的地方，无法从左侧进入时，可以从右边入座，步伐同左侧入座刚好相反。

如果男士和女士一同用餐，男士应为女士挪开凳子，协助女士入座，以显绅士风度。

2. 举止礼仪

就座后，坐姿应端正，女士双腿应并拢。

吃面包时，要用食指和拇指把面包撕下来一小块放入口中食用，不要用刀切面包，也不要用叉子叉着吃。如果需要抹上黄油，不要把整块面包全都抹上黄油，而是将黄油抹在撕下来的小块面包上。

吃硬面包时，用手撕不但费力而且面包屑会掉落，此时可用刀先将面包切成两半，再用手撕成块来吃，避免像用锯子似的锯面包。

喝汤不能吸着喝，一定要用汤匙舀汤，而且舀汤的方向应该是由内向外，然后把汤送入口中，尽量不要发出声音。

用餐期间，如果餐具不慎掉落到地上，可招手示意服务员代捡，并送一份新的过来，不要自己低头弯腰去捡。

西餐讲究“吃”文化“吃”氛围，西餐厅一般都很安静，光线柔和，伴有舒缓的轻音乐，所以用餐、交谈、走动都要尽量轻缓，不要破坏其他用餐者的雅兴，更不要大声呼唤服务员或高声劝酒。

3. 饮酒礼仪

在正式的西餐宴会中，酒是餐桌上的主旋律，一般有餐前酒、进餐酒、餐后酒三种。

餐前酒，也叫开胃酒，是在正式用餐前饮用的，一般有鸡尾酒、威士忌、伏特加、啤酒、葡萄酒等，开胃酒不宜喝太多，喝多反而影响食欲。

进餐酒是正式用餐时饮用的酒，通常是指葡萄酒。正式西餐，在每道菜上来之时，服务生都会倒上酒，酒随菜的不同而不同，通常是“白酒配白肉，红酒配红肉”。白肉，是指鱼肉、鸡肉、海鲜等，一般搭配白葡萄酒；红肉则指牛肉、羊肉、猪肉等，一般搭配红葡萄酒。白葡萄酒宜在7℃左右喝，可以加冰块；红葡萄酒的饮用最佳温度是18℃。因此，在饮用葡萄酒时，一定要用高脚的玻璃杯，并用除小手指以外的四个手指捏住杯脚。

餐后酒是有助餐后消化的酒，比如白兰地，其酒精浓度在42°~43°。这种酒的品尝方式，是用手掌握住酒杯，用手心的温度将酒加温，待其香味四溢时，再小酌品味，不可一饮而尽。

通常情况下，饮用不同的酒会选用其专用的酒杯，在每位用餐者桌面上右边的位置，大都会横摆着三四只酒杯，取用顺序是依次从外侧向内侧。

4. 喝咖啡礼仪

在西方，除了在餐桌上吃饭喝酒外，还有另外一种宴请方式，就是喝咖啡，最常见的地点有休息厅、咖啡厅等。喝咖啡时，要特别注意个人的行为举止，主要从饮用的数量、配料的添加、品用的方法等方面加以注意。

喝咖啡时要注意适可而止，所点咖啡每人不要超过三杯，喝咖啡不是为了解渴。

根据个人口味的需求，喝咖啡时会往杯里添加一些改善口味的配料，比如牛奶、糖块等。某种配料用完时，不要大声呼叫，也不可给他人添加配料。给咖啡添加砂糖时，要用小勺舀取添加，若是添加方糖，则应用夹子先夹取方糖放置咖啡碟上，再用咖啡勺将方糖加入杯中。添加任何的配料，动作都要尽量轻缓，避免咖啡溅出而弄脏衣物。

喝咖啡本身是一种很惬意的交际方式，所以举止也应得体、文雅。握住咖啡杯时，要用右手的拇指和食指捏住杯把，不可双手握杯或用手托住杯底，也不可俯首就杯喝。坐着喝咖啡时，只需端起杯子，只有起身站立或走动时，才将咖啡杯和碟一起端。用勺搅拌配料时动作要轻缓，使配料和咖啡充分融合均匀，搅拌完后，应将勺靠近杯子的内沿，使咖啡顺势滴下后再放回碟子。不能用咖啡勺舀着咖啡喝，也不可将杯中咖啡一饮而尽。

【本章小结】

成功的宴请活动，是人们建立关系、交流感情的“润滑剂”，它不仅能体现人的涵养素质，更能为双方进一步的交往起到锦上添花的作用。由于东、西方文化的差异，餐饮礼仪也不尽相同。了解中餐和西餐的区别，遵守中西餐宴会、工作餐、自助餐的礼仪，可以让自己在任何形式的用餐中怡然自得，游刃有余，展现良好的社交形象。

【模拟实训】

1. 请口头阐述宴请的“五 M”原则。

2. 假设所在的学院要组织一场 50 人的中餐宴会，邀请的嘉宾是校、院领导和老师，请对此次宴会进行座次和席位排序。

3. 每位同学自拟一次单位的宴请，宴请名目自定，据此制订完整的宴请计划，包括宴请的时间、地点、形式、参加人员名单、菜单、祝酒辞。

4. 男女各四人一组，模拟进西餐厅用餐，实训入座、刀叉使用、餐巾使用、饮酒、喝咖啡的礼仪规范。

第八章 涉外礼仪

第一节　涉外礼仪概述

虽然不同的国家、不同的民族有各自不同的文化和生活习惯，但互相交往时还是有很多需要共同遵循的礼仪原则。

第二节　外国风俗礼仪

当我们与不同国家和地区的人交往时，在不违反基本原则的情况下，如能因人而异，了解并尊重对方的风俗礼仪，一定能事半功倍。

第三节　涉外工作礼仪

近些年来，国家间的交往合作日益频繁密切，各种会见、会谈、签字、赠礼等活动不断，这就需要涉外工作人员必须熟悉和掌握这些活动形式和礼仪规范，使自己在这些工作场所和活动过程中不出笑话，不失礼，更好地促进相互沟通，实现友好合作。

情景再现

1992 年，“中国鞋王”——双星集团总裁汪海在美国纽约召开新闻发布会。

在发布会上，记者询问了汪海许多问题，汪海都对答如流，气氛都很热烈。就在发布会的最后，有一名来自某鞋业杂志社的记者问：“你们生产的运动鞋为什么取名叫双星，是不是代表了精神文明和物质文明？”汪海微笑着回答道：“也可以这样理解，双星其中一颗星代表着东半球，一颗星代表着西半球，我们要让双星运动鞋潇洒地走向全世界。”这位记者并未被这番豪言壮语打动，她观察得很仔细，看到汪海身着西装，脚穿皮鞋，立马问道：“请问先生您脚上穿的是什么牌子的鞋？”这句话用意很明确，如果你穿的是双星鞋，那是理所应当，如果穿的是其他牌子，或者是洋货，那就说明连你自己都不愿穿双星鞋，还谈什么潇洒走世界。汪海见此情况，并未慌张，而是沉着自信地回答道：“谢谢这位女记者的提问，在公开场合脱鞋是非常不文明的行为，特别是我们中国，是以礼仪之邦著名的，但是你问的这个问题，我只能破例了，也谢谢你给我在公开场合脱鞋的机会。”说着，他把自己的鞋脱了下来，高高举起，指着鞋内的商标，大声说道：“Double Star（双星），这里面就是双星，要不相信你拿去看看。”此时，全场响起了热烈的掌声，不少记者纷纷拍下这个镜头，还说笑道：“这是脱鞋打广告呀！”

第二天，美国纽约的各大报纸纷纷刊登出这幅图片，有位《纽约时报》的记者这样评述道：“在美国脱鞋的共产党国家有两个人，一个是苏联的前领导人赫鲁晓夫，他脱鞋敲桌子表明了一个共产党大国的傲慢无礼，一个是来自中国的双星集团总裁汪海，他脱鞋表明了中国的商品要征服美国市场的雄心！”

名言警句

具备高度的社会主义觉悟，坚定的政治立场和严格的组织纪律，在任何复杂艰险的情况下，对祖国赤胆忠心，为维护国家利益和民族尊严，甚至不惜牺牲个人一切。

——周恩来

中国梦是追求和平的梦、追求幸福的梦、奉献世界的梦。中国梦同世界各国人民的美好梦想息息相通。

——习近平

涉外礼仪是在对外交往或涉外工作中，用以维护自身和国家形象，并向外宾表示尊重、礼貌、友好等的各种礼节和仪式。它不仅是个人的内涵修养、文化水平的集中反映，也是国家的国际形象和国际地位的客观写照，是在长期的国际交往中逐步形成的，国际上通用的礼仪规范。

第一节 涉外礼仪概述

一、涉外礼仪的原则

虽然不同的国家、不同的民族有各自不同的文化和生活习惯，但互相交往时还是有很多需要共同遵循的礼仪原则。

1. 维护国家利益原则

这是对外交往最重要的原则。每一位涉外工作人员最基本的素养是对国家忠诚，有颗爱国的热心，祖国的利益高于一切，要坚决维护国家的主权和民族的尊严。应时刻意识到，在外宾眼里，自己是国家、民族、单位组织的代表，自己的一言一行有可能给国家带来荣誉，也可能带来耻辱。在原则问题上要坚持不懈，决不让步，决不做有损国格和人格的事情。

2. 入乡随俗原则

不同的国家、地区或民族在历史发展的进程中，会形成各自的宗教、文化、语言、风俗和习惯，了解这些习惯和文化差异，允许文化背景差异的存在，是对交往对象表示友好和敬意的表现。为此，要做到：

第一，要充分了解与交往对象相关的习俗，做到“入境即问禁，入国即问俗，入门即问讳”，做到心中有数。

第二，要尊重交往对象所特有的习俗，而且不可以评头论足。当然，也不必刻意模仿，对于自己的传统习俗，要继续发扬传播。

3. 不卑不亢原则

涉外活动中，要充分了解外宾所在国的特有讲究与禁忌，充分尊重外宾习俗，但也不可妄自菲薄，低声下气，曲意逢迎。应充满自信，大方从容，充分展现自己团队的凝聚力，当然，我们也不能自大狂妄，我行我素，目中无人。谦虚谨慎，戒骄戒躁，不亢不卑才是应持的态度。

4. 遵时守信原则

信守承诺，取信于人是建立良好人际关系的前提，也是做人的基本品德。在涉外交往中，说话务必算数，许诺一定兑现，所以，一切要三思而后言，三思而后行，说到做到。时间上的约定要牢记心间，没有理由可以作为迟到缺席的托辞，一个连时间观念都没有的人谈何诚信?

5. 尊重他人隐私原则

国际礼仪强调以人为本，要求尊重个人隐私，维护人格尊严，这也是尊重和体谅交往对象的基本方式和最起码的礼貌。每个人都会因为个人尊严或其他原因，不愿外界了解自己的个人秘密或私人事情，所以，涉外活动中，凡涉及交往对象年龄、收入、婚恋、经历、政治见解、宗教信仰等话题均属个人隐私，不宜询问。

6. 女士优先原则

女士优先，这是国际公认的礼仪原则，广泛适用于社交活动中。在一切社交场合中，男性有义务主动为女士提供方便，尊重和照顾妇女，体谅和保护妇女。不仅对待熟悉的女性要如此，对待陌生的女性也应如此，要一视同仁，无关乎相貌、年龄，无关乎地位、金钱，也无关乎民族、信仰。这一原则并不是将女性视为弱者去同情、怜悯，而是以平等的态度予以尊重。懂得尊重女士的男性，被公众视为有绅士风度。

7. 以右为尊原则

依照国际惯例，多人排序时遵循“以右为尊”的原则，即确定中心人物或主人的位置后，其右边的位置是最尊贵的位置。大到政治会晤、文化交流、商务谈判，小到社交应酬、私人交往，但凡需要排序时，都应以右为上，以左为下，以右为尊，以左为卑。这与现代中国政界的排序正好相反。

二、涉外礼仪的禁忌

涉外礼仪的禁忌很多，因国家、地区、民族、地域的不同而不同，有的做法是这个国家的禁忌，但在别的国家偏偏是礼貌之举。所谓“三里不同音，十里不同俗”，可见风俗习惯差异之大。但也有一些禁忌是较普遍的，带有共性的，以下就是一些带共性的禁忌：

1. 数字禁忌

西方国家普遍认为“13”是凶险的，甚至每个月的13日，有些人也会惴惴不安，尤其是13日又逢星期五，他们会觉得诸事不宜，总担心不好的事会发生。日本、韩国等东方国家则对“4”特别忌讳，所以，这些国家的医院都不会设4号病房和病床。而“3”和“7”在东西方国家普遍受到喜欢。

2. 问话禁忌

很多国家都讲究个人隐私权，所以，凡是涉及个人隐私的话题，交谈时都应回避，具体做到“五不问”，即不问年龄，不问家庭，不问收入，不问经历，不问住址。

3. 花卉禁忌

在国际交际场合，一般忌用菊花、石竹花、杜鹃花以及带黄色的花献给客人，尤其是意大利和南美洲各国，更是把菊花视为“妖花”，只能用于墓地和灵前。

三、世界宗教及其习俗

宗教是一种世界性的社会现象和文化现象，信仰和崇拜是一切宗教的共同特点。宗教礼仪，是宗教信众在长期宗教活动中形成的体现宗教内容的行为规范和习俗，是宗教思想的表现形式。

我们只有了解各种宗教的特点、习俗及禁忌，尊重交往对象的宗教信仰，遵守各种宗教的礼仪规范，才能使涉外活动得以更顺利地进行。

（一）基督教

基督教是世界三大宗教之一，目前在全世界有信众数十亿，分布在 150 多个国家和地区。基督教起源于公元 1 世纪，相传创始人耶稣是上帝差遣的救世主，来人间拯救人类，由于叛徒犹大的出卖，耶稣在耶路撒冷受难，被罗马总督钉死在十字架上，从此，十字架成了基督教的标志，耶路撒冷成了基督教的圣地。

基督教的节日主要有：

1. 圣诞节是基督教纪念耶稣基督诞生的节日，是基督教重要的节日之一。因《圣经》没有明确记载耶稣生日，教会规定：从公元 354 年开始，每年的 12 月 25 日为圣诞节。

2. 复活节是基督教的又一重要节日，是为纪念耶稣复活而进行的庆祝活动。据传说，耶稣基督被钉在十字架上后，于第三天复活。公元 325 年基督教尼西亚会议规定，每年的春分月圆后的第一个星期日为复活节，即在现行的公历 3 月 22 日至 4 月 25 日之间。

3. 受难节指耶稣的遇难纪念日，也是基督教的重要节日。据《圣经》记载，耶稣遇难于星期五，时间依复活节反推，即复活节的前两天为受难节。

（二）伊斯兰教

伊斯兰教，在我国旧称回教、天方教、清真教等，在公元 7 世纪初兴起于阿拉伯半岛，距今 1300 多年，是世界三大宗教中最“年轻”的。目前它分布在亚洲、非洲，特别是西亚、北非一带，近年来在西欧和北美也有广泛传播。世界上有上百个国家以伊斯兰教为国教或多数民众信仰伊斯兰教。我国也有 10 个少数民族约千万人信仰伊斯兰教，1953 年，我国成立了伊斯兰教协会。

伊斯兰教以《古兰经》为信仰经典，信奉安拉（又叫真主），先知穆罕默德是安拉派遣到人间的最后一位使者。“伊斯兰”一词是阿拉伯语的音译，意为“和平”“顺服”。一般称信仰伊斯兰教的人为“穆斯林”或“穆民”，意为“虔诚者”。

伊斯兰教的节日主要有：

1. 开斋节是穆斯林最为盛大的节日之一。伊斯兰教规定穆斯林在教历 9 月内斋戒，斋月最后一天寻看新月（月牙），见月的次日即行开斋，为开斋节，举行会礼和庆祝活动。

如未见月，则继续斋戒，开斋节顺延（一般不超过三天）。中国新疆地区称开斋节为“肉孜节”。

2. 宰牲节是在朝觐麦加的最后一天举行的庆祝活动，又叫古尔邦节（阿拉伯语的古尔邦意为牺牲），宰牲节的活动礼仪与开斋节基本相同。

3. 圣纪节是纪念伊斯兰教的复兴者，也是最后一位使者——穆罕默德的诞生日。每当伊斯兰教历 3 月 12 日这一天，穆斯林们都会集会诵经、赞圣，宣传穆罕默德事迹。

（三）佛教

佛教，起源于公元前 6 世纪至前 5 世纪，相当于我国春秋时期。诞生于古印度，因创始人佛陀而得名，是世界最古老的宗教之一。它广泛流传于亚洲许多国家和地区，特别集中于东亚和南亚，近代才传到欧美大陆。佛教在公元 1 世纪传入我国，经过历史沧桑演化，在我国内地和青藏地区有众多的信众，也形成了众多派别。两千年的流传和发展，佛教文化和礼仪已和社会生活、文化现象紧密相连。

佛教在长期的发展过程中，产生了大量的经藏文献，这些文献被统称为大藏经，简称为藏经，又称为一切经。

佛教的节日主要有：

1. 佛诞节又称“浴佛节”，是佛教纪念释迦牟尼诞生的重要节日，我国傣族及东南亚一些国家称为泼水节，在日本称为花节。

2. 成道节在我国民间又称为“腊八节”，是佛教纪念释迦牟尼得道成佛的节日。佛教传说，释迦牟尼于 29 岁离开王宫修道，先修苦行 6 年未能得道，被饿成皮包骨，濒临死亡。当他打算放弃苦行时遇见一牧女，牧女送他以乳糜，吃后，他端坐在菩提树下，沉思七天，于十二月八日悟得正觉，创立佛教。因此每年的农历十二月初八这一天，寺院僧众都要集于大殿焚香、诵经、梵呗礼佛、讲道说法，其中熬粥供佛是其独有的特点。

3. 涅槃节是佛教纪念释迦牟尼逝世的节日。相传释迦牟尼在 80 岁时死于拘尸那城，佛教称之为涅槃。佛教在流传的历史中，产生了多种教派，对释迦牟尼的生卒年月，说法也各异，因此各派对“佛涅槃日”时间的确定也不一致。

第二节　外国风俗礼仪

俗话说：他山之石，可以攻玉。来自不同国家的人，由于价值观的不同，生活环境的差异，在不同民族文化的影响下，其礼仪风俗也具有多国性和多民族性。当我们与不同国家和地区的人交往时，在不违反基本原则的情况下，如果能因人而异，了解并尊重对方的风俗礼仪，一定能事半功倍。

下面，选择一些有代表性的国家和地区，对它们的风俗礼仪作简单介绍。

一、亚洲国家风俗礼仪

主要介绍日本、韩国、泰国、菲律宾、马来西亚、新加坡及阿拉伯国家的风俗礼仪。

（一）日本风俗礼仪

在日本，礼仪教育都是从娃娃开始抓起，孩子们从小就接受来自父母和其他亲属的礼仪教育。在学校也会受到礼仪教规的熏陶，小学就会把待人接物等礼仪常识写入课本；到中学，礼仪是日本学生的文化必修课。特别是日本青年步入社会后，在上岗前，工作单位都会组织岗前的礼仪培训。因此，许多外国游客到日本游玩归来，都会称赞日本的民众具有较高的文化素质和礼仪修养，这个国度里处处体现着文明礼貌的气息。比如，在日本的大街上或地铁里，没有人会当众吃食物。你可以观察到，小到他们出门的发型、衣着、坐立姿态、鞠躬角度、打电话或接电话的语气，大到他们同国家高层之间的谈话、会晤或其他礼宾活动等，都具有一定的规矩，比如在正式的场合，女性一般都会身着和服，因为这是她们最喜爱的传统民族服装，可以极容易地表示着装者的国籍，体现他们的民族特色。在日本民间，还有不少团体和个人积极倡导和组织开展礼仪活动。

1. 礼仪规范

（1）社交礼仪。日本人在平时见面时都会互相问候，行礼鞠躬，在他们看来，这是最平常不过的礼节了。鞠躬弯腰成 15° 是一般礼节，30° 是普通礼节，而 45° 则是最尊敬的礼节了，只有认识几十年的老朋友才会一边握手，一边鞠躬致意。

日本人在公共场合非常注意自身形象，勤修边幅，时刻保持衣冠整洁。比如他们在天气炎热的时候即使穿衬衫，也不会将袖子上挽，在街道或公共场合不会只穿背心。与人交谈时，他们总是低声细语，措辞含蓄严谨、委婉却不失礼节。尤其在接听电话时，都是首先自报姓名和工作单位，等他人挂断电话后，自己才放下话筒。

日本人根深蒂固的等级观念早已渗透到社会活动的方方面面。日本人相当重视上下级的关系，比如，在工作单位里，下级对上级或者地位比自己高的人都要用敬语称呼，日本人最常用的敬语有“拜托您了”“请多多关照”“打扰您了”等；在交际场合，与会者都会相互谦让，按最适合的等级次序就座。此外，日本人还有很强烈的集团维护意识，就算某位员工对自己集团的领导有意见或看法，但与集团外的人打交道时都不会表露出来，而是尽力维护本集团的利益。

日本人为了增进友谊，融洽关系，在新年到来之际都会给亲友、老师、长辈、客户寄送贺卡，许多日本人都讲究礼节性的书信往来，依照不同的时令和情况寄送相应的信件表达慰问和关心。

（2）馈赠礼仪。日本人在交际活动中非常重视送礼答谢，走亲访友，做客赴宴都会携带礼物。平常过节时，下级给上级、晚辈给长辈、儿女给父母都会送礼表示谢意；每到年末之时，上级也会给下级、长辈给晚辈、父母给儿女送礼，以示关怀。日本人对送礼的内容也有一定的考究，他们送礼喜欢送单数，讲究礼物的包装，往往包上几层之后还要系上一条精美的彩色缎带。他们很注重礼尚往来，一般受人馈赠之后都会尽快还礼，或等待适当时机给予回报。

（3）待客礼仪。到日本人家里做客，一定要提前和主人约定时间并按时赴约拜访，在日本人的思想观念中，不守时和冒昧地登门拜访都是失礼的行为。做客者进门前都会先按门铃，告知姓名，进门后会主动摘取衣帽、脱鞋，动作缓慢文雅。见到主人会先寒暄片刻，再将礼品双手赠给主人，做客者在受到主人的盛情款待后，最好是端庄跪坐在席边，女性可以选择侧坐或侧跪坐，切忌盘腿大坐。在未经主人允许的情况下，不得擅自进入卧室和厨房。被拜访者见有宾客将至，都会提前泡好茶水，准备食物，待引宾客入座后，双手递奉茶杯，做客者也会双手捧茶饮用。在交谈结束或茶余饭后，客人会主动表示谢意并提出告别，回到目的地后也要拨打电话报平安，再次表示感谢，以便他日回访。

2. 礼仪禁忌

（1）语言禁忌。参加他人的葬礼时，忌说“频繁”“又”等敏感类的词语。对年老的长辈忌用“年迈”等字眼，同残疾人说话时，不要用“残疾”之类的话语，应称盲人为“眼睛不自由的人”，称聋哑人为“耳朵和嘴不自由的人”，不可随意讨论他人的生理缺陷或是非。用餐时，他们也忌问“您吃完了没有”之类的话语。在日本，“先生”这个称谓只限用于称呼教师、医生、长者或有特殊贡献的人，如果在平常有人称对方“先生”，会使对方处于尴尬境地。

（2）数字禁忌。日本人对数字有着天生的敏感，他们忌讳“4”和“9”这两个数字，因为“4”在日本话里跟“死”字的发音相同，而“9”跟“苦”字谐音。因此，在安排住宿或者选择购房时都不会安排四号楼、第四层或四号房间，他们会认为这都是不吉利的表现。日本人不喜欢偶数，却对奇数有好感。

（3）衣着禁忌。在正式的场合，如果有人衣冠不整，那是一种失礼的表现，所有人都会投来异样的眼光。在参加他人的婚礼时，女性宜穿色彩明快的服饰，但艳丽程度不宜超过当天新娘的服装。而参加葬礼，则应穿着黑色的套装或衣裙，切忌穿戴过于华丽。

（4）馈赠禁忌。在日本送礼，有种物品是不可以馈赠的，那就是梳子，因为梳子在日语中发音与“苦死”同音，寓意极其辛苦，所以送梳子意味着会给人送去苦痛。

（5）其他禁忌。日本人忌讳绿色，他们认为绿色是不吉祥的征兆，因此，他们忌用绿色作为房屋的装饰颜色。日本人也不喜欢紫色和黑白相间的颜色，他们认为紫色代表着不牢靠，忌用紫色来包装物品。

日本人也忌用荷花来作为商品的图标，他们认为荷花出于淤泥，是不洁之物，他们也忌用狐狸等图案，认为狐狸代表着狡黠贪婪。

（二）韩国风俗礼仪

韩国人重视礼节，勤劳勇敢，尊师重道，爱护老幼，讲究职务和头衔，具有强烈的民族自尊感。

1. 礼仪规范

（1）社交礼仪。韩国的社交活动中最可贵之处便是尊老爱幼。在韩国的公共场合，年轻人同年长者打交道时都会表示应有的礼节，不论是熟悉的还是陌生的，年轻者都会为年长的人让座，使用敬语，谦恭有礼。年长者在人前要表现出尊严，对不合乎规矩的事或人可当面指责。因此，在韩国，很少看见目无尊长的人，因为在他们看来，那些都是粗俗无礼、缺乏教养之辈。

在社交场合，韩国男士一般先鞠躬再握手，女士通常很少握手，女士见到男士一般只行鞠躬礼。男士不能主动去握女士的手，除非女士先伸出手，男士才能去握她的手。下级见到上级，晚辈见到长辈都要先鞠躬，待上级或年长者主动伸出手来，下级或晚辈才能去握，而且须左手轻置右手之上，躬身相握，这样以示对人恭敬。

在公众场合，韩国人不会大声说笑，甚至嬉闹，体现稳重有礼。即使是笑，女性都会用手或手帕捂着嘴，防止发出声音失礼。与异性同坐一起时，一般是男性位于上座，女性位于下座，只有多人聚会时，才根据身份高低和年龄长幼依次排定座位，地位高、年长的优先在前。

（2）妆容礼仪。在韩国，不管是男教师还是男学生都必须穿戴整齐，老师都是身着西服，打领带，即使是在炎热的夏季，只要穿短袖衬衣，就必须系领带。在他们看来，教师是份神圣的职业，是为人师表，是礼仪的遵行者，教师必须要衣着端庄，仪表整洁才能走进课堂，这也是对学生的尊重和负责。此外，韩国的公务人员或公司职工，也十分讲究着装礼仪。

韩国的女性十分注重化妆整形，她们认为，素面朝天与人会面是极不礼貌的行为，甚至父母送给女儿的成人礼就是整形的费用。

（3）饮食礼仪。韩国人用餐时，一般都要等长辈先动筷，晚辈才能动筷。吃饭时，要安静地坐着吃，不能大声喧哗吵闹。晚辈不能正面对着长辈饮酒，而应侧身 90° 喝酒，以表示对长辈的尊重。韩国人比较注重环保低碳，倡导消费者尽量少使用或不使用一次性木筷和纸杯，因此，韩国的多数餐厅为用餐者提供的是金属制品的筷子和器皿。

2. 礼仪禁忌

（1）数字禁忌。韩国人同样忌讳“4”这个数字，因为在韩语中，“4”与“死”的发音相同，因此在韩国的楼房中，不会设置第四层，餐厅也没有 4 号桌。

（2）谈话禁忌。韩国人说话比较直率，但是在公共场合和社交活动中，他们谈话的内容都忌谈国内政治问题和宗教信仰问题。韩国人在聚会时，忌讳随便邀请女性唱歌，当然专业女歌手除外。

（三）泰国风俗礼仪

1. 礼仪规范

（1）合十礼。在泰国，朋友见面，都是双手合十，稍微低头，致意问好，并道声“沙越里”（泰语音译，即“安乐吉祥”），这种行礼的方式是源于佛教的合掌礼。行礼时要双手合掌，十指并拢，置于胸前，手掌尖对鼻尖，微微低头。晚辈向长者行礼时，要双手合十举过前额，长辈再回礼表示接受对方的行礼。地位较低或年纪较轻者应先行礼，年纪大或地位高的人还礼时，双手不可以超过胸部，行礼时动作要缓慢有度。现在，泰国的政府官员和知识分子见面时也常用握手礼问好。

（2）社交礼仪。在泰国，若有年纪较大的尊者在座，其他人无论或蹲或跪，头部都不能超过最长者的头部，否则就是失礼。给长者递东西必须用双手，给他人递东西都要用右手，因为，在他们看来，左手是不洁的。传递物品是不能扔过去的，这也是不礼貌的行为，即使不得已这么做，那也要说声“对不起”。

泰国人在新屋建成后会举行庆祝仪式，以求平安。仪式主要请求僧人来诵经，为房屋驱除邪恶，祈福居住此屋的人能躲避灾害，房屋的主人在这天会向僧人布施斋饭以及日常用品，并宴请前来祝贺的亲友。

泰国人比较重视生日，在过生日的前晚，都要举办燃烛的仪式，祈求过生日者健康长寿。

2. 礼仪禁忌

（1）头部禁忌。泰国人最忌讳的就是被别人触摸头部，因为他们认为头部是人的智慧所在，是身体最核心的部位，是决不能容忍外人触碰的。随便用手触摸他人的头部，都将被视为对他人的极大侮辱。大人对小孩亲昵也不会随便抚摸头部，如果打了小孩的头部，在他们看来，这是会给小孩带来疾病的。

（2）门槛禁忌。到泰国人家里做客，进门时要小心迈过门槛，不要踩踏门槛，泰国人认为门槛下住着神灵，踩踏门槛会冒犯神灵，是不吉利的征兆。

（3）颜色禁忌。在泰国，人们只有给死者写名字的时候才用红色的笔，因此，泰国人忌用红色的笔签名，他们认为红色不吉利，也很忌讳褐色。

（4）其他禁忌。泰国人不喜欢鹤、龟、狗的形象作为图案。他们忌讳在别人面前盘腿而坐，忌讳用脚底冲着他人，忌讳用脚将东西踢给他人，也忌讳用脚踢门。忌讳睡觉时头朝向西方，他们认为头朝西方意味着死亡。

大多数泰国人都是信奉佛教的，他们非常尊敬佛祖，他们认为随意触摸寺庙里的佛像是对神灵的亵渎。女性不许同僧侣握手，即使在公共场合也不能与僧侣邻座，遇到僧侣打招呼时，也要礼貌地拉开距离。若是某位女士想递奉物品给僧侣，宜托男士转交，如果要亲手赠送，那么僧侣会拿出一块黄手帕来承接女士交来的东西，而这个过程是绝不容许触碰女性的。

（四）菲律宾风俗礼仪

1. 礼仪规范

菲律宾人都很讲究礼貌，同辈人相见会握手问好，晚辈见到长辈时，有的要恭恭敬敬地向对方欠身鞠躬，有的则会上前轻吻对方的手背，以示敬重之意。年轻的女士见到长辈时，往往会上前轻吻对方的两颊以表示问候。

菲律宾人在访亲拜友时，进屋前要先敲门，主人如果在家，应轻声而有礼貌地回答：“有人！”

2. 礼仪禁忌

菲律宾的年轻人恋爱时，喜欢相互馈赠礼品和鲜花，花的颜色一般都是以白色为佳，茶色和红色是属于禁忌的颜色。

同菲律宾人交谈，可以选择谈论教育、孩子等较为大众的话题，但切忌谈论时事、政治、宗教等敏感的话题。

（五）马来西亚风俗礼仪

1. 礼仪规范

马来西亚人友好和善，他们在见面时通常是鞠躬行礼。女性行礼时，应双膝微微弯曲，然后再鞠躬示意。

到别人家做客要衣冠整洁，按时赴约，不能失礼。马来西亚人的内厅一般是祈祷或礼拜的地方，进屋前要脱鞋，穿鞋进厅被视为对神灵的亵渎，也是对主人的不尊重。

在马来西亚人家里做客，主人会用食物热情款待你，这时，客人要适当地吃一点，以表示领受主人的情意，客人如果谢绝主人的殷勤款待，会引起主人的反感。

2. 礼仪禁忌

马来西亚人不喜欢被人触摸头部，他们认为头部是神圣不可侵犯的。

马来西亚人很反感在公共场合亲热接吻或衣着暴露。

马来西亚的民众忌用黄色，他们不穿黄色的衣裤，因为黄色是马来西亚王公贵族们的专用色。他们也不单独使用黑色，不会穿一身黑色的服装，他们会觉得只有消极颓废的人才这么穿。他们忌用白色来包装礼品，因为他们认为只有办丧事才用白色包装东西。

马来西亚人忌食猪肉和狗肉，不用猪皮革制品，在饮食的过程中，忌谈猪、狗的话题。

（六）新加坡风俗礼仪

1. 礼仪规范

（1）见面礼仪。新加坡人在礼貌、礼节方面同中国非常接近，他们见面时大多使用传统的礼节——相互作揖，行拱手礼。

（2）红包礼仪。新加坡人过春节时，亲戚朋友间会互赠红包，联络感情。有些上司在员工春节返工时，每人分发一个开门红包，预示着开门吉利。

（3）待人礼仪。在新加坡，人们非常尊重长辈，他们对父母或其他长辈，要用亲切的尊称。在父母和其他长辈面前，不随意打断他们的谈话，要细心聆听他们的教诲。对于长辈的呼唤，应随叫随到。

在日常生活中，大多数新加坡人都遵从邻里礼貌，都会相互问候，逢年过节请邻居来访，随时随地为邻里着想。

同新加坡的商人打交道，要以诚相待，还要考虑给对方面子，多说几句“多多指教”“多多关照”之类的谦语，新加坡人也非常讲究诚信，只要许下承诺，他们都会认真履约。

2. 礼仪禁忌

新加坡人忌说“恭喜发财”，他们将“发财”视作是“不义之财”，认为这句话是教唆人发不义之财，挑逗煽动他人干损人利己的事，是侮辱别人财路不正。

新加坡人忌用数字 4、7、8、13、37、69。

新加坡人喜欢用红色、绿色和蓝色，忌用黄色、紫色、黑色和白色。

在商业活动中，新加坡人反对使用如来佛的头像。在图标上，也禁止用宗教词语作为标志，他们喜欢用“囍”字、大象和蝙蝠作为图案。

（七）阿拉伯国家风俗礼仪

1. 礼仪规范

（1）见面礼仪。阿拉伯人初次见面或关系一般的见面时行握手礼，同性的亲朋好友见面时才行亲吻礼，关系特别要好或十分合得来的女性除握手礼外，还会互相亲吻对方的脸颊，先亲对方的右脸颊，再亲左脸颊，之后再亲一下右脸颊，以示友好。当然，也有些比较特殊的，如科威特人，除见面握手外，还会亲吻对方的额头和鼻子，因为他们认为这是礼拜真主时头部最先着地的两个部位，这既表示对对方的尊重，也期望双方吉祥如意。有的地方还行碰鼻尖礼。

（2）家庭礼仪。绝大多数阿拉伯人都很注重家庭礼仪，包括尊重双方父母，敬老爱幼，亲人之间相互关心，互相扶持。不过，阿拉伯人重男轻女的传统观念比较严重，男主女从的现象较为普遍。

（3）公共礼仪。阿拉伯人较为注重公共道德，出门时会确保衣冠整洁才出行，购物时都会自觉排队等候，而且在公共场合，男士都会特别尊重和照顾女士。

步行者会先问候骑车者，年轻人会先问候年长者，站着的人会先问候坐着的人，后至者会先问候先到者。他们彼此说话时会注意看着对方，声音不大不小，语言含蓄婉转，听者会聚精会神听对方诉说，不轻易打断讲话。

阿拉伯人在逢年过节的时候都会邀请亲朋好友到家里做客，盛情款待，对萍水相逢的人也会以礼相待，如果有人待客冷淡或将人拒之门外，则会受到众人的批评。

2. 礼仪禁忌

阿拉伯人大多都是伊斯兰教的信奉者，他们禁食猪肉，忌饮酒，以表示虔诚。

大多数阿拉伯人在交往中忌问对方的女眷，他们认为询问对方的女眷会显得很唐突，也是一种失礼的表现。

许多阿拉伯人都习惯用左手清洁身体，所以他们认为左手是不清洁的，因此，忌用左手传递东西给他人或用左手行握手礼。

二、欧洲国家风俗礼仪

主要介绍俄罗斯、德国、法国和英国的风俗礼仪。

（一）俄罗斯风俗礼仪

1. 礼仪规范

（1）见面礼仪。俄罗斯人比较注重礼貌礼节，见面会互相问好，同事相见通常会行握手礼，女性之间会亲切地拥抱，男士问候女士一般以亲吻手背的方式问候。

俄罗斯人刚相识时，一般都是称呼某某同志，等关系慢慢密切之后就会互相用昵称，对晚辈和至亲好友可直呼其名。

（2）社交礼仪。俄罗斯人非常注重服饰的体面、整洁。在地铁或公交车上，年轻人都会主动给老人、小孩、孕妇、残疾人让座。人们在交谈中常会使用“请”“谢谢”等敬语。

自觉遵守公共秩序，注意保持公共场合的卫生也是俄罗斯人具有良好公共道德的体现。

（3）待客礼仪。俄罗斯人都非常好客，喜欢在节假日或工作之余邀三五好友小聚。在客人到来之前，主人往往会提前收拾好房屋，餐桌上摆上鲜花，待客人均已来到时，再摆上精美的餐具，端上丰盛的食物和饮料。

作为应邀出席的客人，一定要准时赴约，因为这是俄罗斯人最基本也是最看重的礼节。进屋要先敲门，进屋后，客人要先摘取衣帽，脱去鞋子、围巾等，向主人鞠躬问好。用餐时动作要缓慢文雅，咀嚼食物时要微闭嘴唇，不能发出声音。席间还可以不时赞美食物的丰盛和美味，称赞主人的好客热情。

（4）馈赠礼仪。每当逢年过节、婚丧嫁娶或探望病人等特殊日子时，俄罗斯人也有向亲友馈赠礼物的习俗。他们讲究送礼要及时、应景、合乎时令、因人因事而异，如对方是女性朋友可以选择送鲜花、首饰，对方是儿童可以选择玩具、书籍。俄罗斯人十分在意礼品的美观和实用。

2. 礼仪禁忌

（1）颜色禁忌。俄罗斯最忌讳的颜色便是黑色，在他们看来，黑色是不吉祥的象征；其次是黄色，因为黄色寓意背叛、分手。因此，送花的时候一定要避免这两种花色。

（2）数字禁忌。俄罗斯人也同西方人一样，忌讳“13”这个数字，因为他们认为这个数字代表凶险和死亡。而数字”7”则预示着吉祥，代表幸福和成功。

（3）动物禁忌。俄罗斯人忌讳兔子这种动物，他们认为兔子是胆小无能的，是不吉利的。他们认为马能驱邪，能给人带来好运。另外，猴子、熊等动物他们也喜欢，因为这些动物都代表吉祥如意。

此外，俄罗斯人还有打翻瓶子、打碎镜子的忌讳。他们忌讳送花送双数，但不送一支，只有参加葬礼的时候才送双数花。

（二）德国风俗礼仪

1. 礼仪规范

（1）见面礼仪。德国人见面一般用握手礼，上级要先向下级伸手，女性要先向男性伸手，老师要先向学生伸手。如果是两对夫妇会面，先是女性相互致意，然后男性分别向对方的女眷致意。

（2）交谈礼仪。交谈时眼睛要看着对方的眼睛，讲话应慢条斯理，口齿清楚，不能虚张声势，信口开河，也不能随便许下承诺。说话的时候，不能将两手插在衣兜里，更不能对人指指点点。即使是他人提出不同的观点或异议时，他们也会保持平和的心态。

大多数德国人都不喜欢夸夸其谈，待人接物秉承以诚相待。

（3）待客礼仪。每周日的下午是德国人在家接待宾客的时间，这天，主人会将屋子打扫清洁，随时准备迎接客人的到来。客人到来后，主人会细心地询问客人喜欢吃什么食物，喝什么饮料。德国人会敬客人烟，但不会劝烟。客人告别时，都是由客人自行开门，以免产生主人逐客的误会。

2. 礼仪禁忌

（1）符号禁忌。德国人最忌讳的符号是“卐”，因为这曾经是希特勒为纳粹党设置的符号，人们一看到这个符号就会想起第二次世界大战时期纳粹党令人发指的暴行，因此，德国人对这个符号非常反感。

（2）颜色禁忌。德国人不喜欢茶色、红色、深蓝色和黑色的物品，也不喜欢用这几种颜色作为包装，因为在德国，红色被视作色情的颜色，而黑色是悲哀的颜色。

（3）饮食禁忌。德国人不喜欢吃蟹等高蛋白的食物，忌食核桃。

（三）法国风俗礼仪

1. 礼仪规范

（1）握手礼仪。法国人温文尔雅，又极具浪漫，不论什么场合都要握手。当走入某个法国人的办公室时，你须与见到的所有人一一握手致意，离开的时候还要重复一遍。

（2）绅士礼仪。法国的男士极具绅士风度，在公共场合，女性都会受到男士的礼待。女士走进房间，男士会起立打招呼；到别人家拜访时，男士会问候女主人，告别时，也会先向女主人道谢；男女共餐时，都会遵行“女士优先“的原则；在地铁或公交车上，男士会主动为女士让座、让行，会将靠窗户的座位腾给女士；打的或者开车送女士时，会主动为女士开车门。

（3）交谈礼仪。法国人都比较注重交谈时的礼貌，因为这是体现他们内在涵养的主要方式。同他们交谈时，你会发现，法国人往往态度热情大方，语气自然平和，言辞婉转文雅，声音高低适度。他们总喜欢谈论文化、教育、体育等都感兴趣的公共话题，从来不把自己的观点强加于人。因而，在听他们讲话时，应当神情专注，眼睛注视对方，不能随意打断他人的谈话。

2. 礼仪禁忌

法国人忌讳灰绿色，这是因为在第二次世界大战期间，希特勒用灰绿色作为他们军队服装的颜色。他们讨厌紫色，而喜欢天蓝色或淡蓝色。

在法国，人们通常是用菊花来吊唁死者，因此，平时送亲友都忌讳用菊花。

（四）英国风俗礼仪

1. 礼仪规范

（1）见面礼仪。英国人一般对刚认识的人，会根据不同情况使用不用的称呼，对地位较高或年长者，称为 Sir（先生）或 Madam（夫人），这是一种正式也带有敬意的称呼。一般情况下则使用 Mr.（先生）、Mrs.（夫人）或 Mis.（女士），并附带对方的姓氏。接触一段时间后，双方关系密切些，就会直呼其名或直唤昵称。

英国人通常只会在初次见面时或久别重逢的朋友行握手礼，在平日里，却很少看到行握手礼，仅会寒暄几句，略评论下变化无常的天气等。有时会摘下帽子示意一下，点到为止，对不常见的朋友会问“身体近来可好”等话语。

（2）交谈礼仪。在日常交谈中，英国人会将“请”“谢谢”“对不起”常挂嘴边。他们每每谈及自己都比较谦虚，一般不会和他人进行无谓的争论。在倾听别人建议时，会保留自己的看法，但不随意打断对方说话，也不会用手指点对方。相对于严肃的说话方式，他们更乐意使用风趣幽默的谈吐，而且很健谈，但不会拿他人的短处进行调侃。因此，如果有英国人在场的话，不用担心会冷场。

（3）宾客礼仪。在英国，没有提前预约的不速之客是不受欢迎的，因为英国人觉得个人隐私是不容侵犯的，随便闯入别人的房屋是很不礼貌的行为。应邀赴约时，首先要衣冠整洁，要讲究仪容仪表；要准时赴约，既不能迟到，也不能提前很早就到，太早到会令人难堪。进门前要先敲门，经过主人允许后方可进入。如果是礼节性的拜访，客人应该注意掌控拜访的时间，不宜停留过久，以 20 分钟左右为宜。

（4）餐饮礼仪。英国人在饭桌上讲究敬茶或敬酒。他们喜欢在某个下午的时间邀两三位好友喝茶，用以增进友谊，舒缓工作压力。英国人也喜欢喝酒，他们非常乐意邀请朋友去酒馆小酌两杯，而且喜欢请人喝酒，喜欢劝客人喝得尽兴。即使是寒冷的冬天，你也常常可以看到酒吧外的长廊或露天吧台上，几位英国人在兴致勃勃地喝着冰啤酒，谈笑风生，这也往往成了英国街头的一道风景。

（5）公共场合礼仪。大部分英国人都会自觉遵守公共秩序，比如等车排队、购物排队等，很少看到有乱挤起哄的现象。他们在看电影、看舞台剧、听音乐会时，特别注意保持会场的安静，很少看到有人随意走动、说话吵闹。在演出过程中，他们会选择在每一幕结束或舞蹈完毕时鼓掌表示演出的精彩。

（6）尊重女士礼仪。英国是一个对女性极度尊重的国家，社交场合都遵循女士优先原则（Lady First）。你细心去听每次的报告，都是“Ladies and Genltmen”，先说女士们，再说男士们。在宴会上或者餐馆里，服务员都是先给女士上菜，再给男士上菜。在公共场合男士也应让女士先行。在《泰坦尼克号》这部电影里就有这么-·幕，当轮船遇到危难时让妇女和儿童先上救生艇。

2. 礼仪禁忌

（1）问候禁忌。英国人最忌讳的就是过问他人的私事，尤其忌讳打听女性的年龄和婚配状况。在日常交往过程中，他们从来不问你去哪儿或是将要去干什么，也不过问他人的收入、存款、房租等，还忌问宗教、党派。

（2）动物禁忌。英国人喜欢小动物，喜欢饲养狗、猫等动物，但是很少有人养纯黑色的猫，他们认为纯黑色的猫会给主人带来灾难。英国人不喜欢孔雀，他们认为孔雀空有一身华丽的羽毛，开屏只是为了自我炫耀。

（3）其他禁忌。英国人还忌讳吃饭时刀叉碰响水杯而不去中止那种清脆的声音，他们认定这会带来不幸，因此，英国人吃饭都会将这两样餐具分开，避免刀叉器皿碰撞出声，万一发出了声响，就会赶紧用手去握住水杯，使它停止响动。他们还忌讳家中镜子破碎或百叶窗合不上等情况，这预兆着家中有丧事将至。

三、非洲国家风俗礼仪

主要介绍埃及、南非和尼日利亚的风俗礼仪。

（一）埃及风俗礼仪

1. 礼仪规范

（1）见面礼仪。埃及人见面都非常热情，通常情况下，如果彼此都是穆斯林，会先问候一句“安塞俩目尔来库姆”，即“你好”的意思。如果见到较为熟悉的朋友，又或者是许久未见面的老朋友，会相互拥抱，并行贴面礼，他们会用右手扶住对方的左肩，左手搂住对方的腰，先左后右，然后脸面相贴一次或者多次，再致意问候。

亲人间的问候则是相互亲吻问候，他们会亲吻对方的手背来表示尊敬，比如儿女对父母、弟弟对兄长、年轻人对年长者、地位低的人对地位高的或有权势威望的人都喜欢行这种亲吻礼。

（2）宾客礼仪。埃及人非常好客，特别欢迎朋友亲戚的拜访，甚至引以为荣。但在埃及，异性之间是禁止拜访的，男女同学、同事也不能随意相互拜访。

到埃及人家里做客，应提前跟主人预约，他们会反感不速之客。但如果是特殊情况，他们也不会见怪，他们会始终保持微笑，欢迎客人的到来。一般没有经过主人的同意，埃及人家里的卧室是不欢迎外人进入的。

去别人家做客，如果对方家里有年长者，应主动问候老人并与之攀谈，埃及人都乐于侃侃而谈，话题的选择也比较随意，一般要聊完某个话题后才告辞。

（3）饮食礼仪。绝大多数埃及人都是信奉伊斯兰教的，因此在饮食上他们严格遵守伊斯兰教教规。在斋月里，白天是禁止吃食物的。埃及人一般吃饭的时候不会与人攀谈，喝汤或饮料时禁止发出声音，而且忌讳用左手触摸食具和食品。

埃及人在喜庆的日子喜欢大摆筵席，会邀请许多贵宾亲友，甚至平时与主人没有太多交往者赴宴。主人会先摆出巧克力和水果，食用前默诵《古兰经》，然后再上肉汤泡馍、米饭或肉类等，最后再上些点心。

2. 礼仪禁忌

（1）穿着禁忌。遵照伊斯兰教的教义，女性的身体是不能让丈夫以外的人窥见的，即使是同性之间，也不应相互窥视对方的私处，因此，短、薄、透、露的服装是女性不会选择的。即使是婴儿的身体也不能无遮无掩，所以在埃及的街上是没有公共澡堂的。在埃及，袒胸露背或穿短裙的女性严禁到清真寺去。

（2）颜色禁忌。埃及人大多都喜欢绿色和白色，讨厌黑色和蓝色。他们会用“白色的一天”来表示这一天很美好，而不幸的一天，则称作“黑色的一天”或“蓝色的一天”。对真诚坦率的人称为“白心”，而称充满仇恨、嫉妒、奸诈的人为“黑心”，丧服也都是黑色的。因此，平常埃及人不穿黑色的服饰，只有地位高的人或年长者喜好黑色或深色服装，以表示庄重和威望。

（3）左手禁忌。在埃及，你会发现做脏活的时候普遍用的是左手，他们认为左手是不干净的。他们认为“右比左好”，右边代表着吉祥。做事干活要从右手和右脚开始，握手、用餐、传递东西都是用右手，穿衣、穿鞋也是先从右边开始，进入家门或清真寺都会先迈进右腿。用左手与他人握手或递东西是极不礼貌的，甚至被视为是带污辱性的。

（二）南非风俗礼仪

1. 礼仪规范

在南非，因种族、宗教、习俗的制约，礼仪可以分为两类：一类是黑人礼仪，另一类是白人的西式礼仪。

（1）见面礼仪。在社交场合，南非人通常采用的见面礼是握手礼，他们对交往对象的称呼主要是“先生”“小姐”或“夫人”。

（2）服饰礼仪。南非白人的穿着打扮接近西方国家，正式场合中，他们都讲究着装端庄、严谨。特别是公务交往或商务交往中，大部分南非人会选择样式保守、色彩偏深的西装或裙装，以表示对对方的尊重。而南非黑人通常延续着民族服装风格，不同部族的黑人在着装上也各有其特色。

（3）餐饮礼仪。在南非，当地白人一般以吃西餐为主，他们喜欢吃牛肉、鸡肉、鸡蛋和面包，爱喝咖啡与红茶。而黑人喜欢吃牛肉、羊肉，主食是玉米、薯类、豆类。在南非黑人家做客时，主人通常会为客人准备刚挤出的牛奶或羊奶，对关系较好的客人会拿出自制的啤酒来招待。

2. 礼仪禁忌

南非的黑人都十分敬仰和崇拜自己的先祖，他们特别忌讳外人对自己的祖先言行失敬。同南非人交谈，话题的选择也十分重要，切忌当着南非黑人的面评说白人的优点，也不要谈论黑人部族或派别之间的关系及矛盾，更不要非议黑人的习惯。

（三）尼日利亚风俗礼仪

1. 礼仪规范

（1）见面礼仪。尼日利亚人往往热情而友好，对于任何交往对象，他们都讲究以礼相待，不失敬意。

交际应酬中，一般关系的朋友见面时相互之间会采用弹掌礼，这是使用最多的一种见面礼，具体的方法是：用大拇指，轻轻地弹一下对方的手掌，然后再同对方握手言欢。当与关系较好的亲朋好友或久违重逢的老朋友见面时会使用击掌礼，其方法是：彼此双方伸出自己的右手，并用力拍打对方的右手。在尼日利亚的传统礼节中，如果对方是某部落的酋长时，平民百姓会使用跪拜礼，在行礼时，平民应先脱鞋，然后走向酋长跪下请安，未经酋长允许，不能随便站起来。还有一种是屈膝礼，它多见于晚辈拜见长辈，晚辈需躬身走到长辈面前，双膝稍稍弯曲一下，然后再身子前躬一次。

尼日利亚人十分重视称呼，他们的等级观念十分强烈，介绍对方时都会冠之某某职衔、学衔或军衔，如果忽视了这一点，很有可能会被对方理解为是一种藐视的行为。

（2）社交礼仪。尼日利亚人非常注重时间观念，不管男女，对事先约定时刻的把握都很准，既不会迟到，也不会早到。

由于尼日利亚以前是英国的殖民地，因此受西方文化的影响较为明显，在尼日利亚拜访政府官员宜穿西装正装，访问商务人士则不必穿西装。

2. 礼仪禁忌

与尼日利亚人交谈时，一般忌谈宗教信仰的话题。他们平常喜欢谈论的是有关尼日利亚的工业成就和发展前景。尼日利亚人喜欢谈论非洲的政治活动，他们喜欢评论对非洲统一组织、西非国家经济共同体以及其他非洲国家所作出的贡献，但一般不愿过多谈论政治问题。

尼日利亚人忌讳用左手传递东西或食物，他们认为左手是不干净的，从事的都是脏活。

四、美洲国家风俗礼仪

主要介绍美国和加拿大的风俗礼仪。

（一）美国风俗礼仪

美国是一个崇尚自由的国度，美国人的生活方式也比较自由随意，不愿受太多的约束，所以，除了遵守一些共同的礼仪规则外，美国几乎没有很特殊的礼仪风俗。

1. 礼仪规范

美国人与人打交道，形式都比较随意，朋友之间见面通常就打个招呼，一般只会同不常见面的朋友和熟人握手。但在正式的场合，美国人却十分讲究礼节，见面时行握手礼，遵从女士先伸手，年长者先伸手，上级先伸手，主人先伸手的原则。

美国人讲究时效，计划性很强，这也充分体现在宾客礼仪里。如果想拜访某人，他们会提前预约，而且准时赴约，不让人久等，也不会让人措手不及。做客时彬彬有礼，落落大方。见面时会互相致意，亲切问候，话语间会常带“请”等客气语。若是去亲友家做客，一定会备小礼物送给主人。

通常情况下，美国人是不会轻易拒绝他人的，即使拒绝别人的请求，也会尽量用婉转的言辞来提出自己的意见和顾虑，还会说“非常抱歉”等客套话。

2. 礼仪禁忌

在美国的舞会上，一般不能邀请同性跳舞，以免引起误会。

美国人忌讳在他人面前吐舌头。

美国人在宴会上通常会喝酒，他们会劝酒而不会灌酒，因此，喝酒要根据自己的酒量来，切勿贪杯惹出笑话，尤其是不能酩酊大醉，这会破坏宴会气氛。

（二）加拿大风俗礼仪

1. 礼仪规范

加拿大人热情、随和，懂礼貌而不拘繁礼，相识已久的人见面除互相表示问候外，还会握手或拥抱。

加拿大人在公共场合十分讲究文明礼貌，出门前会整理好仪容，在大街上难以找到随地吐痰、乱扔果皮纸屑的人，他们会自觉遵守公共秩序，认真有序地排队上车或买东西。

加拿大人非常好客，每当佳节来临，都会宴请宾客。他们喜欢将客人招呼到家中做客，而且会准备丰盛的食物，任宾客随意取食，边吃边聊，以此来增进感情。

2. 礼仪禁忌

加拿大人绝大多数都是信奉基督教，他们也特别忌讳 13 这个数字，因此，门牌号码、聚会日、宴会都不会用 13。

加拿大人在交谈过程中，忌讳谈论死亡、灾难等方面的话题，他们认为这些话题十分破坏气氛。

加拿大人还忌讳在吃饭时把盐洒落，忌讳玻璃被打碎，他们认为这些都是不吉利的象征。

五、大洋洲国家风俗礼仪

主要介绍澳大利亚和新西兰的风俗礼仪。

（一）澳大利亚风俗礼仪

1. 礼仪规范

澳大利亚人通常在见面时会行握手礼，关系要好的女性朋友相聚时常常会互相亲吻对方的脸颊。

澳大利亚人真诚、踏实，不喜欢自夸、吹牛的人。他们交谈时语气平和、婉转，声音高低适中，说话不喜欢拐弯抹角，谈吐精练简洁，言简意赅。

2. 礼仪禁忌

澳大利亚人自尊心很强，不喜欢他人把他们同其他国家的人相比较，或者评论他们之间的异同，他们总以自己独特的民族风格而感到自豪。

在日常交谈中，澳大利亚人对话题的选择很随意，但是他们对宗教信仰却十分认真。因此，同他们交谈时，要避免谈论宗教、工会等话题，也不要探讨澳大利亚本土的社会问题和敏感话题。

（二）新西兰风俗礼仪

1. 礼仪规范

（1）着装礼仪。在商务场合，新西兰人都会十分注重服饰，盛大的社交场合会穿深色西服或礼服，而女性通常会选择保守式样的西装或套裙，因为她们认为这是对这种严肃场合的尊重。他们的商务活动比较接近英国等西方国家，保守刻板，这是与澳大利亚不同之处。

（2）见面礼仪。新西兰人说话都会很轻声，遇见久违重逢的朋友会老远就挥手打招呼。新西兰人见面通常都会行握手礼，有时也会行鞠躬礼。在正式场合一般称呼对方“先生”“女士”“夫人”等，对初次见面或还不熟的人，会称呼对方的姓氏。有些年长的人会按照毛利族的传统习俗，遇到尊贵的客人或地位较高的人，他们会行“碰鼻礼”，双方要鼻尖碰鼻尖两三次，碰鼻子的时间越久，说明礼遇程度越高，越表示欢迎。

（3）用餐礼仪。新西兰人在饮食上追求口味清淡，他们习惯了吃英式西餐，喜欢动物蛋白质含量高的食物。他们通常在用餐时都很少交谈，有话都会等到饭后再谈。新西兰人邀请他人到家里吃饭时，应邀方如果应约，那就一定要准时到达，主人不喜欢迟到而让人久等的客人。

2. 礼仪禁忌

（1）话题禁忌。新西兰是一个不干涉他人隐私的国度，在他们国家，是绝不能在背后评论人家是非的，即使是对亲密的朋友，对于对方的宗教信仰和政治立场，也是从来不涉及的。亲朋好友在一起，他们主要的话题就是运动、文艺等大众性的话题，这会令他们兴趣盎然。

（2）社交禁忌。在公众场合，新西兰人特别不喜欢剔牙和咀嚼口香糖等动作，他们认为这是非常失礼的行为。他们一般不当众大声闲聊、吃东西、喝水、提裤带，这些在新西兰都是不文明的举止。

第三节 涉外工作礼仪

近些年来，国家间的交往合作日益频繁密切，各种会见、会谈、签字、赠礼等活动不断，这就需要涉外工作人员必须熟悉和掌握这些活动形式和礼仪规范，使自己在这些工作场所和活动过程中不出笑话，不失礼，更好地促进相互沟通，实现友好合作。

一、邀约礼仪

在涉外交往中，常常会因为实际工作的需要而对交往对象发出邀请，约请对方出席某项活动或前来做客，这类性质的活动被称为邀约。邀约实质上是一种双向的约定行为，不论邀请者还是被邀请者，都必须把邀约当作正规的交往活动来看待。对邀请者来说，发出邀请就是发出一种礼仪性很规范的通知，不仅要合乎礼节，取得被邀约者的及时回应，还必须使交往活动符合双方的身份和目前的关系。对受邀者而言，受邀是一件很荣幸的事情，但到底是接受邀约还是拒绝邀约，都要注重礼仪规范，在不伤害邀请者自尊的前提下或直接或间接说明原因。

（一）邀请礼仪

一般情况下，邀请分为正式和非正式两种。

1. 正式的邀请

它适用于正式的涉外交往中，这种邀请既讲究礼仪，又要设法提醒被邀者准时赴约，因此多采用书面的形式。具体有请柬邀请、书信邀请、传真邀请、便条邀请等形式。

其中最常用、档次最高的属于请柬邀请，它一般是由正文和封套两部分组成，在格式和行文上，都有一定的规矩。请柬也属于书信，但与一般书信有所区别，书信一般是双方不方便或不适宜直接交谈而采用的交际方式，但请柬不同，即使就在同一栋楼，同一办公室，仍可发送请柬，以表示尊敬，也表明邀请者对此次活动的心意和郑重的态度。请柬既可以购买印刷品，也可以自行制作。

较为方便的是便条邀请，即将约定的时间、地点都写在便条纸上，留给或请人带给被邀请者。因为这种方式简便、随意，因此往往会让被邀请者感到亲切、自然。

采用书面邀请的方式时，为了能确切掌握被邀者能否赴约，可在后面注明“盼复”，并附上自己的联系方式和地址，对不熟悉地址的人可以说明乘车路线。

2. 非正式的邀请

适用于涉外非正式的接洽场合，多用于较为熟悉的人之间，通常是采用当面口头邀请、电话邀请或托人邀请等形式，这些邀请方式显得随意些。

无论是何种方式的邀请，都应至少提前一个月或两个月送达或通知被邀者，以便被邀者提早做准备。

（二）答复礼仪

在涉外交往中，接到来自任何单位或个人的邀请，不论能不能接受对方的邀请，均要按照礼仪的规范，给予明确的答复，对邀请者待之以礼。所有的回函，不管是接收函还是拒绝函，应在接到书面邀请之后三日内进行答复，而且答复得越早越好，说明受邀方对邀约方的重视。

回函的内容也是十分考究的，在回函的行文措辞上，应当表示对邀请者的尊重和友好，对能否接受邀约这一关键性的问题，要作出明确的答复，切勿避重就轻，让人感觉模棱两可，产生误会。如果是拒绝，则要说明理由，言辞委婉即可。

二、礼宾礼仪

在涉外交际场合，礼宾活动一直都是政治性较强而又敏感的问题，它既要体现对不同参与者的身份、地位、年龄的特别重视，也要体现对所有参与者平等相待的态度。如果安排不当或不符合国际惯例，则会引起不必要的误会，甚至还会影响两国之间的关系。礼宾礼仪，看似虽小，但一旦出现问题，就是大事，正所谓“外事无小事”，因此，要对礼宾礼仪给予高度重视。

礼宾活动包括会见、会谈、签字、赠礼等几个方面，下面逐一介绍这些涉外公务活动中应当注意的礼仪规范。

（一）会见礼仪

会见是涉外工作中常见的形式之一，国际上又称之为拜会。凡身份较高者会见身份较低者，或主人会见宾客，称为接见。相反，身份低者会见身份高者，客人会见主人，则称之为拜见，接见和拜见的回访，称为回拜。

会见又分为两种：一种是礼节性会见，一种是专门性会见。专门性会见就是约见，即事先约定对方某时、某地登门会见。会见大多都是双方，也有可能是多方会见。会见的地点一般选择在办公室或会客室。会见双方按照身份职务的高低、宾主之别分边而坐，主宾坐在主人右侧，其他按照身份高低分别在主人和主宾一侧就座，如果有陪同翻译，则安排在主人和主宾的后方。某些国家元首会见还有独特礼仪程序，如双方简短致词、赠礼、合影等。

（二）排序礼仪

会见之时，多半会涉及礼宾次序，即在国家交往中对出席活动的国家、团体和各国人士的位次按照特定的规则和惯例进行排列的先后顺序，这体现着东道主对各国宾客所重视的礼遇程度，表示各国主权平等的地位。如果礼宾次序安排不当或不符合国际惯例，将会招致其他各国的不满，引起不必要的争执和交涉，甚至会影响两国之间的友好关系。常见的礼宾次序有：

1. 身份关系不对等时的排序礼仪

当参与者的身份关系不对等时，应该按照地位高低、职务上下、年龄长幼、实力强弱进行排序，其基本原则是：上级在先，下级在后；身份高者在先，低者在后；职位高者在先，低者在后；长辈在先，晚辈在后；实力强者在先，弱者在后；女士在先，男士在后。如按国家元首、副元首、政府总理、副总理、部长、副部长等排序，各国提供参会的正式名单和通知也必须以此为依据。由于各国的国家体制不同，部门之间的职务高低也不尽相同，因此，要根据各国的规定，按同等的级别和官职进行安排。

在排位置时，应按照前后排关系排列，在主席台上，前排为高、为尊、为强，后排次之；在同一排时，中间为高、为尊、为强，两边次之；在观众席上，也是前排为高、为尊、为强；同时居中时，按照右边为高、为尊、为强的原则进行排序。

如果两人同时并行，以右为尊，左为次；两人前后行时，前为尊，后为次。多人并行时，中间为尊，两侧依次排序。在上楼梯或者乘坐电梯时，前者为尊，后者次之。

2. 身份关系对等时的排序礼仪

当参与者的关系对等时，可采取两种方法进行排序：

（1）按字母顺序进行排序。在多边活动中，按照国际惯例，国家都是按照 26 个拉丁字母顺序进行排序，如国际会议、奥运会等的悬挂国旗以及座位安排。有时为了避免一些国家总是占据前排席位，会采用抽签的办法决定席位的前后，这样就让各个国家都有机会排列在前。

（2）按代表团组成日期先后进行排序。在由多个国家参加的国际活动中，会采用按代表团组成日期先后进行排序的方式安排位次。具体包括以下三种情况：

第一种，按照派遣国通知东道主代表团组成的日期先后顺序排序；

第二种，按照派遣国决定应邀派遣代表团参加活动的答复时间的先后顺序排序；

第三种，按照各国代表团抵达活动地点的时间先后顺序排序。

不管采用何种排序方法，东道主都必须在各国的邀请书上作出说明。实际工作中，遇到的情况往往会比较复杂，礼宾次序不能按照一种方法进行排列，要多种方法交叉并用，要综合考虑国家之间的关系、活动性质和内容、对活动的贡献大小以及国际社会威望、资历等。

（三）迎送礼仪

迎送礼仪，主要包括因国事访问等公务活动而安排的迎接和送别礼仪。迎送的对象，按照其访问的性质不同分为专程前往和顺道路过；按照国别不同分为国内和涉外工作迎送；按照其来访人员级别分为领导人和普通工作人员。

1. 迎送的规格

来宾迎送规格的确定，通常是根据来访者的身份、访问性质和目的以及两国关系和国际惯例。规格的确定就决定了由哪级人员负责迎接，组织安排哪一种礼遇规格，按照何种接待要求迎送。迎送的代表方和来访者身份不能相差太大，宜以对口或对等最佳，以表示对客人的尊重。如果来宾只是过境访问，则规格可适当降低。在特殊情况下，为了两国的外交关系和政治需要，被访者可安排较隆重的迎送仪式，给予较高的礼遇，但要避免产生误会，造成厚此薄彼的印象。

总之，迎送的规格要遵循礼貌、实际对等的原则，既不可过分渲染夸张，又要充分表示尊重和友善。

2. 迎送的程序

迎送的程序也是迎送过程中的核心部分，一般而言，迎送的程序包括时间安排、人员安排、献花仪式、相互介绍、陪同访问等五个方面。

（1）时间安排。为了顺利迎接客人，通常会提前同客人联系，准确获悉客人所搭乘的交通工具的抵达时间，预计从迎接地点到送至目的地的时间，如有变化，应及时通知相关迎送人员，避免出现让客人等候的情形。

（2）人员安排。安排有关迎送人员应先取得主要迎送人的同意，并让他们互相知晓有多少人参加此次迎送。同时，还要确定各位迎送人的身份和正式官衔，以备主迎送人介绍，防止出现差错。

（3）献花仪式。站在来宾的角度，在迎送仪式上安排献花，会感觉受到了重视和尊重，这也是国家交往中较为重要的仪式。献花一般由儿童或者女青年双手捧送，选择在主人与客人握手之后。献花必须用成束的鲜花，而且要保持整洁，鲜艳，不能用假花，不能用菊花、杜鹃花或黄色花系，可以选择兰花、玫瑰花等名贵花种。

（4）相互介绍。客人与迎送人员会面后，先由主迎送人将迎送人员介绍给来访宾客，然后再由来宾的主介绍人依次介绍来访人员。

被介绍的人当介绍到自己的时候，应主动微笑并点头致意，还可以说声“您好”或“Hello”等问候语，眼睛应该注视对方，切勿面无表情，左顾右盼。有时也可递送名片，涉外工作人员使用的名片最好能使用两种语言印刷，这样可以方便对方通过他熟悉的文字了解你的情况，也方便今后更加快捷地找寻你的信息，有助于关系的发展和友谊的加深。

（5）陪同访问。不论何种规格的迎接，都应该安排陪同，有的安排主人陪同，有的安排其他熟悉路况的人员陪同。如果是主人陪车，应该先请客人从右后门上车，然后自己从另一侧上车。在车内应当坐在客人的左侧，翻译人员坐在加座上，也可以坐在司机旁。如果客人已自行坐下，就不要让他更换座位了。

在迎送过程中，所有的程序都应该事先妥善安排，切忌临阵调遣或更换，这样容易给人仓促之感。客人的住处和膳食要事前准备好，在客人抵达之前将住房地点、房号房卡、用餐地点、日程安排、联系方式、联络人等内容做成文字材料分发给客人或者对方的联络秘书，使客人心中有数，主动配合。另外，客人刚抵达目的地时，不宜安排太多活动，应以客人休息为主，避免客人因舟车劳顿得不到休整而对主人的安排产生反感情绪。

（四）签字礼仪

签字仪式是指会谈双方就某一问题或某一类问题已达成共识，最终形成文件后而举行的一种较为隆重、正式的确认仪式。因此签字双方需要在事前做好充分准备，在签字过程中严格遵守礼仪规范。

签字之前，首先要协商好双方参加签字仪式的人数，双方人数应大体相同，身份相当。为表现对该仪式的重视，还可邀请更高层的领导人和有关人员出席见证签字仪式。

签字场所的摆台、次序安排应符合相关的礼仪要求。通常情况下，应选择一长方形条桌作为签字台，签字台前放置两把椅子给签字人就座，客人在主人的右边，台上放好文本和相关文具，双方签字人的侧前方摆放好两国的小国旗。

签字时，参加签字仪式的人员按主宾各一方，并按照身份的不同站在签字人的座位后方。协助签字的人员分别站在各自签字人的外侧，协助翻揭文件，指明签字处。在本方保存的文件上签好后，由协助签字的人员传递文件，再让签字人在对方保存的文件上签字，之后，由签字人握手并互换文件完成签字仪式。

（五）赠礼礼仪

在涉外活动中，为表示友善、促进友谊，为赢得更多公众的支持和了解，组织方常常会向对方代表团或公众馈赠礼物。馈赠和接受礼品，对双方来说，都是件愉快的事情。可是，由于地域不同、文化差异以及宗教等因素的影响，涉外赠礼活动常常会触及一些敏感的礼节问题，所以，涉外赠礼要非常慎重。那么，如何才能把好事办好？一是选择礼品时要充分考虑送礼的目的，选择合适的礼品；二是要顾及受礼人爱好以及当地的习俗和忌讳。

如穆斯林禁酒、猪肉及猪肉制品，甚至禁止谈论同猪有关的话题。在印度、尼泊尔等国信仰印度教的人士视牛为神，与牛有关的食品、制品，包括牛肉干、牛皮带、牛皮鞋等，都在禁食、禁用之列，所以向这些国家的人士赠送礼品一定不能违犯有关禁忌。

在欧洲，礼物过重会被认为有贿赂的嫌疑，受礼方往往会很警惕。而俄罗斯人忌讳把礼物送到办公室或会议室里。

美国送礼讲究礼品的精美包装，即使不太贵重的巧克力，有时也会包装得里三层外三层。

英国人讲究外表，所送的礼品花费不多。合适的送礼时机，一般是晚餐后或看完戏之后。对有公司标记的礼品，英国人普遍不欣赏。我国民间工艺美术品，如风筝、二胡、剪纸、笛子、筷子、图章、脸谱、书画、茶叶等，他们会很喜欢。

巴西、秘鲁忌讳刀剑之类的礼品，他们认为这些物品有断绝来往之嫌，与中国的“一刀两断”意思差不多。

三、会谈礼仪

在涉外活动中，会谈是双方或多方就实质性的问题交换意见、进行讨论、阐述各自的立场，或为求得某些具体问题的解决而进行的严肃而正式的商谈。如各国贸易代表、各国企业、公司之间关于商务、经济合作等方面的会谈。会谈通常较为正式，按会谈首席代表的身份、地位，可分为最高层次会谈、专业人员会谈等；按会谈内容性质，可分为实质性会谈、技术性会谈等；按程序又可分为预备性会谈、正式会谈和善后性会谈等。

（一）会谈前的准备

1. 会谈的时间和地点

会谈的时间和地点应双方事先约定。如果一方要求拜会另一方，应提前将会谈时间和地点告知对方，接到要求的一方如同意对方的请求应回复对方。不予答复或无故拖延有可能会导致关系恶化，合作失败。会谈要在经双方协商都认为合适的时间、地点进行。通常，高层领导人间的会谈安排在重要建筑物的宽敞的会客厅内进行，也可以在宾客下榻的酒店的会客室或会议室内进行。

2. 会谈的人员和规格

双方确定会谈的时间后，提出要求会谈的一方，应提前将自己一方出席人员的姓名、职务等信息提供给对方，接到要求的一方也应把自己一方参加人员的名单及时通知对方。参加会谈的人数及双方最高领导者的身份、地位应大体相当。

3. 会谈的背景和资料

在会谈过程中，不论是主方还是客方，均应了解对方的背景资料及习俗、禁忌、礼仪特征等。参加会谈还应在文字资料方面做好准备，如需提供外方参阅的，还要准备好外文版本。

4. 场所的布置与安排

一般公务性或商务性的会谈，在国外多在主人的办公室内进行，在我国大多在会客室或会议室进行。

（1）会谈场所的布置。在涉外活动中，东道主应根据来访者的身份和访谈目的，安排人员对场所进行精心布置，坚持以宽敞明亮、整洁舒适为原则，这不仅是对外宾的礼貌和尊重，同时也是向外宾展现自身的整体形象。

会客室的陈设与装饰应简洁、实用、美观、整洁。会谈桌上通常摆放两国国旗，会议现场要事先安排好座位表，现场每一个座位的醒目位置要放置中外文座位卡，上用主方国文字，下用客国文字。字迹应工整、清晰，方便与会者对号入座。会谈场地正门口应安排专人迎送，对于级别高的客人，应有专人将其引导至座位，并安排入座。会客室应安排足够的座位，不可临时又去加座椅。

此外，还应备有茶具、茶水、饮料、纸巾以及必要的文具等，为使会谈室显得温馨，可用鲜花装点，营造氛围。

（2）会谈座次的安排。按照惯例，会谈时宾主座次均由主方负责安排。

双边会谈通常用长方形或椭圆形桌子，宾主相对而坐，以正门为准，主人坐背门侧，客人坐面门侧；或者以入门的方向为准，宾客坐右边一侧，主人坐左边一侧。

座位的排定方法是：主发言人居一侧的正中，第一副发言人在主发言人的右侧，第二副发言人在主发言人的左侧，然后依次类推；如果有翻译人员在场的话，则翻译人员在主发言人右侧，第一副发言人在主发言人的左侧，第二副发言人在翻译人员的右侧。其他人员按礼宾顺序左右排列，记录员可安排在后面，如参加会谈人数少，也可安排在会谈桌就座。

我国习惯把翻译人员安排在主谈人右侧，但有的国家也让翻译人员坐在后面，一般应尊重主人的安排。

（二）会谈中的礼仪

主方应提前到达会谈场所，当外宾抵达时，主人应在门口迎接，与客人握手、致意或由专门迎宾人员迎接，主人在主宾左侧，陪伴客人步入会谈厅。

会谈开始，除陪同人和必要的翻译人员、记录员外，其他工作人员安排就绪后均应退出。如允许记者采访，也只是在正式谈话开始前采访几分钟，然后全部离开。谈话过程中，旁人不可随意进出。

会谈双方应本着友善礼貌的态度进行交流沟通，即使意见不一致，也应克制自己的情绪，尊重对方的观点，再谋求达成共识的途径。

【本章小结】

涉外工作礼仪复杂纷繁，涉及面较广，因此需要认真遵守涉外礼仪中的各项基本原则和礼仪规范。同时又要具体问题具体分析，与不同的国家、不同的地区、不同的民族打交道，会有不同的礼仪规范。本章介绍了涉外活动的基本礼仪原则、一些国家的礼仪规范及礼仪禁忌，以便在涉外活动中既做到维护自己国家的利益和形象，又能够尊重交往对象，更好地“入乡随俗”。学习涉外工作礼仪，有助于提高涉外交往水平，从而增进两国友谊。

【模拟实训】

1. 口头阐述涉外礼仪的基本原则。
2. 说出世界三大宗教的主要节日和禁忌。
3. 制定一份详细的涉外接待方案，包括接待安排时间、地点、宾馆、迎送车辆、接待方式、接待人员等。将班级学生分成若干组，每组选出一名组长，以组为单位按照已制订的方案进行角色扮演。
4. 草绘涉外会见、会谈、签字时各种位次的安排。

后 记

孔子曰："不学礼，无以立"，荀子曰："人无礼则不生，事无礼则不成，国家无礼则不宁。"中国是礼仪之邦，自古以来对礼仪十分讲究，并一代一代传承发扬。现代社会对礼仪提出了新的规范和要求，现代礼仪的重要性越发凸显。现代礼仪是一个人思想觉悟、道德修养、精神面貌和文化教养的综合反映，更是一个国家和民族社会风貌、道德水准、文明程度、文化特色、公民素质的重要标志。我一直在高校任教，潜心礼仪教学的研究与实践，所讲授的"现代礼仪"课程已成为教育部首批公布的国家精品视频公开课，并获得了社会一致好评，至今上网学习人次已超八十万。2014 年 10 月 13 日在"爱课程"网上线的慕课"现代礼仪"开课仅十个学期，选课人数近百万。2018 年，慕课"现代礼仪"入选"学习强国"App，2019 年 9 月 8 日，"学习强国"平台上的"每日一课"作了重点推介。可见，人们越来越感受到礼仪在生活工作中的重要性。

《现代礼仪》一书是我对长期以来从事现代礼仪教育教学研究与实践的提炼和提升，同时又借鉴吸收了同类研究的成果，就"现代礼仪"的相关规范及要求逐一进行了深入解读，博采众长，突出特色，自成一体。本书既有理论，又有实践，既有典型案例的分析，又有模拟实训，具有理论性、科学性、可读性、实用性和可操作性，是一本适合所有在校大学生认真研读的颇具价值的优质通识教材。同时对广大社会读者来说，也是一本提升自身素养和社会交往能力的可资借鉴的人生宝典。

在本书再版之际，衷心感谢湖南大学给我提供了研究和讲授"现代礼仪"的良好平台，衷心感谢我的家人和朋友的关心帮助，衷心感谢我的学生徐一迅、梁芳芳、梁毛毛等的积极参与，衷心感谢湖南省教育科学研究院李云中研究员以及高等教育出版社的大力支持！

袁涤非

2020 年 1 月于岳麓山

扫码进入

《现代礼仪视频教程》